여러분의 합격을 응원하는
해커스공무원 특별 혜택

KB084600

FREE 공무원 행정학 특강

해커스공무원(gosi.Hackers.com) 접속 후 로그인 ▶ 상단의 [무료강좌] 클릭 ▶ 좌측의 [교재 무료특강] 클릭

 OMR 답안지(PDF)

해커스공무원(gosi.Hackers.com) 접속 후 로그인 ▶
상단의 [교재·서점 → 무료 학습 자료] 클릭 ▶ 본 교재의 [자료받기] 클릭

▲ 바로가기

해커스공무원 온라인 단과강의 **20% 할인쿠폰**

A D C C B 2 A 2 D 2 4 2 B E 6 G

해커스공무원(gosi.Hackers.com) 접속 후 로그인 ▶ 상단의 [나의 강의실] 클릭 ▶
좌측의 [쿠폰등록] 클릭 ▶ 위 쿠폰번호 입력 후 이용

* 등록 후 7일간 사용 가능(ID당 1회에 한해 등록 가능)

해커스 회독증강 콘텐츠 **5만원 할인쿠폰**

7 6 4 C 5 3 3 A F 6 D F 4 3 C P

해커스공무원(gosi.Hackers.com) 접속 후 로그인 ▶ 상단의 [나의 강의실] 클릭 ▶
좌측의 [쿠폰등록] 클릭 ▶ 위 쿠폰번호 입력 후 이용

* 등록 후 7일간 사용 가능(ID당 1회에 한해 등록 가능)
* 월간 학습지 회독증강 행정학/행정법총론 개별상품은 할인쿠폰 할인대상에서 제외

합격예측 **온라인 모의고사 응시권 + 해설강의 수강권**

8 2 D B 9 8 A 5 8 5 3 B 8 V Y G

해커스공무원(gosi.Hackers.com) 접속 후 로그인 ▶ 상단의 [나의 강의실] 클릭 ▶
좌측의 [쿠폰등록] 클릭 ▶ 위 쿠폰번호 입력 후 이용

* ID당 1회에 한해 등록 가능

 모바일 자동 채점 + 성적 분석 서비스

교재 내 수록되어 있는 문제의 채점 및 성적 분석 서비스를 제공합니다.

* 세부적인 내용은 해커스공무원(gosi.Hackers.com)에서 확인 가능합니다.

바로 이용하기 ▶

쿠폰 이용 관련 문의 1588-4055

단기 합격을 위한
해커스 커리큘럼

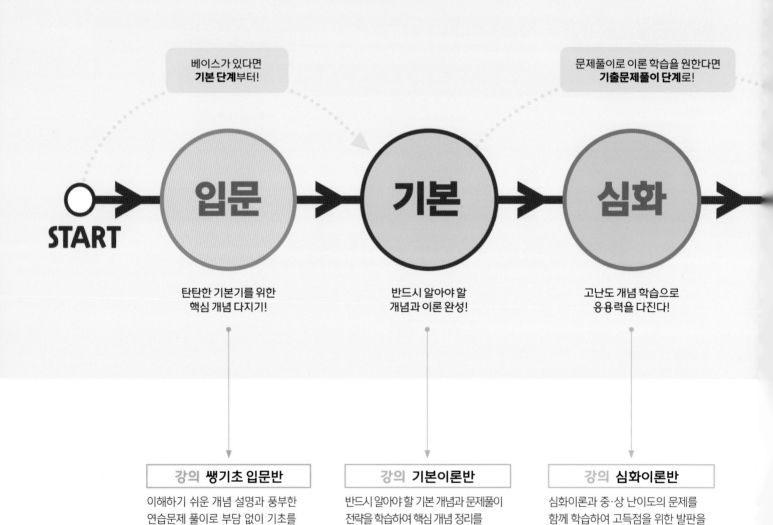

베이스가 있다면 **기본 단계**부터!

문제풀이로 이론 학습을 원한다면 **기출문제풀이 단계**로!

START

입문
탄탄한 기본기를 위한
핵심 개념 다지기!

기본
반드시 알아야 할
개념과 이론 완성!

심화
고난도 개념 학습으로
응용력을 다진다!

강의 **쌩기초 입문반**
이해하기 쉬운 개념 설명과 풍부한
연습문제 풀이로 부담 없이 기초를
다질 수 있는 강의

강의 **기본이론반**
반드시 알아야 할 기본 개념과 문제풀이
전략을 학습하여 핵심 개념 정리를
완성하는 강의

강의 **심화이론반**
심화이론과 중·상 난이도의 문제를
함께 학습하여 고득점을 위한 발판을
마련하는 강의

단계별 교재 확인 및
수강신청은 여기서!
gosi.Hackers.com

* 커리큘럼은 과목별·선생님별로 상이할 수 있으며, 자세한 내용은 해커스공무원 사이트에서 확인하세요.

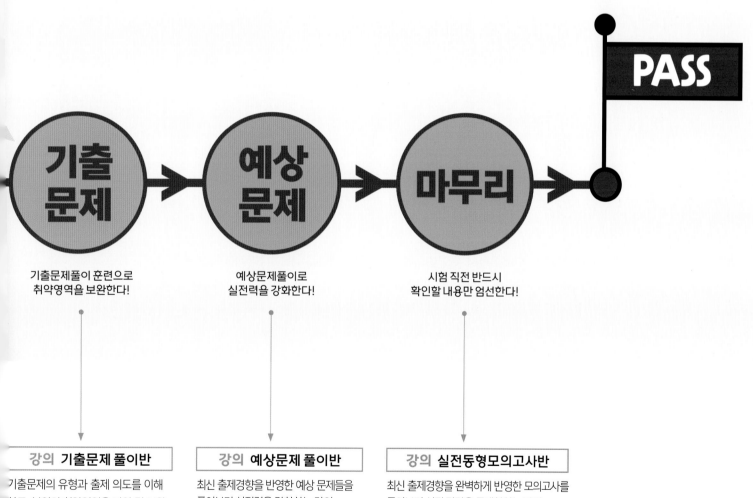

기출문제

기출문제풀이 훈련으로
취약영역을 보완한다!

예상문제

예상문제풀이로
실전력을 강화한다!

마무리

시험 직전 반드시
확인할 내용만 엄선한다!

PASS

강의 기출문제 풀이반

기출문제의 유형과 출제 의도를 이해
하고, 본인의 취약영역을 파악 및 보완
하는 강의

강의 예상문제 풀이반

최신 출제경향을 반영한 예상 문제들을
풀어보며 실전력을 강화하는 강의

강의 실전동형모의고사반

최신 출제경향을 완벽하게 반영한 모의고사를
풀어보며 실전 감각을 극대화하는 강의

강의 봉투모의고사반

시험 직전에 실제 시험과 동일한 형태의
모의고사를 풀어보며 실전력을 완성하는 강의

해커스공무원

명품 행정학

실전동형모의고사 **2**

공무원 난이도에 딱 맞는 모의고사

해커스가 공무원 행정학의 난이도·경향을
완벽 반영하여 만들었습니다.

얼마 남지 않은 시험까지 모의고사를 풀며 실전 감각을 유지하고 싶은 수험생 여러분을 위해, 공무원 행정학 시험의 최신 출제 경향을 완벽 반영한 교재를 만들었습니다.

『해커스공무원 명품 행정학 실전동형모의고사 2』를 통해
13회분 모의고사로 행정학 실력을 완성할 수 있습니다.

실전 감각은 하루아침에 완성할 수 있는 것이 아닙니다. 실제 시험과 동일한 형태의 모의고사를 여러 번 풀어봄으로써 정해진 시간 안에 문제가 요구하는 바를 정확하게 파악하는 연습을 해야 합니다. 『해커스공무원 명품 행정학 실전동형모의고사 2』는 주요 공무원 시험의 출제 경향을 반영하여, 회차별 20문항으로 구성된 실전동형모의고사 13회를 수록하였습니다. 이를 통해 실제 시험과 가장 유사한 형태로 실전에 철저히 대비할 수 있습니다. 또한 상세한 해설을 통해 공무원 행정학의 핵심 출제포인트를 확인할 수 있습니다.

『해커스공무원 명품 행정학 실전동형모의고사 2』는
공무원 행정학 시험에 최적화된 교재입니다.

제한된 시간 안에 문제 풀이는 물론 답안지까지 작성하는 훈련을 할 수 있도록 OMR 답안지를 수록하였습니다. 또한 공무원 행정학 기출문제 중 중요도가 높은 것만을 선별하여 '최종점검 기출모의고사' 3회분으로 재구성하였습니다. 시험 직전, 실전과 같은 훈련 및 최신 출제 경향의 파악을 통해 효율적인 시간 안배를 연습하고 효과적으로 학습을 마무리할 수 있습니다.

공무원 합격을 위한 여정,
해커스공무원이 여러분과 함께 합니다.

실전 감각을 키우는 모의고사

실전동형모의고사

최종점검 기출모의고사

해설집 [책 속의 책]

 OMR 답안지 추가 제공

해커스공무원(gosi.Hackers.com) ▶
사이트 상단의 '교재·서점' ▶ 무료 학습 자료

이 책의 특별한 구성

문제집 구성

01 회 실전동형모의고사

정답·해설 해설집 p.6

제한시간: 15분 시작 시 분 ~ 종료 시 분 점수 확인 개/20문

실전동형모의고사

- 공무원 행정학 시험과 동일한 유형의 실전동형모의고사 13회분 수록
- 15분의 제한된 문제 풀이 시간을 통하여 효율적인 시간 안배 연습 가능

행정학

최종점검 기출모의고사

- 최근 출제된 기출문제 중 출제 가능성이 높은 문제만을 선별하여 재구성한 최종점검 기출모의고사 3회분 수록
- 시험 직전 기출모의고사 풀이를 통해 최신 출제 경향을 파악하여 효과적인 학습 마무리 가능

상세한 해설

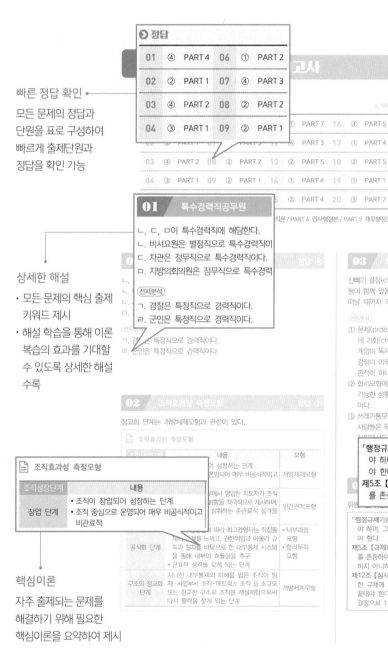

빠른 정답 확인

모든 문제의 정답과
단원을 표로 구성하여
빠르게 출제단원과
정답을 확인 가능

◎ 정답

01	④	PART 4	06	①	PART 2
02	②	PART 1	07	④	PART 3
03	④	PART 2	08	②	PART 2
04	③	PART 1	09	②	PART 1

◎ 취약 단원 분석표

단원	맞힌 답의 개수
PART 1	/ 5
PART 2	/ 2
PART 3	/ 2
PART 4	/ 4
PART 5	/ 4
PART 1	/ 5
PART 2	/ 2
PART 3	/ 2
PART 4	/ 4
PART 5	/ 4
PART 6	/ 1
PART 7	/ 2
TOTAL	/ 20

취약 단원 분석표

스스로 취약한 단원을
분석하여 시험 직전에
더 학습이 필요한 단원
확인 가능

상세한 해설

· 모든 문제의 핵심 출제
키워드 제시
· 해설 학습을 통해 이론
복습의 효과를 기대할
수 있도록 상세한 해설
수록

01 특수경력직공무원

ㄴ, ㄷ, ㅁ이 특수경력직에 해당한다.
ㄴ. 비서요원은 별정직으로 특수경력직이
ㄷ. 차관은 정무직으로 특수경력직이다.
ㅁ. 지방의회의원은 정무직으로 특수경력

[선지분석]
ㄱ. 경찰은 특정직으로 경력직이다.
ㄹ. 군인은 특정직으로 경력직이다.

03

진빼기 결정(choice by flight)은 해결해야 할 문제와 이와 관련된 문제
들이 함께 있을 때, 관련된 문제들이 스스로 다른 의사결정 기회를 찾아
떠날 때까지 기다린 후에 결정을 하는 방법이다.

[선지분석]
① 문제(problem), 해결책(solution), 참여자(participant), 의사결정
의 기회(chance)가 구비되어야 하는데, 이 네 가지 요소들이 아무 관
계없이 독자적으로 움직이다가 어떤 계기로 우연히 만나게 될 때 의사
결정이 이루어진다고 본다. 즉, 독자적으로 흘러다니는 것이며, 상호의
존적이 아니다.
② 합리모형에 대한 설명이다. 쓰레기통모형에서는 인과관계의 분석이
가능한 상황이 아닌 조직화된 혼란 상태에서의 의사결정에 관한 모형
이다.
③ 쓰레기통모형의 요소 중 문제성 있는 선호란 의사결정에 참여하는
사람들은 무엇이 바람직한 것인가에 대해서 합의된 바가 없고, 개인의

> 「행정규제기본법」 제4조【규제 법정주의】① 규제는 법률
> 야 하며, 그 내용은 알기 쉬운 용어로 구체적이고 명확히
> 야 한다.
> 제5조【규제의 원칙】① 국가나 지방자치단체는 국민의
> 를 존중하여야 하며, 규제를 정하는 경우에도 그 본질적

> 「행정규제기본법」 제4조【규제 법정주의】① 규제는 법률에 근거하여
> 야 하며, 그 내용은 알기 쉬운 용어로 구체적이고 명확하게 규정되어
> 야 한다.
> 제5조【규제의 원칙】① 국가나 지방자치단체는 국민의 자유와 창의
> 를 존중하여야 하며, 규제를 정하는 경우에도 그 본질적 내용을 침해
> 하지 아니하도록 하여야 한다.
> 제12조【심사】① 위원회는 제11조 제1항에 따라 중요규제라고 결정
> 한 규제에 대하여는 심사 요청을 받은 날부터 45일 이내에 심사를
> 끝내야 한다. 다만, 심사기간의 연장이 불가피한 경우에는 위원회의
> 결정으로 15일을 넘지 아니하는 범위에서 한 차례만 연장할 수 있다.

관련 법령

문제 풀이에 참고하면
더 좋을 관련 법령 수록

02 조직효과성 측정모형

정교화 단계는 개방체제모형과 관련이 있다.

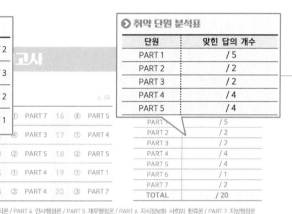

조직효과성 측정모형

	내용	모형
	이 성장하는 단계 운영되어 매우 비공식적이고	개방체제모형
	에서 영입한 지도자가 조직 상황을 적극적으로 제시하며, 밝히는 준관료적 성격을	인간관계모형
공식화 단계	에 따라 최고경영자는 직접통 제의 필요를 느끼고, 관한위임과 아울러 규 칙과 철차를 바탕으로 한 내부통제 시스템 을 통해 내부의 효율성을 추구 · 관료적 성격을 갖게 되는 단계	· 내부과정 모형 · 합리목표 모형
구조의 정교화 단계	지나친 내부통제의 피해를 입은 조직이 팀 제·사업부서 조직·매트릭스 조직 등 소규모 또는 정교한 구조로 조직을 재설계함으로써 다시 활력을 찾게 되는 단계	개방체제모형

조직효과성 측정모형

조직성장단계	내용
창업 단계	· 조직이 창업되어 성장하는 단계 · 조직 중심으로 운영되어 매우 비공식적이고 비관료적

핵심이론

자주 출제되는 문제를
해결하기 위해 필요한
핵심이론을 요약하여 제시

실전동형 모의고사

잠깐! 실전동형모의고사 전 확인사항

실전동형모의고사도 실전처럼 문제를 푸는 연습이 필요합니다.

✔ 휴대전화는 전원을 꺼주세요.

✔ 연필과 지우개를 준비하세요.

✔ 제한시간 15분 내 최대한 많은 문제를 정확하게 풀어보세요.

매 회 실전동형모의고사 전, 위 사항을 점검하고 시험에 임하세요.

01회 실전동형모의고사

제한시간: 15분 시작 시 분 ~ 종료 시 분 점수 확인 개/ 20개

01 공익에 대한 설명으로 옳지 않은 것은?

① 공익 실체설은 공익 과정설의 주장을 행정의 정당성과 통합성을 확보하기 위한 상징적 수사로 간주한다.

② 공익 과정설은 공무원의 행동을 경쟁관계에 있는 집단들의 이익을 돕는 조정자의 역할로 이해한다.

③ 실체설의 대표적인 학자에는 플라톤(Plato)과 루소(Rousseau)가 있다.

④ 공공재의 존재와 공유지 비극의 문제는 공익 실체설의 근거가 될 수 있다.

02 공무원 평정제도에 관한 설명으로 옳지 않은 것은?

① 다면평가제도는 평가의 객관성과 공정성을 향상시킬 수 있다.

② 도표식 평정법은 상벌의 목적으로 이용하기 편리하다.

③ 행태기준 평정척도법은 행태에 관한 구체적인 사건을 기준으로 평정하며, 사건의 빈도수를 표시하는 척도를 이용한다.

④ 우리나라는 근무성적 평정결과에 대해 소청할 수 없다.

03 시장실패의 원인과 그에 따른 정부의 대응 방식으로 옳지 않은 것은?

① 공공재의 존재 – 정부규제

② 외부효과의 발생 – 공적 유도(보조금)

③ 자연독점 – 공적 공급(조직)

④ 정보의 비대칭성 – 정부규제

04 넛지이론(Nudge Theory)과 가장 거리가 먼 것은?

① 행동경제학에서는 휴리스틱과 행동 편향에 따른 영향이 개인의 의사결정과 선택에 영향을 미쳐 자신의 후생 손실을 초래하는 외부효과가 행동적 시장실패의 핵심 요소라고 본다.

② 넛지이론은 정부 역할의 근거와 한계를 행동적 시장실패와 정부실패로 본다.

③ 전통경제학에서는 명령지시적 정부규제나 경제적 유인을 정책수단으로 활용하지만, 넛지는 기본적으로 간접적이고 유도적인 방식의 정부 개입방식으로서 촉매적 정책수단의 성격을 띠고 있다.

④ 넛지방식으로 정책을 설계하는 것을 선택설계라고 한다.

05 정책의제가 어떻게 형성되는지를 설명하는 것으로 관점이 다른 하나는?

① 바흐라흐와 바라츠(Bachrach & Baratz)의 무의사결정이론
② 달(R. Dahl)의 다원적 권력론
③ 밀스(Mills)의 지위접근법
④ 미헬스(Michels)의 과두제의 철칙

06 불확실성하의 대안선택에 대한 설명으로 가장 옳지 않은 것은?

① 조선소 건설 시 선박 예상판매량, 예상가격이 비관적인 아주 낮은 값에서 높은 값으로 변화함에 따라 예상 수익과 비용이 어떻게 달라지는지, 건축시간이나 자재의 공급량과 가격이 변함에 따라 건설비 등의 비용이 어떻게 변화하는지 알아보는 것은 민감도분석에 해당한다.
② 미래에 대한 불확실성을 주어진 조건으로 보고 그 안에서 결과를 예측하는 방법으로, 미래에 발생할 수 있는 최악의 상황을 전제하고 정책대안의 결과를 예측하는 방법은 보수적 결정(conservative decision)이라고 한다.
③ 분기점분석(break - even analysis)은 가장 두드러진 대안에 불리한 값을 대입하여 우선순위의 변화를 통해 종속변수의 불확실성을 해결하기 위한 것이다.
④ 상황분석(contingency analysis)은 정책환경에 대한 불확실성을 최소화하기 위한 것으로, 상이한 조건하에서의 우선순위 변화를 통해 분석하는 방법이다.

07 다음 중 린드블룸(Lindblom)과 윌다브스키(Wildavsky)가 주장한 점증주의 의사결정이론에 대한 설명으로 옳은 것만을 고르면?

ㄱ. 제한된 합리성과 단편적 조정을 통한 결정방식을 채택한다.
ㄴ. 점증주의는 정책상황이 불확실하여 예측이 곤란할 때 타협과 조정을 통하여 불확실성을 극복할 수 있다.
ㄷ. 점증주의 의사결정은 혁신적인 정책대안 발굴에 도움이 된다.
ㄹ. 과거의 정책 혹은 다른 정부의 정책대안도 점증주의 정책대안의 주요한 원천들이다.

① ㄱ, ㄴ, ㄷ
② ㄱ, ㄴ, ㄹ
③ ㄱ, ㄷ, ㄹ
④ ㄴ, ㄷ, ㄹ

08 대표관료제에 대한 설명으로 옳지 않은 것은?

① 대표관료제는 내부통제의 한 방안이다.
② 초기 실적주의의 도입은 대표관료제를 실현하기 위한 것이다.
③ 모든 사회집단의 실질적 기회균등을 적극적으로 보장하는 데 기여한다.
④ 피동적 대표가 능동적 대표를 확보할 수 있다는 것을 전제로 한다.

09 다음 중 정부의 행정 각부 장관과 그 소속 행정기관 연결이 옳게 짝지어진 것은?

> ㄱ. 행정안전부장관: 소방청
> ㄴ. 환경부장관: 기상청
> ㄷ. 교육부장관: 지방교육청
> ㄹ. 산업통상자원부장관: 통계청

① ㄱ, ㄴ
② ㄱ, ㄹ
③ ㄴ, ㄷ
④ ㄴ, ㄹ

10 「지방자치법」상 주민참여에 관한 설명으로 옳지 않은 것은?

① 주민은 권리의무와 직접 관련이 없는 사항에 대하여도 규칙의 제정, 개정 또는 폐지와 관련된 의견을 해당 지방자치단체의 장에게 제출할 수 있다.
② 지방자치단체의 장은 규칙의 제정, 개정 또는 폐지와 관련된 제출된 의견에 대하여 의견이 제출된 날부터 30일 이내에 검토 결과를 그 의견을 제출한 주민에게 통보하여야 한다.
③ 규칙의 제정과 개정, 폐지에 대한 의견의 검토와 결과 통보의 방법 및 절차는 해당 지방자치단체의 조례로 정한다.
④ 주민은 법령으로 정하는 바에 따라 주민생활에 영향을 미치는 지방자치단체의 정책의 결정 및 집행 과정에 참여할 권리를 가진다.

11 현재 우리나라의 예산·결산제도에 대한 설명으로 옳은 것은?

① 세계잉여금은 국회의결 시점부터 사용할 수 있다.
② 정부가 제출한 결산서는 예산서와는 달리 상임위원회의 심사를 거치지 않고 전문위원의 검토를 거친 후 예결산특별위원회의 종합심사를 거쳐 본회의에 보고한다.
③ 세입·세출 결산의 검사는 감사원이 한다.
④ 결산 결과 위법·부당한 지출이 확인된 경우 예산집행을 무효화할 수 있다.

12 공무원직장협의회 설립에 대한 설명으로 가장 옳지 않은 것은?

① 기관장이 4급 이상 공무원 및 이에 상당하는 공무원인 기관단위의 설립을 원칙으로 한다.
② 일반직공무원은 공무원직장협의회에 가입할 수 있다.
③ 기관단위로 설립하는 것을 원칙으로 하며 하나의 기관에 하나의 협의회만 설립이 가능하다.
④ 경찰공무원과 소방공무원은 공무원직장협의회에 가입할 수 없다.

13 정책유형과 그 예시의 연결이 옳지 않은 것은?

① 직접규제정책 – 환경오염에 대한 부담금 부과
② 재분배정책 – 누진세제도
③ 보호적 규제정책 – 최저임금제의 실시
④ 경쟁적 규제정책 – 방송국 설립인가

14 우리나라 공무원 보수제도에 대한 설명으로 옳지 않은 것은?

① 인사혁신처는 보수의 합리적인 책정을 위하여 민간의 임금, 표준생계비 및 물가의 변동 등에 대한 조사를 한다.
② 보수라 함은 직무의 곤란성 및 책임의 정도에 따라 직책별로 지급되는 기본급여 또는 직무의 곤란성 및 책임의 정도와 재직기간 등에 따라 계급별·호봉별로 지급되는 기본급여를 말한다.
③ 공무원의 호봉 간의 승급에 필요한 기간은 1년으로 한다.
④ 직무성과급적 연봉제를 적용하는 고위공무원의 기본연봉은 개인의 경력 및 누적성과를 반영하여 책정되는 기준급과 직무의 곤란성 및 책임의 정도를 반영하여 직무등급에 따라 책정되는 직무급으로 구성된다.

15 현행 내부고발자 보호제도에 대한 설명으로 가장 옳지 않은 것은?

① 공직자는 부패행위를 알게 된 때에는 이를 권익위원회에 신고할 수 있다.
② 신고자는 자신의 인적사항을 밝히지 아니하고 변호사를 선임하여 신고를 대리하게 할 수 있다.
③ 내부고발은 신변보호의 대상이다.
④ 신고 등과 관련하여 신고자의 범죄가 발견된 경우, 그 신고자에 대하여 형을 감경 또는 면제할 수 있다.

16 조직문화의 기능에 대한 설명으로 옳지 않은 것은?

① 조직구성원의 사고와 행동에 방향을 제시하여 준다.
② 조직구성원들이 조직이익에 헌신하기보다 개인의 자기이익을 추구하게 한다.
③ 조직구성원을 동일한 방향으로 응집시키고 결속시키는 역할을 한다.
④ 조직에 애착심을 갖게 하여 조직체제의 안정성을 높여준다.

17 다음에서 설명하고 있는 예산제도로 옳은 것은?

> • 경기 순환기를 중심으로 예산의 균형이 이루어지면 된다는 논리이다.
> • 세출규모의 변동을 장기적 관점에서 조정하는 데 기여한다.
> • 경제적 불황기 내지 공황기에 적자예산을 편성하여 유효수요와 고용을 증대시킴으로써 불황을 극복하는 유용한 수단이 될 수 있다.

① 자본예산
② 잠정예산
③ 조세지출예산
④ 지출통제예산

18 동기이론에 대한 설명으로 옳은 것은?

① 매슬로우(Maslow)의 욕구5단계론은 개인차를 고려한 다양한 욕구단계를 설정하고 있다.
② 앨더퍼(Alderfer)의 ERG이론은 상위욕구가 만족되지 않으면, 하위욕구를 더욱 충족시키고자 한다고 주장한다.
③ 허즈버그(Herzberg)의 이론은 실제의 동기유발과 만족 자체에 중점을 두고 있기 때문에 하위욕구를 추구하는 계층에 적용하기가 용이하다.
④ 포터와 롤러(Porter & Lawler)의 업적·만족이론은 성과보다는 구성원의 만족이 직무성취를 가져온다고 지적한다.

19 다음은 「지방자치법」상 지방재정수입에 대한 설명이다. ㄱ ~ ㄷ에 들어갈 용어로 옳은 것을 고르면?

> (가) 지방자치단체는 공공시설의 이용에 대해 (ㄱ)을/를 징수할 수 있다.
> (나) 지방자치단체는 그 공공시설의 설치로 주민의 일부가 특히 이익을 받으면 이익을 받는 자로부터 (ㄴ)을/를 징수할 수 있다.
> (다) 지방자치단체는 그 지방자치단체의 사무가 특정인을 위한 것이면 그 사무에 대하여 (ㄷ)을/를 징수할 수 있다.

	ㄱ	ㄴ	ㄷ
①	수수료	사용료	분담금
②	분담금	수수료	사용료
③	공동시설세	재산세	사업소세
④	사용료	분담금	수수료

20 「주민투표법」상 전자투표 및 전자개표에 대한 내용으로 옳지 않은 것은?

① 지방자치단체장이 필요하다고 판단하는 경우 전자투표 및 전자개표를 실시할 수 있다.
② 지방자치단체장은 전자투표 전자개표의 실시여부에 관하여 주민투표청구심의회의 심의 및 관할선거관리위원회와의 협의를 거쳐야 한다.
③ 전자투표를 실시하더라도 투표소를 설치·운영하여야 한다.
④ 전자투표 전자개표의 절차방법에 관하여 필요한 사항은 대통령령으로 정한다.

01회 실전동형모의고사
모바일 자동 채점 + 성적 분석 서비스
바로 가기 (gosi.Hackers.com)

QR코드를 이용하여 해커스공무원의 '모바일 자동 채점 + 성적 분석 서비스'로 바로 접속하세요!
※ 해커스공무원 사이트의 가입자에 한해 이용 가능합니다.

02회 실전동형모의고사

제한시간: 15분 **시작** 시 분 ~ **종료** 시 분 점수 확인 개/ 20개

01 현상학적 접근방법에 대한 설명으로 옳지 않은 것은?

① 현상학적 접근방법은 주관적 접근방법에 해당한다.
② 행정학 연구에 현상학적 접근방법을 도입한 연구는 하몬(M. Harmon)의 행위이론(action theory)이다.
③ 현상학적 접근방법은 실증주의를 비판한다.
④ 현상학적 접근방법은 인간성에 대해 결정론적 입장을 취한다.

02 정부관에 대한 일반적인 설명으로 옳은 것은?

① 보수주의자는 적극적 자유를 강조하고, 진보주의자는 소극적 자유를 강조한다.
② 1930년대 대공황을 겪으면서 작은 정부가 중시되었다.
③ 신자유주의가 등장하면서 정부개입을 찬성하는 큰 정부로의 전환이 이루어졌다.
④ 진보주의자는 소득재분배정책을 옹호한다.

03 롤스(Rawls)의 사회정의(social justice)에 대한 설명으로 옳지 않은 것은?

① 롤스(Rawls)의 정의론은 자유와 평등의 조화를 추구하는 중도적 입장을 취하고 있다.
② 이념적·가설적 상황으로서 원초적 상태를 설정하였고, 사회계약론의 입장에서 정의의 원리를 도출한다.
③ 롤스(Rawls)의 정의의 원리는 이타적이고 도덕적인 구성원들이 모두 동의할 수 있는 사회구성의 원리이다.
④ 롤스(Rawls)는 사회구성원들은 최소극대화원칙(Max - min)에 입각해 행동하므로, 차별의 원칙이 타당하다고 본다.

04 다음 중 민츠버그(H. Mintzberg)의 조직성장경로모형에 대한 설명으로 옳은 것만을 모두 고르면?

> ㄱ. 단순구조(simple structure)는 한 사람이나 소수에게 집권화되며, 환경변화에 대응하기 위한 신속한 의사결정에 적합하다.
> ㄴ. 전문적 관료제(professional bureaucracy)는 핵심운영 중심의 구조이며, 복잡하고 안정적인 환경에 적합하다.
> ㄷ. 사업부 조직(divisionalized form)은 참모 중심의 신축적이고 혁신적인 조직구조이다.
> ㄹ. 핵심운영 부문(operating core)은 조직의 제품이나 서비스를 생산해내는 기본적인 일들이 발생하는 곳이다.
> ㅁ. 지원 스태프 부문(support staff)은 기본적인 과업흐름 내에서 발생하는 조직의 문제를 지원하는 모든 전문가로 구성되어 있다.

① ㄱ, ㄴ, ㄹ
② ㄱ, ㄴ, ㅁ
③ ㄱ, ㄷ, ㅁ
④ ㄴ, ㄷ, ㄹ

05 다음 <보기>의 설명과 행정이론을 옳게 연결한 것은?

> ──── <보기> ────
>
> ㄱ. 정치행정일원론적 성격을 지닌다.
> ㄴ. 행정관료를 다양한 이해관계의 조정자로 생각한다.
> ㄷ. 민주적 참여를 통해 정부에 대한 신뢰를 높일 수 있다.
> ㄹ. 성과에 대한 책임성을 통해 시민에 대한 대응성을 강조한다.
> ㅁ. 공공부문의 효율성 제고를 위해 시장원리인 경쟁을 적극 활용한다.

① 신공공관리론 - ㄱ, ㄴ
② 신공공관리론 - ㄴ, ㅁ
③ 신공공관리론 - ㄷ, ㄹ
④ 뉴거버넌스론 - ㄴ, ㄷ

06 정책결정모형에 대한 설명으로 가장 옳은 것은?

① 만족모형에서는 정책대안의 분석과 비교가 총체적·종합적으로 이루어진다.
② 점증주의모형은 정책결정자나 정책분석가가 절대적 합리성을 가지고 있고, 주어진 상황하에서 목표의 달성을 극대화할 수 있는 최선의 정책대안을 찾아낼 수 있다고 본다.
③ 앨리슨(Allison)모형은 쿠바 미사일 사태에 대한 사례연구를 바탕으로 발전하였는데 합리모형, 조직과정모형, 정치모형의 세 가지 정책결정모형을 제시한다.
④ 킹던(Kingdon)의 정책창문이론은 정책창문이 한번 열리면 문제에 대한 대안이 도출될 때까지 상당기간 열려 있는 상태로 유지된다고 본다.

07 「공직자윤리법」상 퇴직공직자의 취업 제한에 대한 다음 설명 중 (   )에 들어갈 말이 옳게 연결된 것은?

> 제3조 제1항 제1호부터 제12호까지의 어느 하나에 해당하는 공직자와 부당한 영향력 행사 가능성 및 공정한 직무수행을 저해할 가능성 등을 고려하여 국회규칙, 대법원규칙, 헌법재판소규칙, 중앙선거관리위원회규칙 또는 대통령령으로 정하는 공무원과 공직유관단체의 직원(취업심사대상자)은 퇴직일부터 (   )년간 다음 각 호의 어느 하나에 해당하는 기관(취업심사대상기관)에 취업할 수 없다. 다만, 관할 공직자윤리위원회로부터 취업심사대상자가 퇴직 전 (   )년 동안 소속하였던 부서 또는 기관의 업무와 취업심사대상기관 간에 밀접한 관련성이 없다는 확인을 받거나 취업승인을 받은 때에는 취업할 수 있다.

① 2, 2
② 2, 3
③ 3, 5
④ 5, 3

08 다음 중 중앙정부의 지출 성격상 의무지출에 해당하는 것만을 모두 고르면?

> ㄱ. 지방교부세
> ㄴ. 외국 또는 국제기구와 체결한 국제조약에 따라 발생되는 지출
> ㄷ. 국방비
> ㄹ. 지방교육재정교부금
> ㅁ. 차입금 등에 대한 이자지출

① ㄱ, ㄴ, ㅁ
② ㄴ, ㄷ, ㄹ
③ ㄱ, ㄴ, ㄹ, ㅁ
④ ㄱ, ㄷ, ㄹ, ㅁ

09 다음 <보기>에서 지방분권에 대한 설명으로 옳지 않은 것만을 모두 고르면?

<보기>

ㄱ. 지방자치단체에 의회를 두지 않아도 위헌은 아니다.
ㄴ. 자치사무는 지방자치단체가 자기 의사와 책임 아래 자주적으로 처리하는 사무이다.
ㄷ. 기초의회 지역구 선거는 기본적으로 소선구제를 채택하고 있다.
ㄹ. 특별지방행정기관은 자치권은 없지만 법인격을 갖는다.
ㅁ. 중앙정부는 단체위임사무에 대해 사전 통제보다는 사후적 통제를 주로 한다.

① ㄱ, ㄷ
② ㄱ, ㄷ, ㄹ
③ ㄴ, ㄹ, ㅁ
④ ㄱ, ㄷ, ㄹ, ㅁ

10 조직발전(OD)에 대한 설명으로 가장 옳지 않은 것은?

① 조직발전은 구조, 형태, 기능 등을 바꾸고 조직의 환경 변화에 대한 대응 능력과 문제 해결 능력을 향상시키려는 관리 전략이다.
② 심리적 요인에 치중한 나머지 구조적·기술적 요인을 경시할 우려가 있다.
③ 외부의 전문가들이 참여하는 하향적 개혁관리방식이다.
④ 감수성훈련은 조직발전의 주요 기법 중 하나이다.

11 공론조사(deliberative polling)에 대한 설명으로 옳지 않은 것은?

① 조사 대상자들을 한곳에 모아 일정 기간 동안 공론화 과정을 거쳐야 하기 때문에 비용과 시간이 많이 든다.
② 공론조사는 개인의 선호 불변이라는 전제를 한다.
③ 공론조사는 여론조사에 숙의와 토론과정을 보완한 것으로, 정제된 국민여론을 수렴하는 방법이라고 할 수 있다.
④ 우리나라에서도 공공정책 결정과정에서 공론조사를 도입하여 활용한 사례가 있다.

12 거래비용이론에 대한 설명으로 가장 옳지 않은 것은?

① 거래비용이론은 인간의 제한적 합리성(bounded rationality)이 아닌 절대적 합리성(rationality)을 전제로 한다.
② 사전 거래비용은 거래 계약을 위한 정보취득 및 거래협상 등에 들어가는 비용을 포함하며, 사후 거래비용은 이행감시비용을 포함한다.
③ 자산의 특정성이 높을수록 타인과의 거래가 어려워 거래비용이 증가하는 경향이 있다.
④ 거래비용과 내부관리비용과의 비교를 통해 전자가 후자보다 크면 수직적 통합 전략이 효과적이다.

13 행정이념에 대한 설명으로 가장 옳지 않은 것은?

① 민주성이 강조될 때, 효과성은 저하될 수 있다.

② 「국가공무원법」과 「지방공무원법」 제1조에서 공통적으로 규정하고 있는 우리나라 인사행정의 기본가치는 공정성과 민주성이다.

③ 행정의 형평성은 '같은 사람을 같게' 취급해야 한다는 수평적 공평성과, '다른 사람을 다르게' 취급해야 한다는 수직적 공평성으로 나누어 볼 수 있다.

④ 행정의 능률성은 투입 대비 산출의 비율을 의미하는 것이다.

14 정책평가의 타당성에 대한 설명으로 옳지 않은 것은?

① 두 변수 A와 B의 관계에 있어서 실제로는 관계가 있는데도 없는 것으로 나타나게 하는 제3의 변수(Z)를 억제변수라 한다.

② 호손효과(Hawthone Effect)란 자신이 실험대상에 속했다고 간주하면 평상시와 다른 행동을 보이는 것으로, 이는 내적 타당성을 저해하는 요인이다.

③ 외적 타당성은 조작화된 구성요소들 가운데서 관찰된 효과들이 다른 이론적 구성요소들에게까지도 일반화될 수 있는 정도를 의미한다.

④ 내적 타당성은 정책과 그 결과 사이에 존재하는 인과적 추론의 정확성 정도를 의미한다.

15 정책문제의 구조화 방법의 일종인 브레인스토밍(brainstorming)에 대한 설명으로 옳지 않은 것은?

① 아이디어 개발과 아이디어 평가는 동시에 이루어져야 한다.

② 아이디어 평가의 마지막 단계에서 아이디어에 우선순위를 부여한다.

③ 아이디어 평가는 첫 단계에서 모든 아이디어가 총망라된 다음에 시작되어야 한다.

④ 아이디어 개발단계에서의 브레인스토밍 활동의 분위기는 개방적이고 자유롭게 유지되어야 한다.

16 베버(Max Weber)가 관료제의 특징으로 제시한 내용에 해당하지 않는 것은?

① 문서화된 규정 - 조직의 목표 달성을 위해 필요한 절차와 방법이 기록된 규정이 존재함

② 계층제 - 피라미드 모양의 계층구조를 가지며, 명령과 통제가 위로부터 아래로 전달됨

③ 전문성 - 업무에 대한 지식을 가진 전문적인 관료가 업무를 담당하며, 직무에의 전념을 요구함

④ 협력적 행동 - 원활한 계층 체계 작동을 위해 구성원은 서로 협력하며, 이를 통해 높은 효율과 성과를 거둘 수 있음

17 정부가 국가재정의 효율적 운용을 위해 도입한 제도와 가장 거리가 먼 것은?

① 프로그램 예산제도의 도입
② 예산총액배분자율편성제도
③ 회계기금 간 여유재원의 전입과 전출
④ 추가경정예산 편성사유의 명문화

18 「지방자치법」상 인사청문회에 대한 설명으로 옳지 않은 것은?

① 지방자치단체장은 일반직 지방공무원으로 보하는 부지사에 대하여 지방의회에 인사청문을 요청할 수 있다.
② 지방의회 의장은 지방자치단체장의 인사청문 요청이 있는 경우 인사청문회를 실시한 후 그 경과를 지방자치단체장에게 송부하여야 한다.
③ 지방자치단체장은 지방공사 사장에 대하여 지방의회에 인사청문을 요청할 수 있다.
④ 지방자치단체장은 지방공단의 이사장 대하여 지방의회에 인사청문을 요청할 수 있다.

19 특별지방자치단체에 대한 설명으로 옳지 않은 것은?

① 특별지방자치단체를 구성하는 지방자치단체(이하 "구성 지방자치단체"라 한다)는 상호 협의에 따른 규약을 정하여 구성 지방자치단체의 지방의회 의결을 거쳐 대통령의 승인을 받아야 한다.
② 특별지방자치단체의 의회는 규약으로 정하는 바에 따라 구성 지방자치단체의 의회 의원으로 구성한다.
③ 특별지방자치단체의 장은 규약으로 정하는 바에 따라 특별지방자치단체의 의회에서 선출한다.
④ 특별지방자치단체 의회는 조례를 제정할 수 있다.

20 지방채에 대한 설명으로 가장 옳은 것은?

① 지방채 발행 한도액 범위더라도 외채를 발행하는 경우에는 지방의회의 의결을 거치기 전에 행정안전부장관의 승인을 받아야 한다.
② 교부공채는 지방자치단체로부터 인·허가나 차량등록 등 특정 서비스를 제공받는 주민 또는 법인을 대상으로 강제로 소화시키는 것을 말한다.
③ 매출공채란 '공모 방식을 통해서 공채매입을 희망하는 자들로 하여금 공채를 매입하도록 하여 자금을 조달하는 방식'을 말한다.
④ 지방채는 지방자치단체장만이 법률로 정하는 바에 따라 발행할 수 있으며 지방자치단체조합은 발행주체에 해당되지 않는다.

02회 실전동형모의고사
모바일 자동 채점+성적 분석 서비스
바로 가기 (gosi.Hackers.com)

QR코드를 이용하여 해커스공무원의 '모바일 자동 채점+성적 분석 서비스'로 바로 접속하세요!

* 해커스공무원 사이트의 가입자에 한해 이용 가능합니다.

03회 실전동형모의고사

제한시간: 15분 **시작** 시 분 ~ 종료 시 분 점수 확인 개/ 20개

01 우리나라 고향사랑 기부금에 대한 설명으로 옳지 않은 것은?

① 지방자치단체는 해당 지방자치단체의 주민이 아닌 사람만 고향사랑 기부금을 모금·접수할 수 있다.

② 지방자치단체는 고향사랑 기부금의 효율적인 관리·운용을 위하여 기금을 설치하여야 한다.

③ 「고향사랑 기부금에 관한 법률」에 따른 고향사랑 기부금의 모금·접수 및 사용 등에 관하여는 「기부금품의 모집 및 사용에 관한 법률」을 적용하지 아니한다.

④ 개인별 고향사랑 기부금의 연간 상한액은 300만 원으로 한다.

02 다음 현상의 대응방식으로 옳지 않은 것은?

- 소득재분배를 목적으로 규제가 도입될 경우 보호하려 애쓴 계층순서로 피해를 입을 수 있음
- 최저임금이 강화될수록 사업주는 노동을 자본으로 대체하여 고용할 노동자수가 오히려 줄어드는 현상

① 민영화

② 규제완화

③ 정부보조금 삭감

④ 규제영향분석 강화

03 정치와 행정의 관계에 대한 설명으로 옳은 것은?

① 윌슨(W. Wilson)은 『행정의 연구』에서 정치와 행정의 유사성에 초점을 두고 정부가 수행하는 업무들을 과학적으로 연구해야 한다고 주장하였다.

② 사이먼(H. Simon)은 『행정행태론』에서 정치적 요인과 가치문제를 중심으로 조직 내 개인들의 의사결정과정을 분석하였다.

③ 애플비(P. Appleby)는 『거대한 민주주의』에서 현실의 행정과 정치 간 관계는 연속적, 순환적, 정합적이기에 실제 정책형성 과정에서 정치와 행정을 구분하는 것은 적절하다고 주장하였다.

④ 굿노우(F. Goodnow)는 『정치와 행정』에서 국가의 의지를 표명하고 정책을 구현하는 것이 정치이며, 이를 실행하는 것이 행정이라고 규정하였다.

04 공공선택론에 대한 설명으로 가장 옳지 않은 것은?

① 공공선택론적 접근방법은 정부를 공공재의 생산자, 시민을 공공재의 소비자라고 규정하며, 방법론적 개체주의의 입장을 취한다.

② 던리비(Dunleavy)의 관청형성모형에 따르면 관료들이 정책결정을 할 때 사적 이익보다는 공적 이익을 우선시한다.

③ 공공선택론은 자유시장의 논리를 공공부문에 도입함으로써 시장실패를 야기할 수 있다는 한계를 안고 있다.

④ 티부(Tiebout)모형은 지방정부의 공공서비스에 외부효과가 발생하지 않아야 한다는 것을 가정한다.

05 다음 중 <보기>의 리플리와 프랭클린(R. B. Ripley & G. A. Franklin)의 정책유형과 정책사례를 옳게 연결한 것은?

<보기>

ㄱ. 권리나 이익, 서비스를 사회의 특정 부분에 배분하는 정책
ㄴ. 다수 경쟁자 중 특정 개인이나 집단에게 특정 권리나 서비스를 제공하는 정책
ㄷ. 고소득층으로부터 저소득층으로의 소득 이전을 목적으로 하는 정책
ㄹ. 일반 대중 보호를 목적으로 하는 규제 정책

	ㄱ	ㄴ	ㄷ	ㄹ
①	실업수당	항공노선 허가	최저임금제	개발제한구역
②	사회간접자본	개발제한구역	최저임금제	방송국 인가
③	실업수당	개발제한구역	누진소득세	방송국 인가
④	사회간접자본	항공노선 허가	누진소득세	개발제한구역

06 예산의 종류에 대한 설명으로 옳은 것은?

① 추가경정예산이란 예산심의가 종료된 후 발생한 변화에 대처하기 위하여 연 1회 편성하는 예산이다.
② 성인지예산제도(남녀평등예산)는 세입·세출예산이 남성과 여성에게 미치는 영향은 다르지 않다는 전제의 제도이다.
③ 수정예산은 예산이 국회를 통과하여 확정(성립)된 후에 생긴 사유로 인하여 추가·변경된 예산이다.
④ 준예산은 새로운 회계연도가 개시될 때까지 예산이 성립되지 못할 경우 의회승인 없이 특정경비를 전년도에 준하여 지출할 수 있도록 하는 제도이다.

07 정책집행의 상향식 접근(bottom-up approach)에 대한 설명으로 가장 옳지 않은 것은?

① 정책결정과 정책집행을 엄밀히 구분해서 바라보는 이원론적 접근을 취한다.
② 정책목표 대신 집행문제의 해결에 논의의 초점을 맞춘다.
③ 집행현장에서 일선관료의 재량과 자율을 강조한다.
④ 집행의 제도적 구조, 집행 자원 배분 등 집행의 거시적 틀을 무시한다는 비판을 받는다.

08 다음 중 <보기>의 내용을 조직이론의 발전 과정에 따라 고전적 조직이론 → 신고전적 조직이론 → 현대적 조직이론의 순서로 배열한 것은?

<보기>

ㄱ. 조직을 환경과 상호작용하는 동태적이고 유기체적인 존재로 파악한다.
ㄴ. 인간의 감정적·정서적 측면에 관심을 기울인다.
ㄷ. 과학적 관리론과 관료제 등이 대표적이다.
ㄹ. 상황이론과 자원의존이론 등이 대표적이다.
ㅁ. 행정의 체계화와 합리화, 능률의 향상을 목적으로 한다.
ㅂ. 호손실험연구 등을 포함한 인간관계학파가 대표적이다.

① (ㄱ, ㄹ) → (ㄴ, ㅂ) → (ㄷ, ㅁ)
② (ㄴ, ㄹ) → (ㄷ, ㅂ) → (ㄱ, ㅁ)
③ (ㄴ, ㅂ) → (ㄱ, ㄹ) → (ㄷ, ㅁ)
④ (ㄷ, ㅁ) → (ㄴ, ㅂ) → (ㄱ, ㄹ)

09 관련자들이 서면으로 대안에 대한 아이디어를 제출하도록 하고, 모든 아이디어가 제시된 이후 제한된 토의를 거쳐 투표로 의사결정을 하는 집단의사결정기법으로 옳은 것은?

① 델파이기법(delphi method)
② 브레인스토밍(brain storming)
③ 지명반론자기법(devil's advocate method)
④ 명목집단기법(normal group technique)

11 지방자치단체장의 직무이행명령에 대한 설명 중 가장 옳지 않은 것은?

① 주무부장관은 일정한 경우 직접 시장·군수 및 자치구의 구청장에게 기간을 정하여 이행명령을 하고, 그 기간에 이행하지 아니하면 주무부장관이 직접 대집행등을 할 수 있다.
② 주무부장관은 지방자치단체장이 국가위임사무에 대한 이행명령을 이행하지 아니하면 지방자치단체의 비용부담으로 대집행하거나 행정상·재정상 필요한 조치를 할 수 있다.
③ 지방자치단체장은 주무부장관의 이행명령에 이의가 있으면 이행명령서를 접수한 날부터 20일 이내에 대법원에 소를 제기할 수 있다.
④ 지방자치단체장은 이행명령의 집행을 정지하게 하는 집행정지결정을 신청할 수 있다.

10 갈등의 유형에 대한 설명으로 옳지 않은 것은?

① 목표나 가치의 성격과 관련한 선택 상황에서 두 가지의 대안이 모두 선택하고자 하는 대안일 경우 겪는 갈등을 접근 – 접근갈등이라 한다.
② 관료제적 갈등은 동일수준의 기관 간·개인 간에 나타나는 갈등을 말한다.
③ 협상적 갈등은 이해당사자 간의 갈등이다.
④ 전략적 갈등은 조직구조의 변화를 초래하는 갈등을 말한다.

12 우리나라 공무원연금제도에 대한 설명으로 옳지 않은 것은?

① 기여율은 기준소득월액의 9%이다.
② 국무총리도 「공무원연금법」의 적용대상이다.
③ 퇴직수당은 공무원과 정부가 분담한다.
④ 기여금을 부담하는 재직기간은 최대 36년까지이다.

13 우리나라의 중앙행정기관 소속책임운영기관에 대한 설명으로 옳은 것은?

① 소속책임운영기관의 장의 채용기간은 2년의 범위에서 소속중앙행정기관의 장이 정한다.
② 소속중앙행정기관의 장은 소속책임운영기관의 조직 및 운영에 관한 기본운영규정을 제정하여야 한다.
③ 총정원은 대통령령으로 정한다.
④ 책임운영기관은 중앙행정기관장이 법률로 설치한다.

15 다음 중 개념 정의가 옳게 연결되지 못한 것은?

ㄱ. 직무의 완결도와 직무담당자의 책임성·자율성을 높이는 직무의 수직적 확대이다.
ㄴ. 직무의 난이도와 곤란도를 기준으로 직무의 상대적 비중을 결정한다.
ㄷ. 모든 직위는 각각 해당 직군·직렬·직류와 등급·직급에 배정된다.
ㄹ. 직무 내용과 책임에 관한 사실·정보를 분류요소에 따라 선택·정리·비판·검토하여 직렬·직군으로 분류하는 논리적 사고과정이다.

a. 직무충실(job enrichment)
b. 직무확대(job enlargement)
c. 직무분석
d. 직무평가

① ㄱ - a
② ㄴ - d
③ ㄷ - b
④ ㄹ - c

14 우리나라의 공무원법상 공직분류에 대한 설명으로 옳은 것은?

① 실적주의와 직업공무원제의 획일적 적용 여부에 따라 일반직과 특정직으로 구분된다.
② 소방본부 소속의 소방공무원은 특정직 지방공무원에 해당한다.
③ 정무직 등 특수경력직공무원은 「국가공무원법」상의 보수와 복무규율의 적용에서 전적으로 배제된다.
④ 고위공무원단에 속하는 일반직공무원의 경우 소속장관은 해당 기관에 소속되지 아니한 공무원에 대하여 임용제청을 할 수 있다.

16 다음 <보기> 중 부패의 접근법에 대한 설명으로 옳지 않은 것만을 모두 고르면?

<보기>

ㄱ. 개인의 성격 및 독특한 습성과 윤리 문제가 부패와 밀접한 관련이 있다고 보는 입장은 도덕적 접근법에 따른 것이다.
ㄴ. 특정한 관습이나 경험적 습성과 같은 것이 부패를 조장한다고 보는 입장은 제도적 접근법에 따른 것이다.
ㄷ. 사회의 법과 제도상의 결함이나 이러한 것들에 대한 관리기구와 운영상의 문제들이 부패의 원인으로 작용한다고 보는 입장은 사회문화적 접근법에 따른 것이다.
ㄹ. 부패란 어느 하나의 변수에 의해 설명되는 것이 아니라 문화적 특성, 제도적 결함, 구조적 모순, 공무원의 부정적 행태 등 다양한 요인에 의해 복합적으로 나타난다는 입장은 체제론적 접근법에 따른 것이다.

① ㄱ, ㄴ
② ㄱ, ㄷ
③ ㄴ, ㄷ
④ ㄴ, ㄹ

17 <보기>의 내용이 의미하는 개념으로 옳은 것은?

— <보기> —

시장 행위자가 제품 출시 등에 직면하여 발생하는 규제의 불확실성을 제거해 주기 위해 신기술 신산업 관련 규제 존재 여부와 내용을 문의하면 30일 이내에 회신받을 수 있도록 하는 것이다.

① 규제 신속 확인
② 임시 허가
③ 실증특례
④ 규제품질관리

18 제도적 책임성(accountability)과 대비되는 자율적 책임성(responsibility)에 대한 설명으로 가장 옳지 않은 것은?

① 전문가로서의 직업윤리와 책임감에 기초하여 적극적·자발적 재량을 발휘해 확보되는 책임
② 객관적으로 기준을 확정하기 곤란하므로 내면의 가치와 기준에 따르는 것
③ 국민들이 요구와 기대를 정확하게 인식하여 이에 능동적으로 대응하는 것
④ 고객 만족을 위해 성과보다는 절차에 대한 책임 강조

19 지방분권추진기구의 설치 시기가 이른 것부터 옳게 나열한 것은?

ㄱ. 지방분권촉진위원회
ㄴ. 지방이양추진위원회
ㄷ. 지방시대 위원회
ㄹ. 정부혁신지방분권위원회
ㅁ. 자치분권위원회

① ㄱ → ㄴ → ㄷ → ㄹ → ㅁ
② ㄱ → ㄹ → ㄴ → ㅁ → ㄷ
③ ㄴ → ㄹ → ㄱ → ㅁ → ㄷ
④ ㄴ → ㄹ → ㅁ → ㄱ → ㄷ

20 다음 중 「지방자치법」상 지방자치단체장의 권한에 해당하는 것으로만 묶은 것은?

ㄱ. 주민투표실시권
ㄴ. 규칙제정권
ㄷ. 재의요구권
ㄹ. 청원의 수리와 처리
ㅁ. 조례제정권

① ㄱ, ㄴ, ㄷ
② ㄱ, ㄴ, ㄹ
③ ㄴ, ㄹ, ㅁ
④ ㄷ, ㄹ, ㅁ

03회 실전동형모의고사
모바일 자동 채점 + 성적 분석 서비스
바로 가기 (gosi.Hackers.com)

QR코드를 이용하여 해커스공무원의 '모바일 자동 채점 + 성적 분석 서비스'로 바로 접속하세요!

* 해커스공무원 사이트의 가입자에 한해 이용 가능합니다.

04회 실전동형모의고사

제한시간: 15분 **시작** 시 분 ~ **종료** 시 분 점수 확인 개/ 20개

01 비용효과(cost - effectiveness)분석에 대한 설명으로 옳은 것은?

① 비용효과분석은 산출물을 금전적 가치로 환산하기 어렵거나, 산출물이 이질적인 사업의 평가에 주로 이용되고 있다.

② 비용효과분석은 비용과 효과가 서로 다른 단위로 측정되기 때문에 총효과가 총비용을 초과하는지의 여부에 대한 직접적 증거를 제시할 수 없다.

③ 시장가격의 메커니즘에 전적으로 의존한다.

④ 국방, 치안, 보건 등의 영역에 적용하는 데는 한계가 있다.

02 다양성 관리(Diversity Management)에 대한 설명으로 옳지 않은 것은?

① 다양성의 유형 중 직업, 직급, 교육 수준은 변화가능성(variability)이 높다.

② 다양성의 유형 중 출신 지역, 학교, 성적(性的) 지향, 종교는 가시성(visibility)이 높다.

③ 협의로는 균형인사정책에 한정되지만, 광의로는 일 - 삶의 균형정책까지 확대된다.

④ 이질적인 조직구성원 간의 소통과 교류를 통해 조직의 효과성과 만족도를 높이려고 노력한다.

03 행정학의 발전과정에 대한 설명으로 가장 옳지 않은 것은?

① 테일러(Taylor)는 관리자는 생산증진을 통해서 노·사 모두를 이롭게 해야 한다고 주장한다.

② 귤릭(Gulick)은 비공식적 요인들에 대한 관심이 높아 통제 위주의 관료제를 중시하였다.

③ 사이먼(Simon)은 전문화의 원리, 명령통일의 원리, 부성화의 원리 등은 상호 간에 모순성이 존재한다고 지적하면서 이러한 원리들은 과학적인 실험을 거치지 않은 격언에 불과하다고 논박하였다.

④ 신행정학은 1968년 미국 미노브룩회의에서 왈도(Waldo)의 주도하에 새로운 행정학의 방향모색으로 태동하였다.

04 공공서비스에 대한 설명으로 옳지 않은 것은?

① 의료, 교육 등의 가치재는 민간재이지만 정부가 개입할 수도 있다.

② 공유재는 대가를 지불하지 않는 사람들의 이용을 배제하기 어렵다는 문제가 있다.

③ 노벨상을 수상한 오스트롬(E. Ostrom)은 정부의 규제에 의해 공유자원의 고갈을 방지할 수 있다고 주장한다.

④ 공공재(public goods) 성격을 가진 재화와 서비스는 시장에 맡겼을 때 바람직한 수준 이하로 공급될 가능성이 높다.

05 현대정부에서 엽관주의의 장점 또는 정당화의 근거로 볼 수 없는 것은?

① 엽관주의는 정당정치발전에 기여한다.
② 엽관주의는 정당에의 충성도와 공헌도를 임용기준으로 삼았기 때문에 행정의 민주성 확보가 가능하다.
③ 공직경질을 통하여 관료의 특권화와 침체화를 방지할 수 있다.
④ 행정의 일관성이나 안정성을 확보할 수 있다.

06 「지방자치분권 및 지역균형발전에 관한 특별법」의 내용으로 올바르지 않은 것은?

① 지방자치분권 및 지역균형발전을 추진하기 위하여 대통령 소속으로 지방시대위원회를 둔다.
② 지방시대위원회는 지방자치분권 및 지역균형발전을 효과적으로 추진하기 위하여 관계 중앙행정기관의 장과 협의하고 지방자치단체의 의견을 수렴한 후 5년을 단위로 하는 지방시대 종합계획을 수립한다.
③ 지방시대위원회는 위원장 및 부위원장 각 1명을 포함하여 39명 이내의 위원으로 구성하며, 위원은 당연직위원과 위촉위원으로 구분한다.
④ 지방시대위원회의 회의는 재적위원 과반수의 출석으로 개의하고, 출석위원 2/3 이상의 찬성으로 의결한다.

07 계층화분석법(Analytical Hierarchy Process)에 대한 설명으로 옳지 않은 것은?

① 1970년대 사티(T. Saaty) 교수에 의해 개발되어 광범위한 분야의 예측에 활용되어 왔다.
② 불확실성을 나타내는 데 확률 대신에 우선순위를 사용한다.
③ 두 대상의 상호비교가 불가능한 경우에도 사용할 수 있다는 장점을 지니고 있다.
④ 기본적으로 시스템이론에 기초를 두고 있다.

08 레짐이론(도시통치론; Regime theory)에 대한 설명으로 옳지 않은 것은?

① 다른 사회영역(정부와 기업, 국가와 시장, 정치와 경제)이 정책결정에서 왜, 어떻게 협력에 도달하게 되는가를 설명하는 이론이다.
② 공식적 정부운영(governing)의 제도적 배열이다.
③ 엘킨(Elkin)이 이론형성에 선구자적 역할을 하고 있으며, 스톤(Stone)에 의해 체계화되었다.
④ local governance의 한 형태로서 출현하였으며, 도시정부의 통치·운영에 있어서 비공식적 실체를 지닌 지방통치연합(local governing coalition)을 의미한다.

09 다음 <보기> 중 우리나라 전자정부에 대한 설명으로 옳지 않은 것만을 모두 고르면?

─────── <보기> ───────

ㄱ. 과학기술통신부장관은 정보기술아키텍처를 체계적으로 도입하고 확산시키기 위한 기본계획을 5년 단위로 수립하여야 한다.

ㄴ. 전자정부는 행정이념 중에서 효율성과 민주성을 중요시한다.

ㄷ. 중앙사무관장기관의 장은 전자정부의 구현·운영 및 발전을 위하여 5년마다 전자정부기본계획을 수립하여야 한다.

ㄹ. 전자조달시스템(나라장터)은 업무재설계(Business Process Reengineering)를 통해 프로세스 중심으로 업무를 재설계하고 정보시스템화한 것으로 평가할 수 있다.

ㅁ. 전자정부의 경계는 국가기관, 지방자치단체, 공공기관으로 한정된다.

① ㄱ, ㄷ
② ㄴ, ㄷ
③ ㄱ, ㅁ
④ ㄹ, ㅁ

10 다음 중 「지방자치법」상 지방의회의 행정사무 감사 및 조사에 대한 설명으로 옳은 것만을 모두 고르면?

ㄱ. 지방의회는 지방자치단체의 사무 중 특정 사안에 관하여 본회의 의결로 본회의나 위원회에서 조사하게 할 수 있고, 이때는 재적의원 4분의 1 이상의 찬성이 있어야 한다.

ㄴ. 지방의회는 상임위원회의 의결로 감사 또는 조사 결과를 처리한다.

ㄷ. 감사를 위해 출석요구를 받은 증인이 정당한 사유 없이 출석하지 아니하거나 선서 또는 증언을 거부한 경우에는 500만 원 이하의 과태료를 부과할 수 있다.

ㄹ. 지방의회는 매년 1회 그 지방자치단체의 사무에 대하여 시·도에서는 14일의 범위에서, 시·군 및 자치구에서는 9일의 범위에서 감사를 실시한다.

① ㄱ, ㄴ
② ㄱ, ㄷ
③ ㄴ, ㄹ
④ ㄷ, ㄹ

11 정책결정의 이론모형 중 점증모형의 단점으로 옳지 않은 것은?

① 합리모형에 비해 이론이나 분석을 소홀히 한다.
② 정치적 실현가능성이 낮다.
③ 사회가 불안정할 때는 적용이 곤란하며, 혁신을 저해할 우려가 있다.
④ 권력·영향력이 강한 집단이나 강자에게 유리하고 약자에게 불리하게 작용할 수 있다.

12 중앙정부의 지출 성격상 옳지 않은 것은?

① 의무지출은 '법률에 따라 지출 의무가 발생하고 법령에 따라 지출 규모가 결정되는 법정지출 및 이자지출'을 말한다.
② 우리나라는 2013년 예산안부터 재정지출 사업을 의무지출과 재량지출로 구분하여 국가재정 운용계획에 포함하여 국회에 제출하고 있다.
③ 재량지출은 지출 의무와 규모와 국회가 심의 확정하는 예산 및 기금운용계획에 따라 결정되는 지출이다.
④ 「지방교부세법」에 따른 지방교부세는 의무지출이지만 「지방교육재정교부금법」에 따른 지방교육재정교부금은 재량지출에 해당한다.

13 조직문화에 대한 설명으로 가장 옳지 않은 것은?

① 조직문화는 구성원들에게 조직구성원으로서의 정체감(identity)을 갖게 하여 공통목표의 달성을 용이하게 한다.
② 조직문화는 집합적 몰입(collective commitment)을 가져온다.
③ 조직문화는 조직체계의 안정성을 높인다.
④ 조직문화가 강하면 새로운 가치의 개발이 요구될 때 내부적으로 저항보다는 수용하게끔 도움을 준다.

14 직무만족과 관련된 내용으로 옳지 않은 것은?

① 직무순환이란 세분화된 업무를 일정한 시간적 간격을 두고서 두루 역임하게 하여 업무의 단조성이나 무의미성을 극복하도록 하는 것이다.
② 근로생활의 질(QWL)은 직무만족의 수준 향상과 노동환경의 민주화를 통한 근로생활에 있어서 인간성 회복운동이라 할 수 있다.
③ 근무담당자에게 기존 업무에 관리적 요소를 부여하여 자율성과 책임성을 높여주고자 하는 것을 직무확대(Job Enlargement)라 한다.
④ 직무만족도의 측정기법 중 행동경향법은 응답자에게 자기직무와 관련하여 어떻게 행동하고 싶은가를 묻는 방법이다.

15 다음 중 정책결정모형에 대한 설명으로 옳은 것만을 모두 고르면?

> ㄱ. 점증모형은 정책결정을 다양한 정치적 이해를 가진 당사자들의 타협과 조정의 산물이라는 현실을 반영한 것으로 설명한다.
> ㄴ. 만족모형은 제한된 합리성을 전제한다.
> ㄷ. 합리모형은 정치적 합리성에 기반하기 때문에 현실에 대한 설명력이 높다.
> ㄹ. 혼합주사모형을 주장한 에치오니(Etzioni)는 정책결정 설명모형의 기술적 타당성을 높이는 구체적 방법을 제시하였다.

① ㄱ, ㄴ
② ㄱ, ㄷ
③ ㄴ, ㄷ
④ ㄴ, ㄹ

16 예산집행 과정에 대한 설명으로 옳은 것은?

① 예산의 이월은 당해 회계연도에 집행되지 않은 예산을 다음 연도의 예산으로 사용하는 것으로, 각 중앙관서의 장이 자유롭게 이월 및 재이월할 수 있다.
② 예산의 이체는 정부조직 등에 관한 법령의 제정·개정·폐지로 인하여 중앙관서의 직무와 권한에 변동이 있을 때 이루어지는 것으로, 국회의 승인을 얻은 후 기획재정부장관이 한다.
③ 예산의 전용은 예산구조상 장·관·항 간에 상호 융통하는 것을 말한다.
④ 각 중앙관서의 장은 예비비의 사용이 필요한 때에는 명세서를 작성하여 기획재정부장관에게 제출하여야 한다.

17 「지방교부세법」상 특별교부세에 대한 설명으로 옳지 않은 것은?

① 보통교부세의 산정기일 후에 발생한 재난을 복구하거나 재난 및 안전관리를 위한 특별한 재정수요가 생기거나 재정수입이 감소한 경우에는 특별교부세 재원의 100분의 50에 해당하는 금액을 교부할 수 있다.

② 기준재정수요액의 산정방법으로는 파악할 수 없는 지역현안에 대한 특별한 재정수요가 있는 경우 특별교부세의 재원의 100분의 40에 해당하는 금액을 교부할 수 있다.

③ 국가적 장려사업 등 특별한 재정수요가 있을 경우 특별교부세 재원의 100분의 10에 해당하는 금액을 교부할 수 있다.

④ 행정안전부장관은 특별교부세를 교부하는 경우 민간에 지원하는 보조사업에 대하여는 교부할 수 있다.

18 나카무라(R. Nakamura)와 스몰우드(F. Smallwood)가 분류한 정책집행의 유형 중 협상형에 대한 설명으로 옳은 것은?

① 정책결정가는 계층제적인 지휘명령체계를 구축하고 집행가를 통제하며, 정책집행가들에게 정책목표의 달성을 위해서 필요한 조치를 강구할 수 있는 기술적 권한(technical authority)을 위임한다.

② 정책결정가와 정책집행가는 정책목표의 바람직성에 대해서 반드시 의견을 같이 하지는 않는다.

③ 정책결정가가 정책형성에 정통하고 있지 않아 정책집행가에게 많은 재량권을 위임한다.

④ 정책집행가는 정책결정에 필요한 정보를 산출하고 통제함으로써 정책과정을 지배한다.

19 정보화와 전자정부에 대한 설명으로 가장 옳지 않은 것은?

① 전자민주주의는 주권자로서 국민이 정보통신기술을 이용해서 정치과정에 직접 참여하는 것이라 할 수 있다.

② 전자적 문서처리는 문서를 생산, 유통, 보고, 승인, 관리, 보존하는 일련의 과정을 종이 형태가 아니라 컴퓨터 등 정보처리능력을 가진 장치를 통해 전자적으로 처리하는 것을 말한다.

③ 대정부 대국민 서비스 차원인 G2C(Government to Citizen)는 시민참여를 촉진할 수 있지만 공공서비스 수요에 대한 대응성이 낮아진다.

④ UN의 전자정부평가 보고서는 온라인 시민참여를 '국민들로부터 의견을 수렴하여 국민의 니즈(needs)를 충족시켜 주며 정책 우선순위를 조정할 수 있도록 하는 맞춤형 정책수단'으로 보았다.

20 주민참여에 대한 내용으로 옳은 것은?

① 주민감사청구제도는 주민소송제도의 제도적 보완장치이다.

② 우리나라의 주민발안제도는 주민투표로 확정하는 직접발안의 형태이다.

③ 선출직 지방공직자의 임기개시일부터 1년이 경과하지 아니한 때에는 주민소환을 할 수 없다.

④ 기초지방자치단체의 주민투표관리는 상급 지방자치단체의 선거관리위원회에서 한다.

04회 실전동형모의고사
모바일 자동 채점 + 성적 분석 서비스
바로 가기 (gosi.Hackers.com)

QR코드를 이용하여 해커스공무원의 '모바일 자동 채점 + 성적 분석 서비스'로 바로 접속하세요!

* 해커스공무원 사이트의 가입자에 한해 이용 가능합니다.

05회 실전동형모의고사

제한시간: 15분 **시작** 시 분 ~ **종료** 시 분 **점수 확인** 개/ 20개

01 공공서비스 공급방식 중 하나인 민간위탁에 대한 설명으로 가장 옳지 않은 것은?

① 정부가 공공서비스를 민간기관에 위탁하여 생산·공급하는 것으로서 외주라고도 한다.
② 민간기관들 간 경쟁을 유도하여 생산비용을 절감하거나 양질의 공공서비스를 지속적으로 공급하게 한다.
③ 바우처(vouchers)는 관료와 서비스 제공자 간의 유착을 근절하여 부정부패를 막을 수 있다.
④ 책임소재 불분명으로 인한 책임회피 현상이 야기될 수 있다.

02 화이트(R. White)와 리피트(R. Lippitt)의 리더십 유형에 대한 설명으로 옳지 않은 것은?

① 상황론 접근방식에 기반하여 리더십 유형을 분류한다.
② 권위형은 의사결정권이 리더에게 집중되어 있으며, 직무수행에 중심을 두는 유형이다.
③ 민주형은 참여와 토의를 강조하는 유형으로서, 정책문제와 절차는 집단적으로 결정된다.
④ 화이트(R. White)와 리피트(R. Lippitt)는 리더십의 유형을 권위형, 민주형, 자유방임형으로 제시하였다.

03 동기요인이론에 대한 설명으로 옳지 않은 것은?

① 아담스(Adams)의 공정성이론에 따르면 공정하다고 인식할 때 동기가 유발된다.
② 맥클리랜드(McClelland)의 성취동기이론에 따르면 개인들의 욕구가 학습을 통해 개발될 수 있다.
③ 포터(Porter)와 롤러(Lawler)의 업적·만족이론은 직무성취의 수준이 직무만족의 원인이 된다고 본다.
④ 앨더퍼(Alderfer)의 ERG이론은 매슬로우(Maslow)의 욕구 5단계이론과 달리, 욕구 추구는 분절적으로 일어날 수도 있지만, 두 가지 이상의 욕구를 동시에 추구하기도 한다고 주장하였다.

04 정책대안의 탐색에 대한 설명으로 옳지 않은 것은?

① 과거 또는 현재의 정책을 참고로 하거나 외국 또는 다른 지방자치단체에서 활용한 정책들을 대안으로 고려하는 것은 점증주의적 접근에 해당한다.
② 다른 정부의 정책을 대안으로 고려할 때는 가급적 사회문화적 배경이 유사한 지역을 선택하는 것이 바람직하다.
③ 주관적·직관적 판단을 이용하는 방법으로 회귀분석과 델파이가 있다.
④ 브레인스토밍은 기발하고 다양한 아이디어를 자유분방하게 제안하도록 함으로써 많은 아이디어를 얻기 위한 활동이다.

05 로위(Lowi)의 정책유형 중 분배정책에 대한 설명으로 가장 옳지 않은 것은?

① 정책과 관련된 복잡한 상호작용 없이 단순하게 개별화된 의사결정이 이루어지며 세부사업의 집합이 정책을 구성하게 된다.

② 정책에 따라 누가 손해를 보고 누가 혜택을 보는지를 놓고 이해당사자 간 제로섬(zero sum) 게임이 벌어지거나 참여자들 간에 갈등이 발생할 가능성이 높다.

③ 국공립학교를 통한 교육서비스는 분배정책에 해당한다.

④ 로그롤링(log-rolling)이나 포크배럴(pork barrel)과 같은 정치적 현상이 나타날 수 있다.

06 정책의제설정에 대한 설명으로 옳지 않은 것은?

① 다원주의에서는 어떠한 사회문제라도 정치체제 내로 진입할 수 있다고 주장한다.

② 넓은 의미의 무의사결정은 정책의제설정 과정뿐만 아니라 정책결정 과정, 그리고 정책집행 과정에서도 발생한다.

③ 킹던(J. Kingdon)은 어떤 중요한 시점에서 문제, 정책, 정치 등 세 가지 흐름(streams)의 결합에 의하여 정책의제가 설정된다고 주장하였다.

④ 체제이론은 정치체제 내부의 능력상 한계보다는 외부환경으로부터 발생한 요구의 다양성 때문에 선택의 문제가 등장하게 된다고 주장한다.

07 과학적 관리론 및 관료제에 대한 설명으로 가장 옳은 것은?

① 베버(Weber)의 관료제론은 폐쇄적·합리적 이론이지만 조직구성원 간에 상호작용하는 인간에 대한 고려를 하였다.

② 과학적 관리론은 공직분류에 있어서 계급제의 확립에 이론적 기초를 제시하였다.

③ 관료제론은 폐쇄체제적 관점에 입각하여, 조직의 업무가 변하지 않는다는 가정과 조직구성원들이 합리적으로 행동한다는 가정하에서만 성립될 수 있는 이론이다.

④ 과학적 관리론은 인간은 내재적 보상에 의해 동기가 유발된다고 주장한다.

08 공공부문에서의 희소성의 법칙에 관한 설명으로 옳지 않은 것은?

① 급성 희소성(acute scarcity)은 가용자원이 정부의 계속사업을 지속할 만큼 충분하지 못한 경우에 발생한다.

② 완화된 희소성(relaxed scarcity)의 상태는 정부가 현존 사업을 계속하고 새로운 예산 공약을 떠맡을 수 있는 충분한 자원을 가지고 있는 상황이다.

③ 만성적 희소성(chronic scarcity) 하에서 예산은 주로 지출통제보다는 관리의 개선에 역점을 두게 된다.

④ 희소성은 '정부가 얼마나 원하는가'에 대해서 '정부가 얼마나 보유하고 있는가'의 양면적 조건으로 이루어져 있다.

09 공공서비스의 공급과 생산에 대한 설명으로 가장 옳지 않은 것은?

① 면허(franchise)는 서비스 제공자들 사이에 경쟁이 미약하면 이용자의 비용부담이 과중하게 되는 부정적 효과가 발생한다.

② 바우처(vouchers)는 관료와 서비스 제공자 간의 유착등 부패가 발생할 우려가 있다.

③ 계약 및 면허 방식 모두 공공서비스 공급(provision)의 책임은 정부에 귀속되어 있다.

④ 집단적(group) 공동생산은 시민들의 참여도에 관계없이 혜택이 공통으로 돌아가게 한다는 재분배적 사고가 기저에 있다.

10 공무원의 정치적 활동 금지에 대한 설명으로 옳지 않은 것은?

① 공무원은 정당 등 기타 정치 단체의 결성에 관여하거나 이에 가입할 수 없다.

② 공무원은 선거에서 특정 정당 또는 특정인을 지지 또는 반대하기 위해 투표를 하거나 하지 아니하도록 권유 운동을 하는 행위를 하여서는 아니 된다.

③ 공무원은 단체의 명의를 사용하여 정부정책을 반대할 수 없다.

④ 모든 공무원은 선거에 있어서 특정인을 지지하거나 반대할 수 없다.

11 사이먼(H. A. Simon)의 정책결정만족모형에 대한 설명으로 옳지 않은 것은?

① 사이먼(H. A. Simon)은 합리모형의 의사결정자를 경제인으로, 자신이 제시한 의사결정자를 행정인으로 제시한다.

② 제한된 합리성을 기초로 한다.

③ 경제인은 합리적 분석적 결정을, 행정인은 직관·영감에 기초한 결정을 한다.

④ 인간은 완전하지 않기에 주관적으로 만족할 만한 대안선택을 한다.

12 다음 중 <보기>의 공익에 대한 설명들을 두 가지 상반되는 이론으로 적절하게 묶은 것은?

───── <보기> ─────

ㄱ. 공익은 고정된 것이 아니므로 행정에 구체적인 기준으로 적용하기 어렵다.

ㄴ. 공익은 다수의 이익들이 조정·타협되는 과정에서 얻어지는 결과이다.

ㄷ. 공익의 실체는 도덕적 절대가치이다.

ㄹ. 민주적 절차의 준수에 의해서 공익이 보장된다.

ㅁ. 공익은 사회구성원들이 보편적으로 공유하는 공동의 이익이다.

① (ㄱ, ㄴ) / (ㄷ, ㄹ, ㅁ)

② (ㄱ, ㄹ) / (ㄴ, ㄷ, ㅁ)

③ (ㄱ, ㄴ, ㄷ) / (ㄹ, ㅁ)

④ (ㄱ, ㄴ, ㄹ) / (ㄷ, ㅁ)

13 지방자치단체의 재정에 대한 설명으로 옳지 않은 것은?

① 재정자주도는 일반회계 세입에 대비하여 자주재원과 지방교부세를 합한 일반재원이 차지하는 비율로 계산된다.

② 조정교부금이란 광역자치단체가 관할 기초자치단체 간 재정격차를 해소함으로써 균형적인 행정서비스를 제공하기 위한 재정조정제도를 말한다.

③ 국고보조금은 사용의 용도나 조건이 정해져 있으며, 지방정부는 보조금을 주는 중앙부처가 지정한 용도와 조건에 맞게 지출해야 한다.

④ 국고보조금의 구체적인 세출사항에 대해서는 국회의 심의 절차를 거치지 않고, 지방자치단체가 자율적으로 결정하되 사후적인 배분내역만을 공개하고 있다.

14 우리나라 고향사랑 기부금에 대한 설명으로 옳지 않은 것은?

① 「고향사랑 기부금에 관한 법률」에 따른 고향사랑 기부금의 모금·접수 및 사용 등에 관하여는 「기부금품의 모집 및 사용에 관한 법률」을 적용한다.

② 지방자치단체는 고향사랑 기부금의 효율적인 관리·운용을 위하여 기금을 설치하여야 한다.

③ 고향사랑 기부금은 지방자치단체가 주민복리 증진 등의 용도로 사용하기 위한 재원을 마련하기 위한 것이다.

④ 지방자치단체는 현금, 고가의 귀금속 및 보석류를 답례품으로 제공하여서는 아니 된다.

15 넛지(nudge)의 특성으로 옳은 것만을 모두 고르면?

> ㄱ. 넛지 방식으로 정책을 설계하는 것을 선택설계라고 한다.
> ㄴ. 정책대상집단의 행동에 개입하지만 개인의 자유로운 선택을 허용한다.
> ㄷ. 넛지이론의 학문적 토대는 행동경제학이다.
> ㄹ. 넛지이론은 정부역할의 근거를 행동적 시장실패에서 찾는다.

① ㄱ, ㄴ

② ㄱ, ㄴ, ㄷ

③ ㄴ, ㄷ, ㄹ

④ ㄱ, ㄴ, ㄷ, ㄹ

16 예산집행의 신축성 유지방안에 대한 설명으로 옳지 않은 것은?

① 예산의 전용은 예산으로서 사전에 국회의 승인을 받은 경우에 한하여 기획재정부장관의 승인을 얻어야 사용이 가능하다.

② 계속비를 사용하면서 당해 회계연도의 연부액을 다 지출하지 못했을 때에는 계속 다음 연도로 이월할 수 있다.

③ 한 번 사고이월된 경비는 다음 회계연도로 재차 이월될 수 없다.

④ 국고채무부담행위는 사항마다 그 필요한 이유를 명백히 하고, 그 행위를 할 연도 및 상환연도와 채무부담의 금액을 표시해야 한다.

17 탈신공공관리론(post-NPM)에 대한 설명으로 가장 옳지 않은 것은?

① 정치·행정 체제의 통제와 조정을 개선하기 위하여 재집권화와 재규제를 주창한다.

② 경쟁과 자율성을 강조하며 탈관료제를 추구한다.

③ 총체적 정부(whole of government) 혹은 통합적 정부형태(joined-up government)를 통한 정부의 전체적인 역량 및 조정의 향상을 주장한다.

④ 공공서비스 제공방식에 있어 민간·공공부문의 파트너십을 강조한다.

18 우리나라 특별회계에 대한 설명으로 가장 옳지 않은 것은?

① 「국가재정법」에 따르면 특별회계의 경우 법률에 의하지 아니하고는 설치할 수 없다.

② 특별한 목적을 위해 운용하는 특별회계는 일반회계에 비해 행정부의 재량 및 재정운영 자율성을 축소시킨다.

③ 「국가재정법」에 따르면 일반회계로부터의 전입금도 특별회계의 세입이 될 수 있다.

④ 특별회계는 입법부의 예산통제가 어려워 예산을 팽창시킬 우려가 있다.

19 혼돈이론(Chaos theory)에 대한 설명으로 옳지 않은 것은?

① 혼돈이론은 장기적인 행태변화의 일반적 성격을 탐구하는 질적 연구에 적합하다.

② 혼돈이론이 대상으로 하는 혼돈상태는 예측과 통제가 아주 어려운 복잡한 상황이지만, 완전한 혼란이 아니라 한정된 것으로써 결정론적 혼돈이다.

③ 혼돈이론의 시사점은 가급적 확실성의 세계를 전제로 사회현상을 단순화할 것을 주문한다는 점이다.

④ 혼돈이론의 처방적 선호는 탈관료제적이다.

20 지방공기업에 대한 설명으로 가장 옳지 않은 것은?

① 지방직영기업은 별도의 법인격이 부여되지 않는다.

② 지방직영기업의 관리자는 행정안전부장관이 임명한다.

③ 지방공사의 운영을 위하여 필요한 경우에는 자본금의 2분의 1을 넘지 아니하는 범위 안에서 지방자치단체 외의 자(외국인 및 외국법인을 포함한다)로 하여금 출자하게 할 수 있다.

④ 지방공단은 원칙적으로 지방정부가 위탁한 기능만을 처리할 수 있다.

06회 실전동형모의고사

제한시간: 15분 **시작** 시 분~ **종료** 시 분 점수 확인 │ 개/ 20개

01 행정학의 생태론적 접근방법에 대한 설명으로 가장 옳지 않은 것은?

① 전통적 접근방법이나 인간관계론과는 달리 생태론은 행정체제와 그를 둘러싸고 있는 환경적 세력 간의 관계에 연구의 초점을 둔다.

② 생태론적 접근방법은 행정체제의 개방성을 강조한다.

③ 생태론자들은 서구의 행정제도가 후진국에 잘 적용되지 못하는 이유를 사회·문화적 환경의 이질성에 있다고 주장한다.

④ 생태론적 접근방법의 분석수준은 유기체로서의 개인에 초점을 맞추며, 미시적 차원에서 행정현상을 분석하고자 한다.

02 퍼트남(R. Putnam)이 제시한 사회자본론에 대한 설명으로 옳지 않은 것은?

① 이탈리아 지방정부의 제도적 성과와 관련하여 남부의 성공하지 못한 지역과 북부의 성공적인 지역을 비교 연구한 결과이다.

② 사회자본의 구성요소로 신뢰, 사회적 네트워크, 지역금융이 있다.

③ 사회자본은 스스로 창출되면서도 오랜 기간에 걸쳐 구축되고 나면 짧은 기간 내에 쉽게 사라지지 않는 성격을 지닌다.

④ 사회자본은 일정한 네트워크에 참여하는 당사자들이 공동으로 소유하는 자산이다.

03 공공재 공급에 대한 설명으로 가장 옳지 않은 것은?

① 리바이어던(Leviathan) 가설은 공공부문 서비스의 노동집약적 성격으로 인해 민간부문에 비해 생산비용이 빨리 증가하는 것을 설명한다.

② 뷰캐넌(Buchanan)의 다수결투표는 예산규모를 팽창시키고 공공재의 과다 공급을 초래한다는 것을 설명한다.

③ 머스그레이브(Musgrave)는 공공재의 경우 세금납부자인 시민이 자신이 부담한 것에 비해 적은 편익이 돌아간다고 인식하는데, 이러한 재정착각의 상황에서 조세에 대한 저항이 발생하여 공공재가 과소 공급된다고 주장한다.

④ 피콕과 와이즈만(Peacock & Wiseman)은 위기 시에 증가한 재정수준은 정상적으로 회복된 후에도 감소하지 않고 다른 사업에서 지속적으로 지출된다고 하였다.

04 정부관의 변천에 대한 설명으로 가장 옳지 않은 것은?

① 대공황 이후 케인스주의, 루스벨트 대통령의 뉴딜정책은 큰 정부관을 강조하였다.

② 신자유주의는 큰 정부에서 작은 정부로의 전환을 강조한다.

③ 시장실패에 대한 대응으로 나타난 큰 정부는 규제를 완화하고 사회보장, 의료보험 등 사회정책을 펼침으로써 정부의 적극적 역할을 강조하였다.

④ 신공공관리론은 작은 정부를 지향하는 정부 운영 및 개혁에 관한 이론이다.

05 행정PR에 대한 설명으로 옳지 않은 것은?

① 국민의 알 권리를 보장하기 위한 것이다.
② 행정PR은 정부의 권리성이 아니라 의무성이다.
③ 행정기관이 일방적으로 행정의 내용이나 방향을 국민에게 알리는 공보기능을 의미하며, 국민의 요구를 듣는 공청기능은 포함되지 않는다.
④ 행정PR은 교육적 · 계몽적 성격을 띤다.

06 「국가재정법」상 다음의 (가)에 해당하는 기관만을 <보기>에서 모두 고르면?

정부는 협의에도 불구하고 __(가)__ 의 세출예산요구액을 감액하고자 할 때에는 국무회의에서 해당 __(가)__ 의 장의 의견을 들어야 하며, 정부가 __(가)__ 의 세출예산요구액을 감액한 때에는 그 규모 및 이유, 감액에 대한 __(가)__ 의 장의 의견을 국회에 제출하여야 한다.

─── <보기> ───
ㄱ. 국회
ㄴ. 대법원
ㄷ. 대통령실
ㄹ. 국가정보원

① ㄱ, ㄴ
② ㄱ, ㄹ
③ ㄴ, ㄷ
④ ㄷ, ㄹ

07 정책집행에 대한 설명으로 옳은 것은?

① 버만(Berman)의 적응적 집행이란 명확한 정책목표에 의거하여, 다수의 참여자들이 협상과 타협을 통해 정책을 수정하고 구체화하면서 집행하는 것을 말한다.
② 프레스만(Pressman)과 윌다브스키(Wildavsky)는 『집행론(Implementation)』에서 정책집행을 잃어버린 고리(missing link)에 비유해 정책결정과 정책산출을 연계하는 정책집행 연구의 중요성과 필요성을 주장한다.
③ 하향식 접근방법에서는 정책결정과 정책집행의 시점이 동일하다고 본다.
④ 엘모어(Elmore)는 통합모형에서 정책결정자들이 정책설계단계에서는 하향적으로 정책목표를 결정하고, 정책수단을 강구할 때에는 상향적 접근방법을 수용하여 가장 집행가능성이 높은 수단을 선택해야 한다고 주장한다.

08 현대조직이론에 대한 설명으로 옳지 않은 것은?

① 자원의존이론은 조직을 환경적 결정에 피동적인 존재로 보지 않고, 스스로의 이익을 위해 주도적 · 능동적으로 환경에 대처하며 환경을 조직에 유리하도록 관리하려는 존재로 본다.
② 조직군생태론은 조직을 외부 환경의 선택에 따라 좌우되는 피동적인 존재로 보고, 조직의 발전이나 소멸의 원인을 환경에 대한 조직 적합도에서 찾는다.
③ 혼돈이론은 혼돈상황을 발전의 저해요소로 보기 때문에 혼돈상황에 대한 통제를 강조한다.
④ 상황론적 조직이론은 유일 최선의 문제해결 방법(The best one way)은 없으며, 다양한 상황변수에 따라 조직구조 및 조직의 효과성이 달라진다고 본다.

09 다음 중 <보기>의 예산제도에 대한 설명으로 옳은 것만을 모두 고르면?

<보기>

ㄱ. 성과주의예산제도(Performance Budgeting System)는 계량화된 정보를 통해 합리적인 의사결정과 관리 개선에 기여할 수 있다는 장점이 있다.

ㄴ. 계획예산제도(Planning Programming Budgeting System)는 계획 - 사업 - 예산의 체계적 연계를 강조하며, 주요 관심 대상은 사업의 목표이나, 투입과 산출에도 관심을 둔다.

ㄷ. 품목별예산제도(Line - item Budgeting System)는 주어진 재원 수준에서 달성한 산출물 수준을 성과지표에 포함한다.

ㄹ. 영기준예산제도(Zero - based Budgeting System)는 합리적 선택을 강조하는 총체주의 방식의 예산제도로 예산편성에 과다한 비용·노력의 투입을 요구한다는 비판을 받는다.

ㅁ. 프로그램예산제도는 프로그램을 중심으로 예산을 편성하는 제도이며, 우리나라는 1998년 공식적으로 도입했다.

① ㄱ, ㄴ, ㄷ
② ㄱ, ㄴ, ㄹ
③ ㄴ, ㄷ, ㄹ
④ ㄴ, ㄷ, ㅁ

10 다음 중 BSC에 대한 설명으로 옳은 것만을 모두 고르면?

ㄱ. 목표달성도의 측정에 치중하기 때문에 높은 수준의 목표설정을 회피하고 계량적 측정이 용이한 업무에만 주력하는 경향이 강하다는 비판이 있다.

ㄴ. 카플란(Kaplan)과 노턴(Norton)은 균형성과표(BSC)의 네 가지 관점으로 고객 관점, 내부 프로세스 관점, 재무적 관점, 학습과 성장 관점을 제시하였다.

ㄷ. 시간적인 측면에서 과거의 실적과 미래의 성장잠재력을 중시하여 단기와 장기를 모두 고려한다.

ㄹ. 목표설정 시 하급자의 참여와 의사전달을 강조하기 때문에 상향식 성과관리제도로 볼 수 있다.

① ㄱ, ㄴ
② ㄱ, ㄷ
③ ㄴ, ㄷ
④ ㄴ, ㄹ

11 다음 중 정책결정과정에 대한 설명으로 옳은 것은 모두 몇 개인가?

ㄱ. 다원주의에서는 이해관계자들의 타협과 조정에 의하여 의사결정을 한다.

ㄴ. 바흐라흐(Bachrach) 등이 제시한 무의사결정론은 고전적 다원주의를 비판하며 등장한 신다원론에 해당한다.

ㄷ. 밀스(Mills)의 지위접근법은 사회적 명성이 있는 소수자들이 결정한 정책을 일반대중이 수용한다는 입장이다.

ㄹ. 국가조합주의는 국가의 독자성, 지도적·개입적 역할을 강조한다.

ㅁ. 사회조합주의는 사회경제체제의 변화에 순응하려는 이익집단의 자발적 시도로부터 생성되었다.

① 1개
② 2개
③ 3개
④ 4개

12 다음 중 공무원 징계에 대한 설명으로 옳지 않은 것을 모두 고르면?

ㄱ. 강임은 1계급 아래로 직급을 내리고, 공무원 신분은 보유하나 3개월간 직무에 종사하지 못하며 그 기간 중 보수의 전액을 감하는 것이다.

ㄴ. 전직시험에서 3회 이상 불합격한 자로서 직무능력이 부족한 자는 직위해제 대상이다.

ㄷ. 금품수수나 공금횡령 및 유용 등으로 인한 징계의결 요구의 소멸시효는 3년이다.

ㄹ. 「국가공무원법」은 견책부터 파면까지 여섯 종류의 징계를 규정하고 있다.

① ㄱ, ㄴ
② ㄴ, ㄷ
③ ㄷ, ㄹ
④ ㄱ, ㄴ, ㄷ

13 센게(P. Senge)가 제시한 학습조직(Learning Organization) 구축을 위한 다섯 가지 방법에 해당하지 않는 것은?

① 조직 구성원들이 공동으로 추구하는 목표와 원칙에 관한 공감대를 형성하는 것으로, 이를 위해 공유된 리더십과 참여가 필요하다.

② 구성원들이 진정한 대화와 집단적인 사고의 과정을 통해 개인적 능력의 합계를 능가하는 지혜와 능력을 구축할 수 있게 팀 역량을 구축·개발하는 것이다.

③ 각 개인은 원하는 결과를 창출할 수 있는 자기역량의 확대 방법을 학습해야 한다.

④ 세계를 보는 관점으로서 세상에 관한 사람들의 생각과 관점, 그것이 자신의 선택과 행동에 어떤 영향을 미치는지에 대해 끊임없이 성찰하고 다듬어야 하는 시스템 중심의 사고가 필요하다.

14 다음 중 오츠(Oates)의 분권화정리가 성립하기 위한 조건에 대한 설명으로 옳은 것만을 모두 고르면?

ㄱ. 중앙정부의 공공재 공급 비용이 지방정부의 공공재 공급 비용보다 더 적게 든다.
ㄴ. 공공재의 지역 간 외부효과가 없다.
ㄷ. 지방정부가 해당 지역에서 파레토 효율적 수준으로 공공재를 공급한다.

① ㄱ
② ㄷ
③ ㄱ, ㄴ
④ ㄴ, ㄷ

15 「지방자치법」상 지방자치단체의 세외수입에 대한 설명으로 옳지 않은 것은?

① 지방자치단체는 공공시설의 설치로 주민의 일부가 특히 이익을 받으면 이익을 받는 자로부터 그 이익의 범위에서 분담금을 징수할 수 있다.

② 지방자치단체는 그 지방자치단체의 사무가 특정인을 위한 것이면 그 사무에 대하여 수수료를 징수할 수 있다.

③ 사기나 그 밖의 부정한 방법으로 사용료·수수료 또는 분담금의 징수를 면한 자에게는 그 징수를 면한 금액의 5배 이내의 과태료를, 공공시설을 부정사용한 자에게는 100만 원 이하의 과태료를 부과하는 규정을 조례로 정할 수 있다.

④ 사용료 수수료 또는 분담금의 부과나 징수에 대하여 이의가 있는 자는 그 처분을 통지받은 날부터 90일 이내에 그 지방자치단체의 장에게 이의신청할 수 있다.

16 통합예산에 대한 설명으로 옳지 않은 것은?

① 통합재정은 중앙재정, 지방재정을 포함한다.

② 통합재정(또는 통합예산)은 회계 간 내부거래 등을 제외한 예산순계 개념으로 작성된다.

③ 재정이 국민소득·통화·국제수지에 미치는 국민경제적 효과에 대한 분석을 가능하게 한다.

④ 통합재정수지를 계산할 때 국민연금기금 등의 사회보장성기금의 수지는 제외된다.

17 다음 중 역량기반 교육훈련 방식에 대한 설명으로 옳은 것만을 모두 고르면?

> ㄱ. 멘토링은 조직 내 핵심 인재의 육성과 지식 이전, 구성원들 간의 학습활동을 촉진할 수 있는 방법으로, 조직 내 업무 역량을 조기에 배양할 수 있다.
> ㄴ. 학습조직은 암묵적 지식으로 관리되던 조직의 내부 역량을 체계적으로 관리하는 방법으로, 조직설계 기준 제시가 용이하다.
> ㄷ. 액션러닝은 참여와 성과 중심의 교육훈련을 지향하는 방법으로, 현장에서 발생하는 현안 문제를 가지고 자율적 학습 또는 전문가의 지원을 받아 구체적인 문제 해결 방안을 모색한다.
> ㄹ. 워크아웃 프로그램은 전 구성원의 자발적 참여에 의한 행정혁신을 추진하는 방법으로, 관리자의 의사결정과 문제 해결이 지연되는 한계가 있다.

① ㄱ, ㄴ　　　　　② ㄱ, ㄷ
③ ㄱ, ㄹ　　　　　④ ㄴ, ㄷ

18 전자정부의 특징으로 가장 옳지 않은 것은?

① 행정정보가 공개되어 시민참여를 확대시킬 수 있다.
② 누구든지 필요한 행정서비스를 손쉽게 제공받을 수 있다.
③ 행정의 투명성과 민주성은 확보할 수 있지만 행정의 비능률을 초래한다.
④ 정보의 공동이용으로 언제·어디서나 행정서비스를 제공받을 수 있으며, 정보격차의 해소에 기여한다.

19 다음 중 재정준칙에 대한 설명으로 옳은 것은 몇 개인가?

> ㄱ. 국가채무준칙은 재정건전성을 확보하기 위해 국가채무 규모에 상한선을 설정한다.
> ㄴ. 재정수지준칙은 경기변동과 무관하게 설정되므로 경제 안정화를 오히려 저해할 수 있다.
> ㄷ. 재정준칙을 도입하면 재정 규모의 결정이 단순해지기 때문에 재정규율을 확립하는 데 용이하다.
> ㄹ. 재정준칙은 이익집단이나 정치적 압력으로부터 재정 확대 압력을 방어하는 수단이 된다.

① 1개　　　　　② 2개
③ 3개　　　　　④ 4개

20 다음 중 중앙정부와 지방자치단체 간 또는 상·하위 자치단체 간 사무의 배분을 설명하는 내용으로 옳은 것만을 모두 고르면?

> ㄱ. 포괄적 배분방식의 장점은 배분방식이 간단하고, 사무배분을 유연하게 운영할 수 있다는 것이다.
> ㄴ. 개별적 배분방식은 중앙정부와 자치단체 간 사무 구분이 불명확하다.
> ㄷ. 보충성의 원칙에 따르면 모든 공공사무의 처리 권한을 원칙적으로 기초자치단체에 부여하고, 법률에 특별한 규정이 있는 경우에 한하여 상위 지방자치단체 혹은 중앙정부에 부여하는 방식으로 사무배분이 이루어진다.
> ㄹ. 포괄성의 원칙은 탄력적 업무처리 권한 조정을 위해 동일·유사하거나 관련성이 높은 사무들을 묶어 상위 지방자치단체와 하위 지방자치단체 모두에 동시 배분하는 것이다.

① ㄱ, ㄴ　　　　　② ㄱ, ㄷ
③ ㄴ, ㄷ　　　　　④ ㄷ, ㄹ

06회 실전동형모의고사
모바일 자동 채점 + 성적 분석 서비스
바로 가기 (gosi.Hackers.com)

QR코드를 이용하여 해커스공무원의 '모바일 자동 채점 + 성적 분석 서비스'로 바로 접속하세요!
※ 해커스공무원 사이트의 가입자에 한해 이용 가능합니다.

07회 실전동형모의고사

제한시간: 15분 | 시작 시 분 ~ 종료 시 분 점수 확인 | 개 / 20개

01 측정의 타당성에 대한 설명으로 옳은 것은?

① '직무수행 성공과 관련이 있다고 이론적으로 구성 · 추정한 능력요소(traits)를 얼마나 정확하게 측정하느냐'는 구성개념 타당성이라고 한다.

② '직무수행능력을 얼마나 정확하게 측정하느냐'에 관한 타당성을 수렴적 타당성이라고 한다.

③ 기준 타당성은 '직무수행에 필요한 지식 · 기술 · 태도 등 능력요소를 얼마나 정확하게 측정하느냐'에 관한 타당성이다.

④ 같은 개념을 상이한 측정방법으로 측정했을 때, 그 측정값 사이의 상관관계의 정도를 차별적 타당성이라고 한다.

02 행정가치 중 하나인 효율성(efficiency)에 대한 설명으로 가장 옳지 않은 것은?

① 효율성은 투입 대비 산출의 비율을 나타내는 개념으로, 산출에 대한 비용의 관계라는 조직 내의 조건으로 이해된다.

② 파레토 최적(Pareto optimum) 상태는 효율성을 이론적으로 뒷받침하는 기준으로, 이는 자원 배분의 효율성을 의미한다.

③ 기계적 효율성은 효율을 수량적으로 파악한 개념으로, 과거 정치행정일원론의 시대에 행정학에 도입되면서 중요시된 효율관이다.

④ 사회적 효율성은 구성원의 인간적 가치의 실현 등을 내용으로 하는 효율관으로, 민주성의 개념으로 이해되기도 한다.

03 다음 중 행정개혁(행정혁신)의 관점에 대한 설명으로 옳은 것만을 모두 고르면?

> ㄱ. 신공공관리론은 행정 효율성을 향상시키기 위해 기업가적 재량권을 선호하므로 공공책임성의 문제를 야기할 수 있다.
> ㄴ. 탈신공공관리론(Posat NPM)은 신공공관리론을 수정 · 보완하는 관점에서 조직의 구조적 분화 강화, 적극적 규제 완화 등을 강조한다.
> ㄷ. 뉴거버넌스론(New Governance)은 다양한 이해관계자들과의 협력적 해결을 중요시한다.
> ㄹ. 신공공서비스론에서 기대하는 조직은 주요 통제권이 조직 내 유보된 분권화된 조직이다.

① ㄱ, ㄴ

② ㄱ, ㄷ

③ ㄴ, ㄷ

④ ㄷ, ㄹ

04 다음의 정부정책들은 어떤 측면의 시장실패 원인에 대한 대책인가?

> • 리콜제
> • 집단소송제
> • 제조물책임법

① 불완전 경쟁

② 공공재

③ 외부효과

④ 비대칭적 정보

05 배치전환에 대한 설명으로 옳지 않은 것은?

① 전직과 전보는 수평적 이동을 말한다.

② 전보는 동일한 직급·직렬 내에서 계급의 변동 없이 직위만 변동되는 것을 말한다.

③ 전직은 직급은 동일하나 직렬이 다른 직위로 이동하는 것으로, 전직시험에 합격한 후에 가능하다.

④ 전입은 국회·법원·헌법재판소·선거관리위원회 및 행정부 간에 타 소속공무원을 영입하여 전과 동일한 계급의 직위에 배치하는 것으로, 전입시험을 거치지 않아도 된다.

07 공공가치관리론에 대한 설명으로 옳지 않은 것은?

① 행정의 정당성 위기를 극복하기 위한 대안적 접근이다.

② 무어(Moore)는 정당성(공공가치에 대한지지), 운영역량(공공가치를 구현할 수 있는 관료역량과 시민역량), 공공가치(비전, 목표의 실현)의 전략적 삼각형 개념을 제시한다.

③ 공공가치의 창출과 공공관리자의 거시적인 전략적 사고를 강조한 보우즈만의 접근법과 공공가치의 실재론에 기초하여 공공가치실패를 강조하는 무어의 공공가치창출론 접근법이 있다.

④ 정부의 관리자들은 공공가치 실현에 힘써야 한다고 주장한다.

06 행정서비스를 받기 위해 기다리는 시간의 사회적 비용과 이를 줄이기 위해 투자하는 시설투자비의 적정 수준을 찾아내기 위한 분석기법으로 옳은 것은?

① 비용·편익 분석

② PERT(계획의 평가조사기법), CPM(경로망 관리기법)

③ 선형계획법

④ 대기행렬이론(queuing analysis)

08 대표관료제(Representative Bureaucracy)에 대한 설명으로 옳지 않은 것은?

① 개인의 출신 및 성장배경, 사회화 과정 등에 의해 개인의 주관적 책무성이 형성된다고 본다.

② 균형인사정책은 대표관료제의 단점, 즉 소외집단에 대한 배려가 다른 집단에 대한 역차별을 불러올 가능성을 낮추는 데 기여할 수 있다.

③ 대표관료제는 소극적 대표가 자동적으로 적극적 대표를 보장한다는 가정에서 출발한다.

④ 정부 관료의 증원에 있어서 다양한 집단을 참여시킴으로써 정부 관료제의 민주화에 기여할 수 있다.

09 정책분석기법에 대한 설명으로 옳지 않은 것은?

① 비용편익분석에서 외부효과를 창출하는 공공사업의 경우에는 민간자본시장에서 형성된 시장이자율보다 낮은 사회적 할인율을 적용할 수 있다.

② 비용편익분석 대상이 되는 대안들을 비교하기 위해 순현재가치법, 비용편익비율법, 내부수익률법 등이 사용된다.

③ 델파이(delphi)기법은 전문가들이 상호 간 신분을 노출시키지 않고, 서면으로 여러 차례 상호 피드백을 통해 미래를 예측하는기법이다.

④ 정책델파이는 전통적 델파이기법과 같은 수준의 익명성을 유지하지만, 전문가 외에도 이해관계자들이 참여하여 정책 대안을 탐색하는 기법이다.

10 데이터기반 및 증거기반 행정에 대한 설명으로 가장 적절하지 않은 것은?

① 공공기관이 데이터를 수집·저장·가공·분석·표현하는 등의 방법으로 정책 수립 및 의사결정에 활용하는 것을 말한다.

② 「데이터기반행정 활성화에 관한 법률」이 정의하는 데이터는 기계에 의한 판독이 가능한 형태로 존재하는 정형 또는 비정형의 정보를 의미한다.

③ 보건정책 분야, 사회복지정책 분야, 교육정책 분야, 형사정책 분야 등은 증거 기반 정책결정의 적용이 상대적으로 용이하지 않다.

④ 데이터기반 행정은 정부가 보유하고 있는 빅데이터를 적극 활용함으로써 공공기관의 책임성, 대응성 및 신뢰성을 높이고 국민의 삶의 질 향상을 위한 목적으로 도입되었다.

11 조직이론에 대한 설명으로 가장 옳지 않은 것은?

① 고전적 조직이론은 조직 내 능률을 중시하고, 조직 속의 인간을 합리적 경제인으로 간주한다.

② 고전적 조직이론에서는 공조직과 사조직의 관리는 본질적으로 다르다는 공사행정이원론에 입각하고 있다.

③ 신고전적 조직이론은 메이요(Mayo) 등에 의한 호손(Hawthorne) 공장 실험에서 시작되었다.

④ 현대적 조직이론은 동태적이고 유기체적인 조직을 상정하며 조직발전(OD: Organization Development)을 중시해왔다.

12 문제 추가발생으로 의사결정이 많아진 관리자의 추가부담을 덜어주기 위해 통솔범위를 줄여주고 의사소통을 원활하게 하기 위한 수직적 조정장치는?

① 규칙과 절차 명시
② 수직정보시스템
③ 임시작업단 구성
④ 계층제의 추가

13 다음 중 일반적인 조직구조 설계원리에 대한 설명으로 옳은 것만을 모두 고르면?

> ㄱ. 계선은 부하에게 업무를 지시하고, 참모는 정보제공·자료분석·기획 등의 전문지식을 제공한다.
> ㄴ. 부문화의 원리는 일정한 기준에 따라 서로 기능이 같거나 유사한 업무를 조직단위로 묶는 것을 의미한다.
> ㄷ. 통솔범위가 넓을수록 고도의 수직적 분화가 일어나 고층구조가 형성되고, 좁을수록 평면구조가 이루어진다.
> ㄹ. 명령통일의 원리는 부하가 한 사람의 상관으로부터 명령을 받게 해야 함을 의미한다.

① ㄱ, ㄴ, ㄷ
② ㄱ, ㄴ, ㄹ
③ ㄱ, ㄷ, ㄹ
④ ㄴ, ㄷ, ㄹ

14 오스본(Osborne)과 프래스트릭(Plastrik)이 제시한 정부재창조의 전략에 대한 설명으로 옳지 않은 것은?

① 문화 전략(cultural strategy)은 기업가적 조직문화를 추구하라는 것이다.
② 결과 전략(consequence strategy)은 직무성과의 결과를 확립하기 위하여 경쟁관리, 성과관리를 추진하는 것이다.
③ 고객 전략(customer strategy)은 정부조직의 책임을 대상으로 하고, 고객에 대한 정부의 책임확보와 고객에 의한 선택의 확대를 추구하는 것이다.
④ 통제 전략(control strategy)은 권력을 대상으로 하고, 관료의 권력의 비대화나 남용을 방지하기 위해 외부통제를 강화하는 것이다.

15 계급제와 직위분류제에 대한 설명으로 옳지 않은 것은?

① 직위분류제는 직무급에 따라 보수가 책정되며, 계급제는 생활급 위주로 보수가 책정된다.
② 직위분류제는 단기적 행정 계획 수립에 적절하며, 계급제는 장기적 행정 계획 수립에 적절하다.
③ 계급제에 비해 직위분류제는 공무원의 신분을 강하게 보장하는 경향이 있는 제도이다.
④ 계급제에서는 공무원 간의 유대의식이 높아 행정의 능률성을 제고할 수 있다.

16 공무원 임용에 대한 설명으로 옳지 않은 것은?

① 국가기관의 장은 국가안보 및 보안·기밀에 관계되는 분야를 제외하고 대통령령 등으로 정하는 바에 따라 외국인을 공무원으로 임용할 수 있다.
② 임용시험 성적이 근무성적 간의 연관성이 높다면 임용시험의 타당성이 높다고 할 수 있다.
③ 국가기관의 장은 업무의 특성이나 기관의 사정 등을 고려하여 소속 공무원을 대통령령 등으로 정하는 바에 따라 통상적인 근무시간보다 짧게 근무하는 공무원으로 임용할 수 있다.
④ 신규 채용되는 공무원의 경우 시보 임용을 면제할 수 없고 그 기간을 단축할 수도 없다.

17 우리나라의 주민소송제도에 대한 설명으로 옳은 것은?

① 주민소송에서 당사자는 법원의 허가를 받지 않더라도 소의 취하, 소송의 화해 또는 청구의 포기를 할 수 있다.

② 주민소송의 피고는 주무장관이나 시·도지사이다.

③ 주민소송은 주민감사청구의 결과에 불복하는 경우에 하는 것이다.

④ 소송의 계속 중에 소송을 제기한 주민이 사망하거나 주민의 자격을 잃더라도 소송절차는 중단되지 않는다.

18 옴부즈만제도에 대한 설명으로 가장 옳지 않은 것은?

① 입법부나 사법부가 행정통제의 기능을 제대로 못하게 되자, 보다 적극적으로 국민의 이익을 보호하려는 취지에서 1809년 스웨덴에서 처음 창설된 제도이다.

② 스웨덴의 옴부즈만과 우리나라의 국민권익위원회는 행정부에 설치되어 있다.

③ 우리나라는 1994년에 출범한 '국민고충처리위원회'가 옴부즈만제도의 시초라 할 수 있다.

④ 옴부즈만은 일반적으로 직무상 독립성이 보장된다.

19 「지방자치법」상 지방의회의원에 대한 설명으로 가장 옳지 않은 것은?

① 지방의회의원에게 매월 의정활동비와 월정수당을 지급한다.

② 지방의회의원의 의정활동 지원을 위하여 해당 지방자치단체의 조례로 정하는 바에 따라 지방의회에 지방의회의원 정수의 2분의 1 범위에서 정책지원 전문인력을 둘 수 있다.

③ 지방의회의원은 농업협동조합, 수산업협동조합, 산림조합 등과 같은 조합의 중앙회장이나 연합회장을 겸직할 수 있다.

④ 수사기관의 장은 체포되거나 구금된 지방의회의원이 있으면 지체 없이 해당 지방의회 의장에게 영장의 사본을 첨부하여 그 사실을 알려야 한다.

20 경찰제도에 대한 설명으로 옳지 않은 것은?

① 시·도자치경찰위원회는 위원장 1명을 포함한 7명의 위원으로 구성하되, 위원장과 1명의 위원은 상임으로 하고, 5명의 위원은 비상임으로 한다.

② 위원은 특정 성(性)이 10분의 7을 초과하지 아니하도록 노력하여야 한다.

③ 2개의 시·도자치경찰위원회를 두는 경우 해당 시·도자치경찰위원회의 명칭, 관할구역, 사무분장, 그 밖에 필요한 사항은 대통령령으로 정한다.

④ 자치경찰사무를 관장하게 하기 위하여 특별시장·광역시장·특별자치시장·도지사·특별자치도지사 소속으로 시·도자치경찰위원회를 둔다.

08 회 실전동형모의고사

제한시간: 15분 **시작** 시 분 ~ **종료** 시 분 점수 확인 개/ 20개

01 정부개입을 정당화하는 근거에 대한 설명으로 옳지 않은 것은?

① 간접적 규제의 활용사례로는 일정한 양의 오염허가서(pollution permits) 혹은 배출권을 보유하고 있는 경제 주체만 오염물질을 배출할 수 있게 허용하는 방식이 있다.

② 외부성이 존재하는 경우 자원이 효율적으로 배분될 수 있도록 사회적 비용 혹은 사회적 편익을 내부화할 필요성이 있다.

③ 자유시장이 자원배분에 효율적이더라도 국가의 윤리적·도덕적 판단을 강조하는 비가치재(demeritgoods) 관점에서 정부규제가 정당화될 수 있다.

④ 코즈의 정리(Coase's Theorem)는 거래비용이 존재하는 것을 전제로 한다.

02 거래비용이론에 대한 설명으로 옳지 않은 것은?

① 기회주의적 행동을 제어하는 데에는 시장이 계층제보다 효율적인 수단이다.

② 거래비용은 탐색비용, 거래의 이행 및 감시비용 등을 포함한다.

③ 거래비용이론은 거래비용이 높아지면 대규모 위계조직 설립이 증가한다고 설명한다.

④ 거래비용이론은 민주성이나 형평성 등을 고려하지 못한다.

03 다양성 관리에 대한 설명으로 옳지 않은 것은?

① 다양성 관리의 대상이 되는 다양성은 가시성과 변화 가능성을 기준으로 유형화할 수 있다.

② 문화적 동화주의에 근거한 멜팅팟(melting pot) 접근과 문화적 다원주의에 근거한 샐러드보울(salad bowl) 접근이 있다.

③ 공무원 임용에서 사회 내 주요 세력의 인적 구성을 반영해야 한다는 대표관료제의 가치를 부정한다.

④ 적극적 조치(affirmative action)는 그동안 불평등을 받아온 집단에 대한 고용평등의 결과까지 보장하는 것이다.

04 포스트모더니즘 행정이론에 대한 설명으로 옳지 않은 것은?

① 보편적인 질서의 모색을 가정하는 모더니즘적 경향성을 비판한다.

② 파머(D. Farmer)가 언급한 타자성(alterity)이란 타인을 인식적 객체(epistemic other)로 받아들이는 것을 말한다.

③ 바람직한 행정서비스는 다품종·소량생산체제에서 제공될 가능성이 높다.

④ 조직화 또는 조직의 생성에 있어서 언어의 중요성을 강조한다.

05 정부 간 관계모형에 대한 설명으로 가장 옳지 않은 것은?

① 라이트(D. S. Wright)는 미국의 연방, 주, 지방정부 간 관계에 주목하여 분리형, 중첩형, 포함형으로 구분했다.

② 엘콕(Elcock)은 동반자모형, 대리자모형, 교환모형으로 구분했다.

③ 로데스(R. A. W Rhodes)는 집권화된 영국의 수직적인 중앙·지방 관계하에서도 상호의존 현상이 나타남을 권력의존모형으로 설명했다.

④ 무라마츠는 일본의 정부 간 관계가 제도상으로는 수평적 경쟁모형이지만 실제는 수직적 통제모형에 가깝게 운영된다고 주장했다.

06 애드호크라시(adhocracy)에 대한 설명으로 옳지 않은 것은?

① 고도의 창의성과 환경 적응성이 필요한 상황에서 유효한 임시조직이다.

② 전문성에 따른 수평적 분화는 높지만 수직적 분화는 낮다.

③ 과업의 표준화나 공식화 정도가 상대적으로 낮기 때문에 구성원 간 업무상 갈등이 일어날 우려가 있다.

④ 매트릭스 구조, 태스크 포스, 기능 구조 등이 여기에 속하는 조직형태이다.

07 행정가치에 대한 설명으로 옳은 것은?

① 가외성은 불확실한 상황에서 불확실성에 대응하게 함으로써 행정에 대한 신뢰성을 제고한다.

② 공익 실체설에서는 사회의 다양한 집단 간에 상호이익을 타협하고 조정하여 얻어진 결과가 공익이다.

③ 기계적 효율성은 행정의 사회목적 실현과 다차원적 이익들 간의 통합 조정 등을 내용으로 한다.

④ 수평적 형평성이란 동등하지 않은 것을 서로 다르게 취급하는 것을 의미하고, 수직적 형평성이란 동등한 것을 동등하게 취급하는 것을 의미한다.

08 다음 중 정책결정모형에 대한 설명으로 옳은 것만을 모두 고르면?

> ㄱ. 점증모형은 정책수립과정을 '그럭저럭 헤쳐나가는(muddling through)' 과정으로 이해한다.
> ㄴ. 만족모형은 제한된 합리성을 기초로 한다.
> ㄷ. 회사모형은 조직이 단일한 목표를 지닌 구성원들의 연합체라고 가정한다.
> ㄹ. 합리모형은 정치적 합리성에 기반하기 때문에 현실에 대한 설명력이 높다.

① ㄱ, ㄴ
② ㄱ, ㄹ
③ ㄴ, ㄷ
④ ㄷ, ㄹ

09 영기준예산(ZBB)에 대한 설명으로 옳지 않은 것은?

① 자원의 효율적인 배분 및 예산절감의 효과를 얻을 수 있다.

② 1979년 카터(J. Carter) 대통령에 의하여 미국의 연방정부예산에 도입된 후 현재까지 적용하고 있다.

③ 영기준예산의 기본절차는 의사결정 단위의 확인, 의사결정 패키지의 작성, 우선순위의 결정, 실행예산의 편성이다.

④ 예산과정에서 상향적 의사결정이 이루어지므로 실무자의 참여가 확대된다.

10 정부의 역할 범위와 관련된 이념적 스펙트럼은 크게 진보주의와 보수주의로 구분된다. 이와 관련된 내용으로 옳지 않은 것은?

① 소극적 자유란 간섭과 제약이 없는 상태를 의미하는 것으로, 절대권력에 대항했던 근대 민주주의 초기의 자유개념으로 보수주의에서 강조한다.

② 적극적 자유란 무엇을 할 수 있는 자유를 의미하는 것으로, 자유를 행사할 수 있는 여건 보장과 이를 위한 정부의 적극적 간섭을 요구하여, 진보주의에서 강조한다.

③ 제3의 길은 사회민주주의와 신자유주의의 변증법적 통합을 도모한다.

④ 신자유주의 · 신보수주의로 대표되는 신우파는 고전적 자유주의로의 복귀와 복지국가의 해체 과정에서 약한 정부의 역할을 강조한다.

11 다음 중 ㄱ ~ ㄷ에 해당하는 공무원 인사이동으로 옳은 것을 고르면?

ㄱ. 동일 직급 내에서 보직 변경 또는 고위공무원단 직위 간의 보직 변경을 말한다.
ㄴ. 인사관할을 달리하는 다른 기관 소속 공무원을 이동시켜 임용하는 것을 말한다.
ㄷ. 상이한 직렬의 동일한 계급 또는 등급으로 수평이동하는 것을 말한다.

	ㄱ	ㄴ	ㄷ
①	전직	전보	전입
②	전직	전입	전보
③	전보	전입	전직
④	전보	전직	전입

12 다음 중 지방자치단체의 조례와 규칙에 대한 설명으로 옳은 것만을 모두 고르면?

ㄱ. 지방자치단체의 장은 법령이나 조례의 범위에서 규칙을 제정할 수 있다.
ㄴ. 지방의회에서 의결된 조례안은 10일 이내에 지방자치단체의 장에게 이송되어야 한다.
ㄷ. 재의요구를 받은 조례안은 재적의원 과반수의 출석과 출석의원 과반수의 찬성으로 재의결되면, 조례로 확정된다.
ㄹ. 지방자치단체의 장은 재의결된 조례가 법령에 위반된다고 판단되면 재의결된 날부터 20일 이내에 대법원에 제소할 수 있다.

① ㄱ, ㄴ

② ㄱ, ㄹ

③ ㄴ, ㄹ

④ ㄷ, ㄹ

13 다음 <보기>에서 중앙정부의 예산집행에 대한 설명으로 옳은 것만을 고르면?

<보기>
ㄱ. 예산의 배정에는 정기배정, 수시배정, 조기배정, 당겨배정, 감액배정 등이 있다.
ㄴ. 기획재정부장관은 예산배정요구서에 따라 반기별 예산배정계획을 작성하여 국회의 심의를 거친 후 대통령의 승인을 얻어야 한다.
ㄷ. 기획재정부장관은 필요한 때에는 대통령령으로 정하는 바에 따라 회계연도 개시 전에 예산을 배정할 수 있다.
ㄹ. 세출예산의 재배정이란 기획재정부장관이 각 중앙관서의 장에게 배정한 예산을 각 중앙관서의 장이 재무관별로 다시 배정하는 것을 말한다.

① ㄱ, ㄴ
② ㄱ, ㄹ
③ ㄴ, ㄷ
④ ㄱ, ㄷ, ㄹ

14 정부규제에 대한 설명으로 옳은 것은?

① 정보격차로 인한 시장실패를 예방하는 정부개입의 대표적 사례로 미국의 「레몬법」이 있다.
② 윌슨(J. Q. Wilson)은 규제로 인한 비용은 분산되고 규제의 편익이 집중되는 상황을 이익집단정치로 정의하였다.
③ 정부실패 원인 중 파생적 외부효과의 문제를 해결하기 위한 최선의 대안으로 민영화를 추진할 수 있다.
④ 우리나라에서 규제영향분석은 규제를 완화하거나 신설·강화 시 활용되고 있다.

15 「인사혁신처 예규」상 유연근무제에 대한 설명으로 옳지 않은 것은?

① 시차출퇴근형: 1일 8시간 근무체제 유지하되, 출근시간 선택 가능한 근무형태
② 근무시간 선택형: 1일 4~12시간 근무하되, 주 5일 근무하는 형태
③ 재량근무형: 1일 10~12시간 근무, 주 3.5~4일 근무하는 근무형태
④ 스마트워크근무형: 자택 인근 스마트워크센터 등 별도 사무실에서 근무하는 형태

16 디징(Diesing)이 말하는 합리성의 유형에 대한 설명으로 옳지 않은 것은?

① 기술적 합리성이란 경쟁 상태에 있는 목표를 어떻게 비교하고 선택할 것인가의 합리성을 의미한다.
② 법적 합리성이란 보편성과 공식적 질서를 통해 예측 가능성을 높이는 합리성을 의미한다.
③ 정치적 합리성은 결정구조의 합리성을 의미한다.
④ 사회적 합리성이란 사회구성원 간의 조정과 조화된 통합성을 의미한다.

17 다음 중 의사결정자가 각 대안의 결과를 알고 있으나 대안 간 비교결과 중 어떤 것이 최선의 결과인지를 알 수 없어 발생하는 개인적 갈등의 원인으로 가장 옳은 것은?

① 비수락성(Unacceptability)
② 불확실성(Uncertainty)
③ 비비교성(Incomparability)
④ 창의성(Creativity)

18 다음 중 ( )에 들어갈 단어로 옳은 것은?

- ( )은/는 정부업무, 업무수행에 필요한 데이터, 업무를 지원하는 응용서비스 요소, 데이터와 응용시스템의 실행에 필요한 정보기술, 보안 등의 관계를 구조적으로 연계한 체계로서 정보자원관리의 핵심수단이다.
- ( )은/는 정부의 정보시스템 간의 상호운용성 강화, 정보자원 중복투자 방지, 정보화 예산의 투자효율성 제고 등에 기여한다.

① 블록체인 네트워크
② 정보기술아키텍처
③ 스마트워크센터
④ 데이터마이닝

19 계층제적 조직구조의 한계를 극복하고자 다양하게 시도되고 있는 조직모형에 대한 설명으로 옳지 않은 것은?

① 사업구조는 기능구조보다 분권적인 조직구조를 갖고 있다.
② 매트릭스구조는 단일의 권한 체계를 통해 불안정하고 급변하는 조직환경에 대응하고자 고안된 조직구조다.
③ 팀구조는 특정한 업무 과정에서 일하는 개인을 팀으로 모아 의사소통과 조정을 쉽게 하는 조직구조다.
④ 네트워크구조는 핵심 기능을 제외한 기능들을 외부 기관과의 계약 관계를 통해 수행하는 조직구조다.

20 조직이론에 대한 설명으로 옳지 않은 것은?

① 균형성과표(BSC)의 네 가지 관점으로 고객 관점, 내부 프로세스 관점, 재무적 관점, 학습과 성장 관점이 일반적으로 제시되고 있다.
② 민츠버그(H. Mintzberg)의 조직유형론 중 단순구조는 신생조직이나 소규모조직에서 주로 나타나는데, 주된 조정방법은 직접통제이다.
③ 허시(Hersey)와 블랜차드(Blanchard)는 부하의 성숙도가 높은 경우 지시적 리더십이 효과적이라고 보았다.
④ 베버(Weber)는 법적·합리적 권한에 기초를 둔 이념형(ideal type) 관료제의 특징으로 법과 규칙의 지배, 계층제, 문서에 의한 직무수행, 비개인성(impersonality), 분업과 전문화 등을 제시하였다.

08회 실전동형모의고사
모바일 자동 채점 + 성적 분석 서비스
바로 가기 (gosi.Hackers.com)

QR코드를 이용하여 해커스공무원의 '모바일 자동 채점 + 성적 분석 서비스'로 바로 접속하세요!

* 해커스공무원 사이트의 가입자에 한해 이용 가능합니다.

09회 실전동형모의고사

제한시간: 15분 **시작** 시 분 ~ **종료** 시 분 점수 확인 개/ 20개

01 다음 <보기>에서 옳은 것만을 고르면?

<보기>
ㄱ. 신제도주의는 개인의 행위결과가 개인의 선호체계의 직선적인 연장선상에 있다고 가정한다.
ㄴ. 신제도주의는 공식적인 제도뿐만 아니라 비공식적 제도나 규범에 관심을 가지며, 외생변수로 다루어졌던 정책 혹은 행정환경을 내생변수로 분석대상에 포함시켰다.
ㄷ. 신공공서비스론은 관료의 역할로 방향잡기보다는 시민들로 하여금 공유된 가치를 표명하고 그것을 충족시킬 수 있도록 도와주고 봉사해야 함을 강조한다.
ㄹ. 신공공관리는 정부의 크기와 관계없이 시장지향적인 효율적인 정부를 만들 수 있는 개혁방안에 관심을 갖는다.

① ㄱ, ㄴ
② ㄴ, ㄹ
③ ㄴ, ㄷ
④ ㄷ, ㄹ

02 행정의 투명성에 대한 설명으로 옳지 않은 것은?

① 공무원의 부패를 방지할 수 있다.
② 청렴성의 확보를 위한 최소한의 전제조건이다.
③ 시민헌장제와 시민옴부즈만제도는 과정투명성에 해당된다.
④ 사회의 건강도와 국가경쟁력의 증진을 위해 신관리주의와 뉴거버넌스론에서 부각되었다.

03 인간관계론이 행정에 미친 영향으로 옳지 않은 것은?

① 행정의 전문화·과학화·객관화에 기여하였다.
② 행정관리의 민주화·인간화에 기여하였다.
③ 인사행정에 있어 인사상담제도와 제안제도 등의 도입에 기여하였다.
④ 행정조직 내에서의 비공식조직을 중시하였다.

04 정부규제에 대한 설명으로 옳지 않은 것은?

① 공동규제는 정부로부터 위임을 받은 민간집단에 의해 이뤄지는 규제를 의미한다.
② 네거티브 규제는 원칙 허용·예외 금지를 의미하는 것으로, '~할 수 있다' 혹은 '~이다'의 형식을 띤다.
③ 정부의 규제정책을 심의·조정하고 규제의 심사·정비 등에 관한 사항을 종합적으로 추진하기 위하여 대통령 소속으로 규제개혁위원회를 둔다.
④ 네거티브 규제가 포지티브 규제에 비해 피규제자의 자율성을 더 보장해 준다는 측면에서 바람직하다고 평가받고 있다.

05 고위공무원단제도에 대한 설명으로 옳지 않은 것은?

① 고위공무원단 소속 공무원에게는 직무성과급적 연봉제가 적용된다.

② 계급 중심의 인사관리제도이다.

③ 고위공무원단에 속하는 일반직공무원의 경우 소속장관은 해당기관에 소속되지 아니한 공무원에 대해서도 임용제청을 할 수 있다.

④ 개방과 경쟁 중심의 인사관리제도이다.

06 정책평가의 유형에 대한 설명으로 옳지 않은 것은?

① 평가성 사정이란 평가전략을 설계하는 일종의 예비평가이다.

② 메타평가란 평가의 평가로서 평가결과를 다시 재확인하는 것이다.

③ 과정평가는 효과성 평가와 능률성 평가 및 공평성 평가로 나눌 수 있다.

④ 총괄평가란 정책이 집행된 후에 과연 그 정책이 당초 의도했던 효과를 성취했는지의 여부를 판단하는 활동이다.

07 다음의 역사적 배경하에 등장하게 된 행정이론으로 옳지 않은 것은?

- 1930년대의 뉴딜정책과 제2차 세계대전을 거치면서 정부의 역할과 규모가 확대됨에 따라 관료의 재량권도 증가하게 되었다.
- 1963년 존슨 대통령의 위대한 사회 정책으로 사회복지 프로그램이 확대되었다.

① 정책과학

② 신행정학

③ 공공선택론

④ 발전행정론

08 정책결정의 이론모형 중 최적모형에 대한 설명으로 옳지 않은 것은?

① 정책결정 과정에서 가치의 존재를 중요시하고, 초합리적 요소들의 중요성을 강조하였다.

② 정책집행 후의 평가와 피드백을 공식적 정책결정 과정의 한 단계로 포함시켰다.

③ 드로어(Dror)의 최적모형은 계량적 측면과 질적인 측면을 구분하여 검토하고, 이들을 결합시키는 질적 모형이다.

④ 자원이나 시간의 제약, 불확실한 상황, 선례가 없는 경우에 적용하는 데 한계가 있다.

09 정책순응(policy compliance)에 대한 설명으로 옳은 것은?

① 내면적 가치관의 변화가 가장 중요하기 때문에 행태 차원의 개념이 아니다.

② 정책순응에 수반하는 부담으로 인한 불응의 대책으로는 보상이 효과적이다.

③ 정책집행자나 집행을 위임받은 중간매개집단은 정책 순응의 주체가 아니다.

④ 정책대상집단의 불응은 규제정책보다 배분정책에서 더 심각하게 나타난다.

10 동기부여이론에 대한 설명으로 옳은 것은?

① 앨더퍼(Alderfer)의 ERG이론은 욕구 좌절 시 회귀적이고 하향적인 욕구단계로의 이동은 불가능하다고 본다.

② 허츠버그(Herzberg)의 2요인이론은 종업원의 직무환경 개선과 창의적 업무 할당을 통한 직무성취감 증대가 동기부여에 미치는 영향이 같다고 본다.

③ 아담스(Adams)의 공정성이론은 개인은 준거인과 비교하여 자신의 노력과 보상 간에 일치를 지각하면 동기요인으로 작동한다고 본다.

④ 포터와 롤러(Porter & Lawler)의 업적 – 만족이론은 노력, 성과, 보상, 만족, 환류로 이어지는 동기부여 과정을 제시하면서 노력 – 성과 간 관계에 있어 개인의 능력과 자질, 그리고 역할인지를 강조했다.

11 공무원 고충처리에 대한 설명으로 옳지 않은 것은?

① 5급 이상 공무원 및 고위공무원단에 속하는 일반직 공무원의 고충을 다루는 중앙고충심사위원회의 기능은 소청심사위원회가 관장한다.

② 고충처리는 공무원의 사기진작과 관련이 있다.

③ 고충심사위원회의 결정은 처분청에 대한 법적 기속력이 없으나, 임용권자에게 결정 결과에 따라 고충해소를 위한 노력을 할 의무를 부과한다.

④ 고충심사위원회가 청구서를 접수한 때에는 30일 이내에 고충심사에 대한 결정을 해야 하고, 그 결정은 위원 과반수의 출석과 과반수의 합의에 의한다.

12 하우스와 에반스(House & Evans)의 경로·목표모형(Path-goal Model)에서 상황요인(상황변수)에 해당하는 것은?

① 기대감

② 목표달성확률

③ 부하의 특성

④ 구성원의 만족도와 근무성과

13 우리나라 주민참여예산제도에 대한 설명으로 옳지 않은 것은?

① 주민참여예산은 재정민주주의를 강화하는 방안 중 하나이다.

② 「지방재정법」상 주민참여의 범위는 지방예산 편성 등 예산과정이다.

③ 주민참여예산제도의 구체적인 내용은 각 지방자치단체의 조례로 정하도록 하고 있다.

④ 「지방자치법」 제47조에 따른 지방의회의 의결사항은 주민참여예산의 관여 범위이다.

14 정부 간 관계에 대한 설명으로 옳은 것은?

① 미국 건국 초기에는 연방의 권한이 상대적으로 강했으며, 연방과 주의 권한을 명확히 구분하지 않았다.

② 딜런의 규칙(Dillon's rule)에 의하면 지방정부는 '주 정부의 피조물'로서 명시적으로 위임된 사항 외에도 포괄적인 권한을 지닌다.

③ 영국의 경우 개별적으로 수권받은 사무에 대해서는 지방자치단체가 자치권을 보유하지만, 그 범위를 벗어나는 행위는 금지된다.

④ 일본의 경우 메이지유신 이래 강력한 중앙집권적 체제를 유지해 왔으며, 국가의 관여를 폐지하거나 축소시키는 등의 분권개혁은 이루어지지 못했다.

15 우리나라 지방의회의 조직에 대한 설명으로 가장 옳지 않은 것은?

① 위원회의 종류는 상임위원회와 특별위원회의 두 가지로 구분한다.

② 지방의회는 조례로 정하는 바에 따라 위원회를 둘 수 있다.

③ 조례로 정하는 바에 따라 광역의회에는 사무처를 둘 수 있으며, 기초의회에는 사무국이나 사무과를 둘 수 있다.

④ 지방의회는 매년 1회 정례회를 개최한다.

16 행정통제에 대한 설명으로 옳지 않은 것은?

① 행정통제에 있어서 가장 이상적인 것은 행정인이 스스로 직업윤리를 확립하고, 그 기준에 의하여 자기를 규제하는 자율적 통제이다.

② 감사원에 의한 통제는 내부통제이다.

③ 옴부즈만에 의한 통제는 외부통제이다.

④ 행정이 고도의 전문성과 복잡성을 지니게 된 현대행정국가에서는 내부통제만으로는 통제의 효과를 제대로 기대하기 어려워 외부통제의 중요성이 한층 더 강조되고 있다.

17 다음 중 <보기>에 제시된 예산의 원칙과 그 예외 사항을 옳게 연결한 것은?

<보기>

ㄱ. 예산은 가능한 한 모든 재정활동을 포괄하는 단일의 예산 내에서 정리되어야 한다.
ㄴ. 모든 수입과 지출은 예산에 계상되어야 한다.
ㄷ. 정해진 목표를 위해서 정해진 금액을 정해진 기간 내에 사용해야 한다.

	ㄱ	ㄴ	ㄷ
①	추가경정예산	전대차관	이용과 전용
②	특별회계	예비비	준예산
③	추가경정예산	이용과 전용	계속비
④	특별회계	계속비	수입대체경비

18 예산제도에 대한 설명으로 옳지 않은 것은?

① 품목별예산제도는 행정부의 재량권을 확대하기 위해 도입되었다.
② 성과주의예산제도는 관리 중심의 예산제도로서 시민이 이해하기가 용이하다.
③ 계획예산제도(PPBS)는 의사결정이 지나치게 집권화되고 전문화되어 외부통제가 어렵다.
④ 영기준예산제도는 예산을 편성할 때 전년도 예산에 구애받지 않는다.

19 「지방자치법」상 집행기관에 대한 설명으로 옳지 않은 것은?

① 지방자치단체의 장은 지방의회의 의결이 월권인 경우에는 재의를 요구할 수 없다.
② 지방자치단체의 장의 직 인수위원회의 위원은 명예직으로 하고, 당선인이 임명하거나 위촉한다.
③ 지방자치단체는 소관 사무의 범위에서 필요하면 대통령령이나 대통령령으로 정하는 범위에서 그 지방자치단체의 조례로 교육훈련기관을 직속기관으로 설치할 수 있다.
④ 지방자치단체의 장의 권한에는 사무의 위임·위탁, 직원(지방의회의 사무직원은 제외)에 대한 임면, 선결처분 등이 있다.

20 지역에서의 행정서비스 전달 주체에 대한 설명으로 가장 적절하지 않은 것은?

① 지역에서의 행정서비스 전달 주체는 크게 특별지방행정기관과 지방자치단체로 구분된다.
② 특별지방행정기관은 지역에 위치한 세무서 등인데 소속 중앙행정기관의 지시 및 감독을 받는다.
③ 특별지방행정기관은 독자적인 법인격을 가지며 소속 중앙행정기관의 권한에 속하는 행정사무를 수행한다.
④ 지역에서의 행정서비스는 주민복지 등 지역주민의 생활공간 안에서의 생활행정이자 근접행정이다.

09회 실전동형모의고사
모바일 자동 채점 + 성적 분석 서비스
바로 가기 (gosi.Hackers.com)

QR코드를 이용하여 해커스공무원의 '모바일 자동 채점 + 성적 분석 서비스'로 바로 접속하세요!

* 해커스공무원 사이트의 가입자에 한해 이용 가능합니다.

10회 실전동형모의고사

제한시간: 15분 **시작** 시 분 ~ **종료** 시 분 **점수 확인** 개/ 20개

01 행정책임에 대한 설명으로 옳지 않은 것은?

① 행정통제를 내부통제와 외부통제로 구분할 경우, 윤리적 책임의식의 내재화를 통한 통제는 전자에 속한다.

② 도의적(responsible) 책임은 정부가 국민의 수임자(受任者)로서 지는 것으로, 가장 광범위한 차원의 책임이라 할 수 있다.

③ 프리드리히(Friedrich)는 관료들이 책임 있게 행동하기 위해서는 심리적 요소보다 제도적 장치가 더 중요하다고 주장하였다.

④ 결과주의에 근거한 윤리평가는 사후적인 것이며 문제의 해결보다는 행위 혹은 그 결과에 대한 처벌에 중점을 둔다.

02 시장실패 또는 정부실패에 대한 설명으로 옳은 것은?

① 순수공공재의 경우 비경합성으로 인해 똑같은 양의 공공재를 소비하고 똑같은 양의 편익을 얻게 된다.

② 이로운 외부효과(외부경제)가 존재하는 경우 완전경쟁시장의 자원배분은 비효율적으로 이루어지며, 생산과 소비가 효율적인 양보다 지나치게 많이 이루어진다.

③ 자연독점 성격을 띠던 시내전화와 같은 서비스 시장에서 경쟁이 가능하게 된 것은 기술의 발달로 생산조건이 변했기 때문이다

④ 선거를 의식하는 정치인의 시간할인율은 사회의 시간할인율에 비해 높아 단기적 이익과 손해의 현재가치를 낮게 평가하는 경향이 있다.

03 정책네트워크모형(policy network model)에 대한 설명으로 옳지 않은 것은?

① 정책 과정에 참여하는 공식·비공식의 다양한 참여자들 간의 상호작용을 중시하는 모형으로 등장하였다.

② 사회학이나 문화인류학의 연구에 이용되어 왔던 네트워크 분석을 정책 과정의 연구에 적용한 것이다.

③ 1960년대에 등장한 하위정부론이나 1970년대 후반에 등장한 이슈네트워크이론이 정책네트워크이론의 기원이 된다.

④ 정책 과정에 대한 국가 중심 접근방법과 사회 중심 접근방법이라는 이분법적 논리를 극복하지 못하고 있다.

04 탈신공공관리론(post - NPM)에 대한 설명으로 옳은 것은?

① 고객의 다양한 수요에 대응하기 위해 조직구조를 분절시킨다.

② 시장기능을 활성화하기 위해 규제완화를 적극적으로 추진한다.

③ 업무 성과를 제고하기 위해서는 투입이 아니라 산출이나 결과를 기준으로 자원을 배분해야 한다.

④ 공공서비스의 전달 방식으로 민간 - 공공부문의 파트너십을 강조한다.

05 다음 중 정책평가의 내적 타당성을 저해하는 요인은 모두 몇 개인가?

> ㄱ. 역사요인
> ㄴ. 회귀인공요인
> ㄷ. 실험조작의 반응효과
> ㄹ. 처치와 상실의 상호작용
> ㅁ. 측정요인
> ㅂ. 선발과 성숙의 상호작용
> ㅅ. 측정도구요인
> ㅇ. 표본추출의 대표성 문제
> ㅈ. 다수 처리의 간섭
> ㅊ. 실험조작과 측정의 상호작용

① 2개
② 4개
③ 5개
④ 6개

06 다음 중 정책유형에 대한 설명으로 옳은 것만을 모두 고르면?

> ㄱ. 국공립학교를 통한 교육서비스는 재분배정책이다.
> ㄴ. 공공건물 금연은 규제정책이다.
> ㄷ. 탄소배출권거래제는 분배정책이다.
> ㄹ. 공무원연금제의 개정은 구성정책이다.

① ㄱ, ㄷ
② ㄴ, ㄹ
③ ㄱ, ㄴ, ㄹ
④ ㄴ, ㄷ, ㄹ

07 근무성적평정 과정상의 오류와 완화방법에 대한 설명으로 옳지 않은 것은?

① 일관적 오류는 평정자의 기준이 다른 사람보다 높거나 낮은 데서 비롯되며, 완화방법으로 강제배분법을 고려할 수 있다.
② 근접효과는 전체 기간의 실적을 같은 비중으로 평가하지 못할 때 발생하며, 완화방법으로 목표관리평정을 고려할 수 있다.
③ 관대화 경향은 비공식집단적 유대 때문에 발생하며, 완화방법으로 평정결과의 공개를 고려할 수 있다.
④ 연쇄효과는 도표식 평정척도법에서 자주 발생하며, 완화방법으로 강제선택법을 고려할 수 있다.

08 정부 간 관계에 관한 로즈(Rhodes)의 권력의존모형에 대한 설명으로 옳지 않은 것은?

① 중앙정부와 지방정부를 상호의존적인 행위자로 본다.
② 정책공동체는 중앙정부와 지방정부의 연계에 중요한 역할을 한다.
③ 정부 간 관계에서 교섭과 거래는 조직 간 자원 교환 과정의 일종으로 이해한다.
④ 지방정부는 법률적 자원, 정보 자원, 물리적 자원에서 우월한 위치를 차지한다.

09 다음 중 공공사업의 경제성 분석에 대한 설명으로 옳은 것만을 모두 고르면?

> ㄱ. 예산이 충분할 경우에는 비용편익비(B/C ratio)보다는 순현재가치(NPV)기준이 더 바람직한 경우가 많다.
> ㄴ. 직접적이고 유형적인 비용과 편익은 반영하고, 간접적이고 무형적인 비용과 편익은 포함하지 않는다.
> ㄷ. 순현재가치(NPV)는 비용의 총현재가치에서 편익의 총현재가치를 뺀 것이며, 0보다 클 경우 사업의 타당성을 인정할 수 있다.
> ㄹ. 내부수익률은 순현재가치가 0이 되거나 편익비용비율(B/C)을 1로 만들어 주는 할인율을 말한다.

① ㄱ, ㄴ
② ㄱ, ㄹ
③ ㄴ, ㄷ
④ ㄱ, ㄷ, ㄹ

10 다음 제시된 중앙인사기관의 유형에 대한 설명으로 옳은 것은?

> • 행정수반이 인사관리에 직접적인 책임을 지며, 인사기관의 장은 행정수반을 보좌하여 집행업무를 담당한다.
> • 인적자원 확보, 능력발전, 유지, 보상 등 인사관리에 대한 기능을 부처의 협조하에 통합적으로 수행한다.
> • 인사기관의 결정과 집행의 행위는 행정수반의 승인과 검토의 대상이 된다.

① 정치권력의 부당한 개입을 막아 정치적 중립성과 공직의 안정성을 확보할 수 있다.
② 인사기관의 구성방식을 통해서 인사 정책의 일관성을 확보할 수 있다.
③ 합의에 따른 결정방식으로, 인사의 공정성을 유지하는 것이 중요하다.
④ 한 명의 인사기관의 장이 조직을 관장하고, 행정수반의 지휘 아래 놓이게 된다.

11 전략적 인적자원관리에 대한 설명으로 가장 거리가 먼 것은?

① 장기적이며 목표성과 중심적으로 인적자원을 관리한다.
② 조직의 전략 및 성과와 인적자원관리 활동 간의 연계에 중점을 둔다.
③ 인사업무 책임자가 조직 전략 수립에 적극적으로 관여한다.
④ 후기인간관계론에 바탕을 두므로 사회인을 전제로 한다.

12 쓰레기통 의사결정모형에 대한 설명으로 옳은 것은?

① 문제(problem), 해결책(solution), 참여자(participant), 의사결정의 기회(chance)가 상호의존적으로 흘러다니다가 어떤 계기로 우연히 만나게 될 때 의사결정이 이루어진다고 본다.
② 해결해야 할 문제에 대한 합리적 해결책의 고안 및 채택 과정에서 인과관계 분석의 중요성을 강조한다.
③ 의사결정에 참여하는 사람들은 무엇이 바람직한 것인가에 대해서 합의를 하고, 개인의 차원에서도 무엇이 좋은 것인가를 알고 참여한다는 것이다.
④ 진빼기 결정(choice by flight)은 관련된 문제들이 다른 의사결정 기회를 찾아 스스로 떠날 때까지 기다리는 의사결정 방식이다.

13 국가채무에 대한 설명으로 옳지 않은 것은?

① 국가채무관리계획을 기획재정부장관이 수립하여야 한다.

② 국채를 발행하고자 할 때에는 국회의 의결을 얻어야 한다.

③ 우리나라가 발행하는 국채의 종류에는 국고채, 재정증권, 국민주택채권, 외국환평형기금채권(외평채)이 있다.

④ 국공채, 차입금, 차관은 국고채무부담행위에 포함된다.

14 예산에 대한 설명으로 옳지 않은 것은?

① 국가가 특정한 목적을 위하여 특정한 자금을 신축적으로 운용할 필요가 있을 때에 법률로써 설치하는 기금은 세입세출예산에 의하지 아니하고 운용할 수 있다.

② 조세지출이란 정부가 받아야 할 세금을 받지 않고 포기한 액수를 의미한다.

③ 긴급배정은 계획의 변동이나 여건의 변화로 인하여 당초의 연간정기배정계획보다 지출원인행위를 앞당길 필요가 있을 때, 해당 사업에 대한 예산을 분기별 정기배정계획과 관계없이 앞당겨 배정하는 제도이다.

④ 정부는 국회에 제출된 예산안의 일부를 부득이한 사유로 수정해야 하는 경우, 국무회의의 심의를 거쳐 대통령의 승인을 얻은 수정예산안을 국회에 제출할 수 있다.

15 포터(Porter)와 롤러(Lawler)의 기대이론에 대한 설명으로 옳지 않은 것은?

① 내재적 보상보다 외재적 보상이 만족감에 더 큰 영향을 미친다고 본다.

② 노력의 결과 달성되는 직무성과는 개인의 능력 이외에도 개인의 특성과 역할인지(자신의 직무를 이해하는 정도)의 수준에 영향을 받는다.

③ 직무성과에 따른 보상을 성취감이나 자아실현 등의 내재적 보상과 봉급이나 승진 등의 외재적 보상으로 구분한다.

④ 직무성과가 있으면 보상이 따르는데, 지각된 공정한 보상에 대한 만족을 중시한다.

16 결산에 대한 설명으로 옳지 않은 것은?

① 정부는 성인지 결산서를 작성하여야 한다.

② 각 중앙관서의 장은 회계연도마다 작성한 결산보고서를 다음 연도 2월 말일까지 기획재정부장관에게 제출하여야 한다.

③ 우리나라의 출납기한은 2월 10일이다.

④ 기획재정부장관은 회계연도마다 작성하여 대통령의 승인을 받은 국가결산보고서를 다음 연도 4월 20일까지 감사원에 제출하여야 한다.

17 예산제도에 대한 설명으로 옳은 것은?

① 재정의 효율적 운용을 위해 도입한 제도로 주민참여 예산제도가 있다.

② 예비타당성조사는 총사업비와 국가의 재정지원 규모가 일정 금액 이상인 신규사업 중 특정 요건에 해당하는 경우에 실시하며, 국회가 의결로 요구하는 사업에 대해서도 실시하여야 한다.

③ 예산성과금은 수입이 증대되거나 지출이 절약된 때에 이에 기여한 자에게 지급할 수 있으며, 절약된 예산은 다른 사업에 사용할 수 없다.

④ 신규사업 중 총사업비가 300억 원 이상인 사업은 예비타당성조사대상에 포함된다.

18 지방정부 구역 규모의 적정성과 관련한 통합옹호론과 통합반대론의 설명으로 옳지 않은 것은?

① 통합반대론은 통합의 효과가 공공서비스의 유형에 따라 다를 수 있다는 점을 지적한다.

② 통합옹호론은 분절된 구역 간의 소모적인 경쟁과 책임성 저하의 문제를 지적한다.

③ 통합반대론은 지방정부 간 경쟁이 공공서비스의 혁신과 효율성 증대를 가져온다고 주장한다.

④ 통합옹호론은 통합이 구역 내 수평적 형평성 확보는 물론 시민과의 접근성도 용이하게 한다고 주장한다.

19 특별지방행정기관에 대한 설명으로 옳은 것은?

① 국가적 통일성보다는 지역의 특수성을 중요시하여 설치한다.

② 지역별 책임행정을 강화할 수 있다.

③ 지방자치단체와 명확한 역할 배분이 이루어져 행정의 효율성을 높일 수 있다.

④ 광역행정의 수단으로 활용이 가능하다.

20 티부가설(Tiebout Hypothesis)에 대한 설명으로 옳지 않은 것은?

① 주민들은 더 나은 공공서비스를 제공하는 지역으로 이동한다고 본다.

② 외부효과의 배제, 복수의 지방정부, 완전한 정보 등을 전제조건으로 한다.

③ '복지의 자석효과'를 주장한 피터슨(Peterson)의 도시한계론의 영향을 받았다.

④ 분권적 배분체제에서는 공공재 공급이 효율적이지 못하다는 새뮤얼슨(Samuelson)의 이론을 반박한다.

10회 실전동형모의고사
모바일 자동 채점+성적 분석 서비스
바로 가기 (gosi.Hackers.com)

QR코드를 이용하여 해커스공무원의 '모바일 자동 채점+성적 분석 서비스'로 바로 접속하세요!

＊ 해커스공무원 사이트의 가입자에 한해 이용 가능합니다.

11회 실전동형모의고사

제한시간: 15분 **시작** 시 분 ~ **종료** 시 분 **점수 확인** 개/ 20개

01 다음 중 「국가공무원법」 및 「지방공무원법」상 특수경력직공무원에 해당하는 사람을 모두 고르면?

> ㄱ. A 경찰서에 근무 중인 총경 甲
> ㄴ. 국회의원 비서로 근무 중인 乙
> ㄷ. 기획재정부에서 차관으로 근무 중인 丙
> ㄹ. C 부대에서 중대장으로 근무 중인 군인 丁
> ㅁ. D광역시 의회의원 戊

① ㄱ, ㄴ, ㄷ
② ㄱ, ㄷ, ㄹ
③ ㄱ, ㄹ, ㅁ
④ ㄴ, ㄷ, ㅁ

02 퀸(Quinn)과 로보그(Rohrbaugh)의 이론에 의하면 조직의 효과성 측정은 조직의 성장단계에 따라 달라져야 한다. 이에 대한 설명으로 옳지 않은 것은?

① 인간관계모형 – 조직의 집단공동체 단계
② 합리목표모형 – 정교화 단계
③ 내부과정모형 – 공식화 단계
④ 개방체제모형 – 조직의 창업 단계

03 오늘날 시민사회조직에 대한 설명으로 가장 적절하지 않은 것은?

① 비정부조직이 생산하는 공공재나 집합재의 생산비용을 정부가 지원하는 경우에는 정부와 보완적 관계를 형성한다.
② 정부와 비정부조직 간에 적대적 관계보다는 서로의 존재를 인정하는 동반자적 관계가 점차 확산되고 있다.
③ 비영리조직이 지닌 특징으로는 자발성, 자율성, 이익의 비배분성 등이 있다.
④ 정부가 지지나 지원의 필요성을 위해 특정한 비정부조직 분야의 성장을 유도하여 형성된 대체적 관계는 개발도상국에서 많이 나타난다.

04 정보통신정책에서 보편적 서비스의 준거로 부적당한 것은?

① 광역성
② 접근성
③ 활용 가능성
④ 훈련과 지원

05 우리나라의 「국가재정법」은 총사업비가 500억 원 이상이고 국가의 재정지원 규모가 300억 원 이상인 대규모 사업에 대한 예산 편성을 위하여 미리 예비타당성조사를 실시하도록 규정하고 있는데, 이 예비타당성조사 대상 사업에서 제외되지 않는 것은?

① 공공청사, 교정시설, 초·중등 교육시설의 신·증축 사업
② 문화재 복원사업
③ 국가안보와 관계되거나 보안이 필요한 국방 관련 사업
④ 행정, 보건, 사회복지, 교육, 문화, 환경, 교통, 물류, 과학기술, 재난안전, 치안, 국방, 에너지 등 소관 업무에 대한 지능정보화 사업

06 정책집행에 대한 설명으로 옳은 것은?

① 하향식 접근방법은 공식적 정책목표를 중요한 변수로 취급하지 않는다.
② 프레스만(Pressman)과 윌다브스키(Wildavsky)는 『집행론(Implementation)』에서 정책집행을 잃어버린 고리(missing link)에 비유하여, 정책결정과 정책산출을 연계하는 정책집행 연구의 중요성과 필요성을 주장한다.
③ 하향식 접근방법에서는 정책결정과 정책집행은 시점이 동일하다고 본다.
④ 사바티어(Sabatier)는 정책 대상집단의 행태 변화의 정도가 크면 정책집행의 성공은 어렵다고 본다.

07 우리나라 중앙예산부서의 재정관리 혁신에 대한 설명으로 옳지 않은 것은?

① 총사업비가 500억 원 이상이고 국가재정 지원 규모가 300억 원 이상인 신규사업 중 지능정보화사업은 예비타당성조사의 대상사업이 될 수 있다.
② 총사업비가 500억 이상이고 국가재정지원이 300억 이상인 기존사업은 예비타당성조사의 대상사업이 될 수 있다.
③ 총사업비가 200억 이상인 연구개발사업은 총사업비 관리대상사업이 될 수 있다.
④ 총사업비가 500억 이상이고 국가재정지원이 300억 이상인 토목 및 정보화사업은 총사업비 관리대상사업이 될 수 있다.

08 정책결정의 혼합모형(Mixed Scanning Model)에 대한 설명으로 옳은 것은?

① 행정인은 실제 상황을 단순화시키고, 무작위적이고 순차적으로 대안을 탐색한다.
② 거시적이고 장기적인 안목에서 대안의 방향성을 탐색하는 한편, 그 방향성 안에서 심층적이고 대안적인 변화를 시도하는 것이 바람직하다.
③ 혼합주사모형은 능동적 사회보다 선진국에 적용하는 것이 바람직하다.
④ 목표와 수단이 분리될 수 없으며, 전체를 하나의 패키지로 하여 정치적 지지와 합의를 이끌어 내는 것이 중요하다.

09 다음 중 신공공서비스론에 대한 설명으로 옳지 않은 것만을 모두 고르면?

> ㄱ. 국민을 고객으로 본다.
> ㄴ. 민주적으로 사고하고, 전략적으로 행동한다.
> ㄷ. 행정재량의 필요성을 인정하지만 제약과 책임이 수반되어야 한다고 본다.
> ㄹ. 공익의 개념은 공유 가치에 대한 담론의 결과이다.
> ㅁ. 공무원의 동기를 유발하는 수단은 정부규모를 축소하려는 이데올로기적 욕구와 사회봉사이다.

① ㄱ, ㄴ, ㄹ
② ㄱ, ㄴ, ㅁ
③ ㄴ, ㄷ, ㄹ
④ ㄴ, ㄹ, ㅁ

10 다음 중 행정부에 대한 외부통제에 해당하는 것만을 모두 고르면?

> ㄱ. 국민권익위원회의 부패방지책 추진상황에 대한 실태조사 및 평가
> ㄴ. 국회의 국정조사
> ㄷ. 기획재정부의 각 부처 예산안 검토 및 조정
> ㄹ. 국민들의 조세부과 처분에 대한 취소소송
> ㅁ. 국무총리의 중앙행정기관에 대한 기관평가
> ㅂ. 환경운동연합의 정부정책에 대한 반대
> ㅅ. 중앙행정기관장의 당해 기관에 대한 자체평가
> ㅇ. 언론의 공무원 부패 보도

① ㄱ, ㄷ, ㅁ, ㅅ
② ㄴ, ㄷ, ㄹ, ㅁ
③ ㄴ, ㄹ, ㅁ, ㅇ
④ ㄴ, ㄹ, ㅂ, ㅇ

11 우리나라의 지방재정조정제도에 대한 설명으로 옳은 것은?

① 「지방교부세법」상 지방교부세는 보통교부세, 특별교부세, 부동산교부세 및 소방안전교부세로 구분된다.
② 지방교부세는 중앙정부가 국가 사무를 지방정부에 위임하거나 지방정부가 추진하는 사업 경비의 전부 또는 일부를 보조하거나 지원하기 위한 제도이다.
③ 조정교부금은 전국적 최소한 동일 행정서비스 수준 보장을 위해 중앙정부가 내국세의 일정 비율을 자치단체에 배분하는 것이다.
④ 지방교부세 대비 국고보조금의 비중 증가는 지방재정의 자율성을 강화한다.

12 「책임운영기관의 설치·운영에 관한 법률」의 내용으로 옳지 않은 것은?

① 행정안전부장관은 5년 단위로 책임운영기관의 관리 및 운영 전반에 관한 중기관리계획을 수립한다.
② 중앙책임운영기관의 장의 임기는 2년으로 하되, 한 차례만 연임할 수 있다.
③ 소속책임운영기관에는 소속기관을 둘 수 있다.
④ 중앙책임운영기관의 장은 고위공무원단에 속하는 공무원을 포함한 소속 공무원에 대한 일체의 임용권을 가진다.

13 다음 중 (ㄱ) ~ (ㄹ)에 들어갈 숫자를 바르게 연결한 것은?

> • 정부는 재정운용의 효율화와 건전화를 위하여 매년 해당 회계연도부터 (ㄱ) 회계연도 이상의 기간에 대한 재정운용계획을 수립하여야 한다.
> • 기획재정부장관은 대통령의 승인을 얻은 다음연도의 예산안편성지침을 매년 (ㄴ)월 31일까지 각 중앙관서의 장에게 통보해야 한다.
> • 기획재정부장관은 「국가회계법」에 따라 회계연도마다 국가결산보고서를 작성하여 대통령의 승인을 얻어 다음 연도 4월 (ㄷ)일까지 감사원에 제출하여야 한다.
> • 예산의 편성 및 의결, 집행, 그리고 결산 및 회계검사의 단계가 일정한 주기로 반복되는 것을 예산주기 또는 예산순기라고 하는데, 우리나라의 경우 통상 (ㄹ)년이다.

	(ㄱ)	(ㄴ)	(ㄷ)	(ㄹ)
①	10	3	10	1
②	5	3	10	3
③	5	5	20	1
④	10	5	20	3

14 도표식 평정척도법에 대한 설명으로 가장 옳지 않은 것은?

① 등급의 비교기준을 명확히 할 수 있다.
② 상벌 목적에 이용하는데 효과적이다.
③ 관대화 경향효과를 피하기 어렵다.
④ 평정표 작성과 평정이 용이하다.

15 다음 중 직위분류제에 대한 설명으로 옳은 것을 모두 고르면?

> ㄱ. 과학적 관리운동은 직위분류제의 발달에 많은 자극을 주었다.
> ㄴ. 직무의 종류와 곤란성·책임도가 상당히 유사한 직위의 군은 직렬이다.
> ㄷ. 조직 내에서 수평적 이동이 용이해 유연한 인사행정이 가능하다.
> ㄹ. 사회적 출신 배경에 관계없이 담당 직무의 수행 능력과 지식기술을 중시한다.

① ㄱ, ㄴ
② ㄱ, ㄹ
③ ㄴ, ㄷ
④ ㄷ, ㄹ

16 예산결정이론에 대한 설명으로 옳지 않은 것은?

① 총체주의(synopticism)는 합리적·분석적 의사결정 단계를 거쳐 비용과 효용의 측면에서 프로그램이나 정책대안을 체계적으로 검토하여 예산을 배분하는 것을 말한다.
② 점증주의(incrementalism)는 예산결정이 전년도 대비 소폭의 증감에 그친다고 보고, 이해당사자들의 상호 조절(mutualadjustment)을 중시한다.
③ 다중합리성이론(multiple rationalities budget theory)은 예산과정의 단계별로 경제적·정치적·사회적·법적 기준 등 다양한 측면이 영향을 미친다고 본다.
④ 단절적 균형이론(punctuated equilibrium theory)은 예산의 배분 형태가 항상 일정한 것은 아니라고 보기 때문에 점진적 변동에 따른 안정을 다루지 않는다.

17 개방형 또는 폐쇄형 인사제도에 대한 설명으로 옳은 것은?

① 개방형 인사제도는 외부전문가나 경력자에게 공직을 개방하여 새로운 지식과 기술, 아이디어를 수용해 공직사회의 침체를 막고 행정의 효율성을 높이는 데 유리하다.

② 직업공무원제는 원칙적으로 개방형 충원 및 전문가주의에 입각하고 있다.

③ 개방형 인사제도는 폐쇄형 인사제도에 비해 안정적인 공직사회를 형성함으로써 공무원의 사기를 높이고 장기근무를 장려한다.

④ 폐쇄형 인사제도는 개방형 인사제도에 비해 내부승진과 경력발전을 위한 교육훈련의 기회가 적다.

18 예산 분류별 장·단점에 대한 설명으로 옳지 않은 것은?

① 예산의 기능별 분류는 정부가 무슨 일을 하느냐에 중점을 둔다.

② 예산의 조직별 분류는 예산지출의 목적(대상)을 파악하기 쉽다.

③ 예산의 기능별 분류는 국민이 정부 예산을 이해하기 쉽다.

④ 예산의 품목별 분류는 예산편성이 단순하여 입법통제가 용이하다.

19 정부서비스에 대한 수요와 공급의 왜곡을 가져오는 비시장적 특성(C. Wolf)에 대한 설명으로 옳지 않은 것은?

① 편익과 비용의 절연(decoupling) – 가격에 매개되지 않아 정부활동에서 수입과 비용이 단절되어 비효율이 발생

② 정치적 보상구조의 왜곡 – 정치인들이나 공무원들로 하여금 '한건주의'나 '인기관리'를 부추겨 무책임하고 현실성 없는 정부활동의 확대

③ 내부성 – 관료조직이 사적 목표를 설정

④ 파생적 외부성 – 시장실패를 교정하려는 정부의 개입이 예상하지 못한 결과를 야기하는 현상

20 지방분권화가 확대되는 이유로 옳지 않은 것은?

① 내생적 발전전략에 기반한 도시경쟁력 확보가 중요해지고 있다.

② 중앙집권 체제가 초래하는 낮은 대응성과 구조적 부패 등은 국가 성장의 장애 요인으로 작용하고 있다.

③ 사회적 인프라가 어느 정도 갖춰진 국가에서는 지역 간 평등한 공공서비스의 수요가 증가하고 있다.

④ 신공공관리론에 근거한 정부혁신이 강조되고 있다.

11회 실전동형모의고사
모바일 자동 채점 + 성적 분석 서비스
바로 가기 (gosi.Hackers.com)

QR코드를 이용하여 해커스공무원의 '모바일 자동 채점 + 성적 분석 서비스'로 바로 접속하세요!

* 해커스공무원 사이트의 가입자에 한해 이용 가능합니다.

12회 실전동형모의고사

제한시간: 15분 **시작** 시 분 ~ **종료** 시 분 점수 확인 개/ 20개

01 고용노동부의 인증을 받고 활동하고 있는 사회적 기업에 대한 설명으로 옳은 것은?

① 사회적 기업은 취약계층에 대한 일자리 창출과 사회서비스 수요에 대한 공급확대 정책으로 시작되었다.

② 비영리단체 형태의 조직만이 사회적 기업으로 인증받을 수 있다.

③ 한국의 「사회적 기업 육성법」에 규정된 사회적 기업은 취약계층에게 사회서비스 또는 일자리를 제공하거나 지역사회에 공헌함으로써 지역주민의 삶의 질을 높이는 등의 사회적 목적을 추구하면서 재화 및 서비스의 생산·판매 등 영업활동을 하는 기업으로, 법 제7조에 따라 기획재정부 장관의 인증을 받은 기업을 말한다.

④ 고용노동부는 매년 사회적 기업의 활동실태를 조사하고 고용정책심의회에 통보하여야 한다.

02 민간위탁에 대한 설명으로 옳지 않은 것은?

① 정부기관이 국민의 권리·의무와 직접 관계된 사무 일부를 민간부문에 위탁하는 것이다.

② 민간위탁 방식 중 소비자가 생산자 선택권을 갖는 방식은 바우처이다.

③ 면허 방식에서는 시민이 서비스 제공자에게 비용을 지불한다.

④ 계약 방식에서는 정부가 서비스 제공자에게 비용을 지불한다.

03 프렌치와 레이븐(French & Raven)의 권력유형에 대한 설명으로 옳지 않은 것은?

① 준거적 권력은 조직의 공식적인 권력체계 내에서만 발생한다.

② 보상적 권력은 보상의 제공능력에 기반을 둔 권력으로, 보상의 예로는 봉급, 승진 등이 있다.

③ 합법적 권력은 권한(authority)과 유사한 개념으로, 조직이나 계층상의 위계에 의하여 행사되는 권력이다.

④ 강제적 권력은 다른 사람을 처벌하거나 위해를 가할 수 있는 능력에 기반을 둔다.

04 재정준칙(Fiscal Rule)에 대한 설명으로 가장 옳지 않은 것은?

① 재정준칙의 유형에는 채무준칙, 재정수지준칙, 지출준칙, 수입준칙 등이 있다.

② 재정에 대한 행정부의 재량권을 확대하고 재정규율을 확립하여 재정건전화를 도모할 수 있다.

③ 총량적인 재정지표에 대해 구체적인 목표수치를 포함한 국가의 재정운용 목표를 법제화한 재정운용정책을 의미한다.

④ 미국의 페이고(PAYGO: pay-as-you-go)제도는 의무지출의 증가를 내용으로 하는 신규 입법 시, 이에 상응하는 세입 증가나 다른 의무지출 감소 등과 같은 재원조달방안을 동시에 입법하도록 의무화하는 것이다.

05 평가의 타당성을 저해하는 요인에 대한 설명으로 옳지 않은 것은?

① 역사적 요소(history) - 연구기간 동안에 일어난 사건의 영향으로 측정이 부정확해지는 것을 의미한다.

② 실험조작과 측정의 상호작용(interaction of testing and experiment) - 실험 측정이 피조사자의 실험조작에 대한 감각에 영향을 주어 측정결과를 왜곡하는 현상을 말한다.

③ 실험조작의 반응 효과(reactive arrangement, Hawthorne effect) - 인위적인 실험환경에서 얻은 결과를 일반화하기 어려운 현상을 의미한다.

④ 측정요소(testing) - 실험 직전의 측정 결과를 토대로 집단을 구성할 때 평소와 달리 특별히 좋거나 나쁜 행태 또는 결과 때문에 선발된 사람들이 있을 수 있다. 이런 사람들이 실험이 진행되는 동안 원래의 상태로 돌아가게 되면 측정이 왜곡되는 현상이다.

06 행정문화에 대한 설명 중 옳은 것은?

① 전문주의는 역할의 통합과 융통성을 존중한다.

② 온정주의가 지배하는 사회에서는 감정 - 편견에 기초한 정책결정이 이뤄지는 경향이 있다.

③ 제도와 실제 간 괴리 현상은 사인주의로 설명된다.

④ 연고주의는 외재적으로 설정된 조건에 맹종하는 행동양식의 특징이다.

07 정책델파이(policy delphi)기법에 대한 설명으로 옳지 않은 것은?

① 정책문제의 성격이나 원인, 결과 등에 대해 전문성과 통찰력을 지닌 사람들이 참여한다.

② 개인의 판단을 집약할 때, 불일치와 갈등을 의도적으로 강조하는 수치를 사용한다.

③ 정책대안에 대한 주장들이 표면화된 후에는 참가자들로 하여금 비공개적으로 토론을 벌이게 한다.

④ 대립되는 입장에 내재된 가정과 논증을 표면화시키고 명백하게 하기 위하여 노력한다.

08 로위(Lowi)의 정책유형에 대한 설명으로 옳지 않은 것은?

① 최초의 분류 때 구성정책은 포함되지 않았다.

② 재분배정책(redistributive policy)은 계급대립적 성격을 지니며, 누진세와 사회보장제도가 이에 해당한다.

③ 배분정책(distributive policy)은 한정된 자원을 여러 대상에게 배분하는 것이므로 소위 갈라먹기 다툼(pork barrel)을 특징으로 한다.

④ 로위(Lowi)는 정책유형을 배분정책, 구성정책, 규제정책, 재분배정책으로 구분하였으며, 구분의 기준이 되는 것은 강제력의 행사방법(간접적, 직접적)과 비용의 부담주체(소수에 집중 아니면 다수에 분산)이다.

09 공직윤리 확보를 위한 제도에 대한 설명으로 옳지 않은 것은?

① 국민권익위원회는 고충민원의 조사와 처리 및 이와 관련된 시정권고나 의견표명이 가능하다.

② 취업심사대상자는 퇴직 전 3년 동안 소속하였던 부서의 업무와 밀접한 관련이 있는 기관에 퇴직일로부터 5년간 취업할 수 없다.

③ 재직자는 퇴직공직자로부터 직무와 관련한 청탁 또는 알선을 받은 경우 이를 소속 기관의 장에게 신고하여야 한다.

④ 국민권익위원회는 접수된 부패행위 신고사항을 그 접수일부터 60일 이내에 처리하여야 한다. 단, 신고 내용의 특정에 필요한 사항을 확인하기 위한 보완 등이 필요하다고 인정되는 경우에는 그 기간을 30일 이내에서 연장할 수 있다.

10 조직구조에 대한 설명으로 옳지 않은 것은?

① 단순하고 반복적 직무일수록, 규모가 클수록, 안정된 환경일수록 공식화가 높아진다.

② 조직구조의 구성요소 중 집권화란 조직 내에 존재하는 활동이 분화되어 있는 정도를 말한다.

③ 지나친 전문화(분업)는 구성원을 기계부품화 내지는 비인간화시키고 조정을 어렵게 만든다.

④ 공식화의 정도가 높을수록 조직적응력은 떨어진다.

11 결정모형에 대한 설명으로 옳지 않은 것은?

① 에치오니(Etzioni)의 혼합탐사모형은 세부적 결정단계에서 대안의 범위는 제한적으로(소수의 대안만) 고려하고, 대안의 결과는 한정적으로(중요한 결과만) 검토한다.

② 앨리슨(Allison) Ⅱ 조직과정모형은 정책산출물은 주로 관행과 표준적 절차에 따라 만들어진다.

③ 쓰레기통모형에서는 문제, 해결책, 선택기회, 참여자의 네 가지 요소가 독자적으로 작용하다가 어떠한 계기로 교차해 만나게 될 때 정책결정이 이루어진다고 설명한다.

④ 최적모형(optimal model)은 기존의 계량적 분석뿐만 아니라 직관적 판단에 의한 결정도 중요시한다.

12 지방자치단체조합에 대한 설명으로 옳지 않은 것은?

① 지방자치단체조합의 사무처리 효과는 지방자치단체가 아닌 지방자치단체조합에 귀속된다.

② 지방자치단체조합도 따로 법률로 정하는 바에 따라 지방채를 발행할 수 있다.

③ 관계 자치단체사무의 일부를 공동처리하기 위해 설립되는 일부사무조합과 사무의 전부를 공동 처리하기 위하여 설치되는 전부사무조합으로 구분되는데, 전부사무조합이 일반적이다.

④ 공동처리하는 업무는 고유사무, 단체위임사무, 기관위임사무 모두 상관이 없다.

13 동기부여이론의 양대 이론이라고 할 수 있는 과정이론과 내용이론에 대한 설명으로 가장 옳지 않은 것은?

① 과정이론의 범주로 분류되는 것으로는 합리적 또는 경제적 인간모형, 사회적 인간모형을 들 수 있다.

② 내용이론은 동기부여의 원인이 되는 인간 욕구의 내용에 초점을 둔다.

③ 과정이론은 동기가 부여되는 과정에 초점을 둔다.

④ 내용이론으로 분류되는 것으로는 매슬로우(Maslow)의 욕구계층이론, 맥그리거(Mcgregor)의 X·Y이론을 들 수 있다.

15 「국가공무원법」상 공무원에 대한 설명으로 옳지 않은 것은?

① 일반직공무원은 기술·연구 또는 행정 일반에 대한 업무를 담당하는 공무원이다.

② 특수경력직공무원은 정무직공무원과 별정직공무원이 이에 해당한다.

③ 별정직공무원은 고도의 정책결정 업무를 담당하거나 이러한 업무를 보조하기 위하여 법령에서 별정직으로 지정하는 공무원이다.

④ 특정직공무원은 법관, 검사, 경찰 등이 있다.

14 근무성적평정에 대한 설명으로 옳은 것은?

① 원칙적으로 5급 이상 공무원을 대상으로 하며, 평가대상 공무원과 평가자가 체결한 성과계약에 따른 성과목표 달성도 등을 평가한다.

② 공정한 평가를 위해 평가자와 피평가자의 사전협의가 금지된다.

③ 현행 평가제도는 직급에 따라 차별적 평가체제를 적용하고 있다.

④ 근무성적평가는 연 1회, 성과계약평가는 연 2회 실시가 원칙이다.

16 4차 산업혁명에 대한 설명으로 옳지 않은 것은?

① 초연결성과 초지능성을 토대로 초예측성을 창출한다.

② 대량생산 및 규모의 경제 확산이 핵심이다.

③ 사이버 물리시스템(cyber – physical system) 혁명이라고 할 수 있다.

④ 빅데이터를 활용한 맞춤형 공공서비스 제공이 가능하다.

12회 해커스공무원 명품 행정학 실전동형모의고사 2

17 대부분의 국가에서 사회보험의 강제가입을 원칙으로 하는 것은 무엇 때문인가?

① 무분별한 경쟁
② 안정적이고 적절한 서비스 제공
③ 역선택(adverse selection)
④ 운영의 효율성

18 지방자치와 민주주의의 관계에 대한 설명으로 가장 옳지 않은 것은?

① 지방자치와 민주주의의 관계를 부정적으로 평가한 학자는 랭그로드(G. Langrod), 켈슨(H. Kelsen)이다.
② 관계긴밀설은 국권설에 입각한 대륙계의 단체자치에 근거하고 있다.
③ 지방자치와 민주주의의 관계부정설을 제기하는 학자는 '현대사회는 민주적 지방분권보다 능률적 중앙집권화가 더 중요하다'고 주장한다.
④ 프랑스 학자 토크빌(A. de Toqueville)도 『미국 민주주의론(Democracy in America)』이라는 저서에서 지방자치와 민주주의의 관계를 긍정적으로 평가하였다.

19 자본예산제도에 대한 설명으로 옳은 것은?

① 경제 대공황기에 미국 주정부에서 실시한 것이 그 효시이다.
② 예산이란 경기 순환기를 중심으로 균형이 이루어지면 된다는 논리이다.
③ 경기침체 시 흑자예산을, 경기과열 시 적자예산을 편성하여 경기변동의 조절에 도움을 준다.
④ 투자재원의 조달에 대한 현 세대와 다음 세대 간의 부담을 불공평하게 할 수 있다.

20 지방자치의 정치적·행정적 기능과 가장 거리가 먼 것은?

① 민주정치에 대한 훈련
② 인적·물적 자원의 집중화 방지
③ 행정의 대응성 제고
④ 정책의 지역별 실험 검증

12회 실전동형모의고사
모바일 자동 채점 + 성적 분석 서비스
바로 가기 (gosi.Hackers.com)

QR코드를 이용하여 해커스공무원의 '모바일 자동 채점 + 성적 분석 서비스'로 바로 접속하세요!
* 해커스공무원 사이트의 가입자에 한해 이용 가능합니다.

12회 실전동형모의고사 **67**

13회 실전동형모의고사

제한시간: 15분 시작 시 분 ~ 종료 시 분 점수 확인 개/ 20개

01 다음 중 직위분류제에 대한 설명으로 옳은 것만을 모두 고르면?

> ㄱ. '직급'은 직무의 종류가 유사하고 곤란도 및 책임도가 서로 다른 군을 말한다.
> ㄴ. 계급제와 비교할 때 직위분류제는 계급과 직위를 연계시키지 않아 인사행정의 수직적 융통성이 높다.
> ㄷ. 직위분류제는 계급제에 비해 업무의 전문화로 인하여 상위 직급에서의 업무 통합이 쉽다.
> ㄹ. 직위분류제는 조직 및 직무환경의 변화에 적절한 대응이 어렵다.

① ㄱ, ㄴ
② ㄴ, ㄷ
③ ㄴ, ㄹ
④ ㄷ, ㄹ

02 기존 전자정부 대비 지능형 정부의 특징에 대한 설명으로 가장 옳지 않은 것은?

① 일상틈새 + 생애주기별 비서형서비스를 추구한다.
② 현장 행정에서 복합문제의 해결이 가능하다.
③ 국민주도의 정책결정을 한다.
④ 서비스 전달방식은 온라인 + 모바일 채널이다.

03 제도적 동형화(institutional isomorphism)에 대한 설명으로 옳지 않은 것은?

① 서로 상이한 환경이나 장(organizational field)에 존재하는 조직들의 구조가 서로 닮는 것을 의미한다.
② 작은 정부의 추진 등 신공공관리론(NPM)에 따른 정부개혁 노력은 제도적 동형화의 일환으로 볼 수 있다.
③ 자체 대안을 갖지 못한 불확실한 상태에 처한 조직의 선택 결과로 동형화가 나타날 수 있다.
④ 한국의 방송국 조직과 미국의 방송국 조직의 형태나 제도가 서로 유사한 것은, 방송이라는 전문직업분야의 구성원들이 전문화를 추구하는 과정에서 발생했다고 보는 것이 규범적 동형화이다.

04 신제도주의 행정학에 대한 설명으로 옳지 않은 것은?

① 역사적 신제도주의는 역사적 과정과 경로의존성을 중시한다.
② 역사적 신제도주의에서 개인의 선호는 내생적으로 본다.
③ 사회학적 신제도주의는 사회적 동형화를 중시한다.
④ 사회학적 신제도주의의 접근방법은 방법론적 전체주의와 연역적 접근방법이 사용된다.

05 뉴거버넌스(New Governance)에 대한 설명으로 가장 거리가 먼 것은?

① 정부만이 공공서비스를 독점적으로 생산하고 공급한 다고 보지 않는다.
② 행정의 효율성을 중시하지만 신공공관리론적 정부개 혁에 대해 비판적으로 접근한다.
③ 거버넌스 체제가 적절히 작동하기 위해서는 주도적 집단에 의한 룰(rule)이 정립되어야 한다.
④ 파트너십과 유기적 결합관계를 중시한다.

06 살라몬(Salamon)의 정책수단유형 중 직접수단으로 옳은 것은?

① 사회적 규제
② 계약
③ 조세지출
④ 공기업

07 우리나라의 지방의회의원에 대한 설명으로 옳지 않은 것은?

① 예산의 심의·확정권과 결산의 승인권을 모두 가진다.
② 지방의회의원은 다른 의원의 자격에 대하여 이의가 있으면 재적의원 4분의 1 이상의 연서로 의장에게 자격심사를 청구할 수 있다.
③ 지방의회의원은 재산등록의 의무를 지니고 있지 않다.
④ 지방의회는 그 의결로 소속 의원의 사직을 허가할 수 있다. 다만, 폐회 중에는 의장이 허가할 수 있다.

08 다음에서 설명하고 있는 개념으로 가장 옳은 것은?

행정기관이 제공하는 행정서비스의 기준과 내용, 이를 제공받을 수 있는 절차와 방법, 잘못된 서비스에 대한 시정 및 보상조치 등을 구체적으로 정하여 공표하고 이의 실현을 국민에게 약속하는 것

① 고객만족도
② 행정서비스헌장
③ 민원서비스
④ 행정의 투명성 강화

09 부서 밖에 위치해 조정을 담당하는 사업관리자, 산출물 관리자, 브랜드관리자로 불리는 조정자는?

① 연락책
② 정보시스템 매니저
③ 프로젝트 매니저
④ 임시작업단

10 베버(M. Weber)가 제시한 관료제의 특징으로 가장 옳지 않은 것은?

① 모든 업무를 문서로 처리하는 문서주의는 번문욕례(繁文縟禮)를 초래한다.
② 관료는 법규가 정한 직위의 담당자로서 직위의 목표와 법규에 충성을 바친다.
③ 관료들은 고객과의 일체감을 중시하며, 구체적인 경우의 특별한 사정을 충분히 고려하여 임무를 수행한다.
④ 관료의 채용기준은 전문적·기술적 능력이며, 관료로서의 직업은 잠정적인 것이 아니라 일생 동안 종사하는 항구적인 생애의 직업이다.

11 중앙정부의 예산과 기금에 대한 설명으로 옳지 않은 것은?

① 2006년에 제정된 「국가재정법」은 예산과 기금을 함께 규율하고 있다.
② 특별회계와 기금의 공통점은 특정수입과 특정지출의 연계, 법률에 근거한 설치 등이다.
③ 일반회계와 특별회계, 기금 상호 간에는 전출입(교류)이 허용된다.
④ 기금운용계획(금융성 기금 제외) 중 주요항목 지출금액의 변경범위가 30% 이하인 경우에는 기금운용계획변경안을 국회에 제출하지 않고 변경할 수 있다.

12 조합주의에 대한 설명으로 가장 옳지 않은 것은?

① 우리나라의 경제사회노동위원회(구 노사정위원회)는 조합주의에 따른 정책조정방식이다.
② 정책과정에서 국가의 역할은 소극적이라고 본다.
③ 정부는 사회적 공동선을 달성하기 위해 중요 이익집단과 우호적 협력관계를 유지한다.
④ 국가조합주의는 국가가 민간부문의 집단들에 대하여 강력한 주도권을 행사한다고 보는 모형이다.

13 정책의 유형에 관하여 여러 가지 분류법이 있는데, 각 분류에 대한 설명으로 옳지 않은 것은?

① 분배정책에는 벤처기업 창업지원금 제공 등이 해당한다.

② 재분배정책에는 누진소득세, 임대주택 건설사업, 실업수당 등이 포함된다.

③ 조세, 징병 등은 알몬드와 포웰(Almond & Powell)의 정책유형 분류 중 추출정책에 해당한다.

④ 리플리와 프랭클린(Ripley & Franklin)의 정책유형 중 재분배정책은 안정적 정책집행을 위한 루틴화의 가능성이 높아져 집행을 둘러싼 이데올로기의 논쟁 강도 또한 높다.

14 제3섹터에 대한 설명으로 가장 옳지 않은 것은?

① 결사체 민주주의 입장에서 이상적인 사회란 NGO 등의 자원조직이 많이 생겨서 효과적으로 활동하며 사회적 의미를 부여하는 형태를 의미한다.

② 비정부조직(NGO)은 정부실패와 시장실패를 배경으로 등장하였다.

③ 비정부조직(NGO)은 정부와 시장과는 독립적으로 운영되는 비공식적이고 비제도적인 조직이다.

④ 비정부조직(NGO)은 시민의 자발적·자원적(voluntary) 참여를 통해 구성되기 때문에 자치적(selfgovern) 특성을 지닌다.

15 다음 중 지방의회의 의결이 법령에 위반되거나 공익을 현저히 해친다고 판단될 때, 나타날 수 있는 조치로 옳은 것만을 고르면?

ㄱ. 시·도지사가 재의를 요구하면 시·군·구 지방자치단체의 장은 의결사항을 이송 받은 날부터 20일 이내에 지방의회에 이유를 붙여 재의를 요구하여야 한다.

ㄴ. 지방자치단체장의 재의 요구에 대하여 재의의 결과 재적의원 과반수의 출석과 출석의원 3분의 2 이상의 찬성으로 전과 같은 의결을 하면 그 의결사항은 확정된다.

ㄷ. 지방자치단체의 장은 재의결된 사항이 법령에 위반된다고 판단되면, 재의결된 날부터 20일 이내에 대법원에 소를 제기할 수 있다.

ㄹ. 재의결된 사항이 법령에 위반된다고 판단됨에도 불구하고 해당 지방자치단체의 장이 소(訴)를 제기하지 아니하면 주무부장관이나 시·도지사는 직접 제소할 수 있다.

① ㄱ

② ㄱ, ㄴ

③ ㄱ, ㄴ, ㄷ

④ ㄱ, ㄴ, ㄷ, ㄹ

16 적극적 인사행정에 대한 설명으로 가장 옳지 않은 것은?

① 공직의 사회적 평가를 향상시켜 유능한 인재를 적극적으로 모집한다.

② 인사권의 분권화로 부처인사기관의 자율성을 향상시킨다.

③ 고위직에 정치적 임명을 허용한다.

④ 공무원단체 활동을 금지한다.

17 다음 중 <보기>의 설명과 근무성적평정 방법을 옳게 연결한 것은?

<보기>

ㄱ. 평정자의 직관과 선험을 바탕으로 하여 평정하기 때문에 작성이 빠르고 쉬우며 경제적이라는 강점이 있으나, 연쇄효과가 나타나기 쉽다.
ㄴ. 협의를 통해 목표를 정하는 등 평정자와 피평정자의 참여를 바탕으로 평정하기 때문에 비용과 시간이 많이 들 수 있다.
ㄷ. 평정자가 평정서에 나열된 평정 요소에 대한 설명이나 질문 중 피평정자에게 해당하는 사실 표지 항목을 골라 표시하게 하는 방법이다.

	ㄱ	ㄴ	ㄷ
①	목표관리제 평정법	주기적 검사법	체크리스트법
②	도표식 평정척도법	행태기준평정척도법	산출기록법
③	행태관찰척도법	목표관리제 평정법	산출기록법
④	도표식 평정척도법	목표관리제 평정법	체크리스트법

18 지방자치에 관한 이론에 대한 설명으로 옳은 것은?

① 피터슨(Peterson)의 저서 『도시한계(City Limits)』에 따르면, 개방체제로서의 지방정부는 개발정책보다 재분배정책을 추구하는 경향이 있다.
② 라이트(Wright)는 정부 간 관계를 경쟁형, 분리형, 교환형으로 분류하고, 연방정부와 주정부 간 사회적·문화적 측면의 동태적 관계를 기술하였다.
③ 로즈(Rhodes)의 정부 간 관계론은 지방정부가 조직자원과 정보자원 측면에서 중앙정부보다 우월한 지위에 있다고 본다.
④ 티부(Tiebout)의 발에 의한 투표(voting with feet)가 가능하기 위해서는 주민의 자유로운 이동성, 공공서비스 제공에서 외부효과 존재 등의 전제조건이 충족되어야 한다.

19 브룸(Vroom)의 기대이론에 대한 설명으로 옳지 않은 것은?

① 동기부여의 과정이론(process theory) 중 하나이다.
② 기대감(expectancy)은 개인의 노력(effort)이 공정한 보상(reward)으로 이어질 것이라는 주관적 믿음을 의미한다.
③ 어떤 특정한 수준의 성과를 달성하면 바람직한 보상이 주어지리라는 주관적 믿음의 정도를 수단성(Instrumentality)이라고 한다.
④ 어느 개인이 원하는 특정한 보상에 대한 선호의 강도를 유의성(Valence)이라고 한다.

20 우리나라의 주민소송제도에 대한 설명으로 가장 옳지 않은 것은?

① 소송수계제도를 도입하고 있다.
② 주민감사청구를 전심절차로 하고 있다.
③ 위법한 지방자치단체의 모든 사무행위는 주민소송의 대상이다.
④ 동일한 사항에 대해 주민소송이 진행되고 있을 때에는 소송을 제기할 수 없다.

13회 실전동형모의고사
모바일 자동 채점+성적 분석 서비스
바로 가기 (gosi.Hackers.com)

QR코드를 이용하여 해커스공무원의 '모바일 자동 채점+성적 분석 서비스'로 바로 접속하세요!
* 해커스공무원 사이트의 가입자에 한해 이용 가능합니다.

최종점검
기출모의고사

잠깐! 최종점검 기출모의고사 전 확인사항

최종점검 기출모의고사도 실전처럼 문제를 푸는 연습이 필요합니다.

✔ 휴대전화는 전원을 꺼주세요.
✔ 연필과 지우개를 준비하세요.
✔ 제한시간 15분 내 최대한 많은 문제를 정확하게 풀어보세요.

매 회 최종점검 기출모의고사 전, 위 사항을 점검하고 시험에 임하세요.

최종점검 기출모의고사

실제 기출문제를 실전동형모의고사 형태에 맞추어
학습함으로써, 최신 출제경향을 파악하고
문제풀이 능력을 극대화시킬 수 있습니다.

승리는 가장 끈기 있는 자에게 돌아간다.

– 나폴레옹 보나파르트

공개경쟁채용 필기시험 대비
해커스공무원 최종점검 기출모의고사

응시번호	
성명	

문제회차
01회

【시 험 과 목】

과목명	소요시간	문항수	점 수
행정학	15분	20문항	100점

『Ⅲ』해커스공무원

행정학

문 1. 애플비(Appleby)가 주장한 정치행정일원론의 내용에 해당하는 것은?

① 행정은 효율성을 추구하는 관리를 핵심으로 한다.
② 행정은 민의를 중시해야 하며 정책결정과 집행의 혼합작용이다.
③ 시간과 동작연구를 통한 직무의 전문화는 행정조직의 생산성을 극대화할 수 있다.
④ 고위 관료가 능률적으로 관리해야 할 행정원리는 기획, 조직, 인사, 지휘, 조정, 보고, 예산 등이 있다.

문 2. 테일러(Taylor)의 과학적 관리론에 대한 설명으로 옳지 않은 것은?

① 관리자는 생산증진을 통해서 노·사 모두를 이롭게 해야 한다.
② 조직 내의 인간은 사회적 욕구에 의해 동기가 유발된다고 전제한다.
③ 업무와 인력의 적정한 결합은 노동자가 아닌 관리자에 의해 결정되어야 한다.
④ 업무수행에 관한 유일 최선의 방법을 찾기 위해 동작연구와 시간연구를 사용한다.

문 3. 사회학적 신제도주의에 대한 설명으로 옳지 않은 것은?

① 개인의 행위는 고립된 상태에서 선택되는 것이 아니라 사회관계에 의하여 영향을 받는다는 의미에서 '배태성(embeddedness)'이라는 개념을 사용한다.
② 조직들이 시장의 압력 속에서 생존하기 위해 경쟁력 있는 조직형태나 조직관리기법을 합리적으로 선택하는 것은 규범적 동형화(normative isomorphism)의 예이다.
③ 정부의 규제정책에 따라 기업들이 오염방지장치를 도입하거나 장애인 고용을 확대하는 것은 강압적 동형화(coercive isomorphism)의 예이다.
④ 정부의 제도개혁에 선진국의 제도를 도입하여 적용하는 것은 모방적 동형화(mimetic isomorphism)의 예이다.

문 4. 피터스(B. Guy Peters)의 정부개혁모형 중 참여정부모형과 가장 관련이 없는 것은?

① 문제의 진단 기준은 계층제이다.
② 구조의 개혁 방안은 평면조직이다.
③ 관리의 개혁 방안은 가변적 인사관리이다.
④ 정책결정의 개혁 방안은 협의·협상이다.

문 5. 로위(Lowi)의 정책유형과 그에 대한 설명으로 옳은 것만을 모두 고르면?

> ㄱ. 규제정책은 특정 개인이나 집단에 대한 선택의 자유를 제한하는 유형의 정책으로 강제력이 특징이다.
> ㄴ. 분배정책의 사례에는 FTA협정에 따른 농민피해 지원, 중소기업을 위한 정책자금지원, 사회보장 및 의료보장정책 등이 있다.
> ㄷ. 재분배정책은 고소득층으로부터 저소득층으로 소득이전을 목적으로 하기 때문에 계급대립적 성격을 지닌다.
> ㄹ. 재분배정책의 사례로는 저소득층을 위한 근로장려금제도, 영세민을 위한 임대주택 건설, 대덕 연구개발특구 지원 등이 있다.
> ㅁ. 구성정책은 정부기관의 신설과 선거구 조정 등과 같이 정부기구의 구성 및 조정과 관련된 정책이다.

① ㄱ, ㄴ, ㄷ
② ㄱ, ㄷ, ㅁ
③ ㄴ, ㄹ, ㅁ
④ ㄷ, ㄹ, ㅁ

문 6. 정책집행의 하향식 접근(top - down approach)에 대한 설명으로 옳은 것만을 모두 고르면?

> ㄱ. 집행이 일어나는 현장에 초점을 맞춘다.
> ㄴ. 일선공무원의 전문지식과 문제해결능력을 중시한다.
> ㄷ. 하위직보다는 고위직이 주도한다.
> ㄹ. 정책결정자는 정책집행에 영향을 미치는 정치적 · 조직적 · 기술적 과정을 충분히 통제할 수 있다.

① ㄱ, ㄴ
② ㄱ, ㄷ
③ ㄴ, ㄹ
④ ㄷ, ㄹ

문 7. 정책평가와 관련하여 실험결과의 외적 타당성을 저해하는 요인으로 옳지 않은 것은?

① 연구자의 측정기준이나 측정도구가 변화되는 경우
② 표본으로 선택된 집단의 대표성이 약할 경우
③ 실험집단 구성원 자신이 실험대상임을 인지하고 평소와 다른 특별한 반응을 보일 경우
④ 실험의 효과가 크게 나타날 것으로 예상되는 집단만을 의도적으로 실험집단에 배정하는 경우

문 8. 넛지(nudge)의 특성으로 옳은 것만을 모두 고르면?

> ㄱ. 넛지 방식으로 정책을 설계하는 것을 선택설계라고 한다.
> ㄴ. 정책대상집단의 행동에 개입하지만 개인의 자유로운 선택을 허용한다.
> ㄷ. 넛지는 디폴트 옵션 설정 방식처럼 사람들의 인지적 편향을 전략적으로 활용하는 정책수단이다.

① ㄱ, ㄴ
② ㄱ, ㄷ
③ ㄴ, ㄷ
④ ㄱ, ㄴ, ㄷ

문 9. 현대의 행정조직에 관한 설명으로 가장 적절하지 않은 것은?

① 행정에는 신속 정확한 결정과 조치가 필요하므로 행정조직은 원칙적으로 단독제를 취하고 있다.

② 합의제의 채택은 행정조직의 기본원리인 단독제와는 모순되지만 행정의 민주화의 요청이 양자를 공존시키고 있다.

③ 행정조직은 사회적·경제적 조건의 변동과는 직접적인 관계가 없다.

④ 행정조직은 행정수요의 변동에 적응하는 탄력성을 가져야 한다.

문 10. 조직개혁에 있어서 임파워먼트(empowerment)에 대한 설명으로 가장 적절하지 않은 것은?

① 갈등을 줄이기 위해 일단 변화의 장애가 되는 요소는 그대로 두지만 구성원들이 변화의 비전과 전략을 직접 행동으로 옮길 수 있도록 힘을 실어주고 실행에 옮기는 것이다.

② 구성원들이 새로운 아이디어를 내고 그것을 실험하는 등 새로운 태도와 행동을 받아들일 수 있는 여건을 만드는 것이 중요하다.

③ 통제중심의 관료제구조, 연공서열 중심의 평가 및 보상 시스템 등을 바꾸는 작업이 필요하다.

④ 변화관리에 관한 기법들이 구성원들에게 체계적으로 전달되어 추진팀이 해체되더라도 자율적이고 지속적인 변화가 가능하도록 만들어야 한다.

문 11. 관료제 조직의 폐단을 극복하기 위한 대안에 대한 설명으로 가장 적절하지 않은 것은?

① 업무의 명확한 구분에서 야기되는 문제점은 기계적 구조(mechanistic structure)로 처방한다.

② 집권화의 문제점은 참여관리와 조직민주주의로 처방한다.

③ 공식화의 문제점은 태스크 포스(taskforce) 구조로 처방한다.

④ 계층제 조직의 문제점을 극복하기 위해서는 위원회 조직을 고려한다.

문 12. 엽관주의와 실적주의에 대한 설명으로 옳은 것은?

① 엽관주의는 개인의 능력, 적성, 기술을 공직 임용 기준으로 한다.

② 엽관주의는 정치지도자의 국정지도력을 약화한다.

③ 실적주의는 국민에 대한 관료의 대응성을 높인다.

④ 실적주의는 공직임용에 대한 기회의 균등을 보장한다.

문 13. 현행 법령상 공무원의 보수 및 연금제도에 대한 설명으로 옳지 않은 것은?

① 호봉 간 승급에 필요한 기간은 1년이며, 직종별 구분 없이 하나의 봉급표가 적용된다.

② 고위공무원단에 속하는 공무원에 대해서는 대통령경호처 직원 중 별정직공무원을 제외하고 직무성과급적 연봉제를 적용한다.

③ 「공무원연금법」상 퇴직급여에는 퇴직연금, 퇴직연금일시금, 퇴직연금공제일시금, 퇴직일시금이 있다.

④ 군인과 선거에 의하여 취임하는 공무원은 「공무원연금법」상의 공무원에서 제외된다.

문 14. 행정부에 대한 외부통제에 해당하는 것만을 모두 고르면?

> ㄱ. 행정안전부의 각 중앙행정기관 조직과 정원 통제
> ㄴ. 국회의 국정조사
> ㄷ. 기획재정부의 각 부처 예산안 검토 및 조정
> ㄹ. 국민들의 조세부과 처분에 대한 취소소송
> ㅁ. 국무총리의 중앙행정기관에 대한 기관평가
> ㅂ. 환경운동연합의 정부정책에 대한 반대
> ㅅ. 중앙행정기관장의 당해 기관에 대한 자체평가
> ㅇ. 언론의 공무원 부패 보도

① ㄱ, ㄷ, ㅁ, ㅅ
② ㄴ, ㄷ, ㄹ, ㅁ
③ ㄴ, ㄹ, ㅁ, ㅇ
④ ㄴ, ㄹ, ㅂ, ㅇ

문 15. 중앙정부의 지출 성격상 의무지출에 해당하는 것만을 모두 고르면?

> ㄱ. 지방교부세
> ㄴ. 유엔 평화유지활동(PKO) 예산 분담금
> ㄷ. 정부부처 운영비
> ㄹ. 지방교육재정교부금
> ㅁ. 국채에 대한 이자지출

① ㄱ, ㄴ, ㅁ
② ㄴ, ㄷ, ㄹ
③ ㄱ, ㄴ, ㄹ, ㅁ
④ ㄱ, ㄷ, ㄹ, ㅁ

문 16. 특별회계예산과 기금에 대한 설명으로 옳지 않은 것은?

① 기금은 특정 수입과 지출의 연계가 강하다.

② 특별회계예산은 세입과 세출이라는 운영 체계를 지닌다.

③ 특별회계예산은 합목적성 차원에서 기금보다 자율성과 탄력성이 강하다.

④ 특별회계예산과 기금은 모두 결산서를 국회에 제출하여야 한다.

문 17. 예산이론에 대한 설명 중 가장 옳지 않은 것은?

① 계획예산제도는 점증모형에 의한 예산결정이다.

② 총체주의는 자원배분의 최적화를 통한 사회후생의 극대화를 추구한다.

③ 합리모형은 예산을 탄력적으로 활용하여 경기변동에 대응하는 재정정책적 기능을 수행한다.

④ 점증주의는 정치적 협상과 타협 등 정치적 합리성을 중시한다.

문 18. 「전자정부법」상 전자정부 추진에 대한 설명으로 옳지 않은 것은?

① 「고등교육법」상 사립대학은 적용받지 않는다.

② 행정기관 등의 장은 해당기관의 전자정부의 구현·운영 및 발전을 위한 기본계획을 5년마다 수립하여야 한다.

③ 전자정부의 날이 지정되었다.

④ 필요한 경우 둘 이상의 지방자치단체가 공동으로 지역정보통합센터를 설립·운영할 수 있다.

문 19. 지방재정 지표 중 총세입(總歲入)에서 자율적으로 사용가능한 재원의 비율을 나타내는 것은?

① 재정자립도

② 재정탄력도

③ 재정자주도

④ 재정력지수

문 20. 지방분권의 장점으로 가장 옳지 않은 것은?

① 행정의 민주화 진작

② 지역 간 격차 완화

③ 행정의 대응성 강화

④ 지방공무원의 사기진작

정답·해설_해설집 p.68

01회 최종점검 기출모의고사
모바일 자동 채점 + 성적 분석 서비스
바로 가기 (gosi.Hackers.com)

QR코드를 이용하여 해커스공무원의 '모바일 자동 채점 + 성적 분석 서비스'로 바로 접속하세요!

* 해커스공무원 사이트의 가입자에 한해 이용 가능합니다.

공개경쟁채용 필기시험 대비
해커스공무원 최종점검 기출모의고사

응시번호	
성명	

문제회차
02회

【시 험 과 목】

과목명	소요시간	문항수	점 수
행정학	15분	20문항	100점

응시자 주의사항

1. **시험 시작 전**에 시험문제를 열람하는 행위나 시험종료 후 답안을 작성하는 행위를 한 사람은 부정행위자로 처리됩니다.

2. 시험 시작 즉시 **문제 누락 여부, 인쇄상태 이상유무 및 표지와 과목의 일치 여부** 등을 확인한 후 문제책 표지에 응시번호, 성명을 기재합니다.

3. 문제는 **총 20문항**으로 구성되어 있으니, 문제지와 답안지를 확인하시기 바랍니다.
   - 답안지는 '**해커스공무원 실전동형모의고사 답안지**'를 사용합니다.

4. 시험이 시작되면 문제를 주의 깊게 읽은 후, **문항의 취지에 가장 적합한 하나의 정답만**을 고르시기 바랍니다.

5. 답안을 잘못 표기하였을 경우에는 답안지를 교체하여 작성하거나 **수정테이프만을 사용**하여 수정할 수 있으며(수정액 또는 수정스티커 등은 사용 불가), 부착된 수정테이프가 떨어지지 않게 손으로 눌러주어야 합니다.
   - 불량 수정테이프의 사용과 불완전한 수정 처리로 인해 발생하는 **모든 문제는 응시자에게 책임**이 있습니다.

6. **시험시간 관리의 책임**은 전적으로 응시자 본인에게 있습니다.

해커스공무원 최종점검 기출모의고사 정답 공개 및 안내

1. 해커스공무원 최종점검 기출모의고사의 문제들은 **국가직, 지방직, 군무원 기출문제**에서 중요한 문제들로만 선별하여 수록하였습니다.

2. 각 문제별 **기출연도 및 시행처, 정답 및 해설은 해설집에 수록**되어 있으니, 참고하시기 바랍니다.

해커스공무원

행정학

문 1. 작은 정부를 적극적으로 옹호하는 것은?

① 행정권 우월화를 인정하는 정치행정일원론
② 경제공황 극복을 위한 뉴딜정책
③ 사회복지 프로그램의 확대
④ 신공공관리론

문 2. 조직이론에 대한 설명으로 옳은 것은?

① 인간관계론은 동기유발 기제로 사회심리적 측면을 강조한다.
② 귤릭(Gulick)은 시간 - 동작 연구를 통해 과학적 관리론을 주장하였다.
③ 고전적 조직이론은 조직 내 사회적 능률을 강조하고, 조직 속의 인간을 자아실현인으로 간주한다.
④ 상황이론(contingency theory)은 모든 상황에서 적용되는 유일·최선의 조직구조를 찾는다.

문 3. 니스카넨(Niskanen)의 예산극대화이론과 던리비(Dunleavy)의 관청형성이론에 대한 설명으로 옳지 않은 것은?

① 니스카넨(Niskanen)에 따르면 최적의 서비스 공급 수준은 한계편익(marginal benefit)과 한계비용(marginal cost)이 일치하는 수준에서 결정된다.
② 두 이론 모두 관료를 자신의 이익과 효용을 추구하는 인간으로 가정한다.
③ 던리비(Dunleavy)에 따르면 관청형성의 전략 중 하나는 내부 조직 개편을 통해 정책결정 기능과 수준을 강화하되 일상적이고 번잡스러운 업무는 분리하고 이전하는 것이다.
④ 니스카넨(Niskanen)에 따르면 예산극대화 행동은 예산유형과 직위의 관계, 기관유형, 시대적 상황 등의 측면에서 다양하게 나타날 수 있다.

문 4. 행정가치에 대한 설명으로 옳지 않은 것은?

① 공익 과정설에 따르면 사익을 초월한 별도의 공익이란 존재할 수 없다.
② 롤스(Rawls)는 사회정의의 제1원리와 제2원리가 충돌할 경우 제1원리가 우선이라고 주장한다.
③ 파레토 최적 상태는 형평성 가치를 뒷받침하는 기준이다.
④ 근대 이후 합리성은 목표를 달성하는 수단과 관련된 개념이다.

문 5. 다음 설명을 특징으로 하는 정책분석기법의 기본 원칙이 아닌 것은?

> 그리스 현인들이 미래를 예견하던 아폴로 신전이 위치한 도시의 이름을 따서 붙여졌다. 1948년 미국 랜드(RAND) 연구소의 연구진에 의해 개발되어 공공부문이나 민간부문의 예측 활동에서 활용된다.

① 조건부확률과 교차영향행렬의 적용
② 익명성 보장과 반복
③ 통제된 환류와 응답의 통계처리
④ 전문가 합의

문 6. 호그우드(Hogwood)와 피터스(Peters)가 제시한 정책변동의 유형에 대한 설명으로 옳지 않은 것은?

① 정책혁신은 기존의 조직이나 예산을 기반으로 새로운 형태의 개입을 결정하는 것이다.
② 정책승계는 정책의 기본 목표는 유지하되, 정책을 대체 혹은 수정하거나 일부 종결하는 것이다.
③ 정책유지는 기존 정책의 기본 골격을 유지하면서 정책수단의 부분적인 변화만 이루어지는 것이다.
④ 정책종결은 다른 정책으로의 대체 없이 기존 정책을 완전히 중단하는 것이다.

문 7. 정책을 평가하기 위한 양적 평가방법에 대한 설명으로 가장 옳지 않은 것은?

① 계량적 기법을 응용하여 수치화된 지표를 통해 정책의 결과를 측정한다.
② 정량평가라고도 하며 실험적 방법과 비실험적 방법 등이 해당한다.
③ 정책대안과 정책산출 및 영향 간에 어떠한 인과관계가 있는지를 분석한다.
④ 대부분 데이터 수집을 심층면담 및 참여관찰 등의 방법에 의존한다.

문 8. 정책참여자의 권력관계모형에 대한 설명으로 옳지 않은 것은?

① 국가조합주의는 국가가 민간부문의 집단들에 대하여 강력한 주도권을 행사한다고 보는 모형이다.
② 다원주의는 주로 개발도상국가에서 경제개발과정에서의 이익집단에 대한 통제를 설명하기 위한 이론으로 활용되었다.
③ 사회조합주의는 사회경제체제의 변화에 순응하려는 이익집단의 자발적 시도로부터 생성되었다.
④ 다원주의는 이익집단 간의 영향력 차이를 인정하지만 전반적으로 균형이 유지되고 있다는 입장을 지닌다.

문 9. 대리인이론에서 합리적 선택을 제약하는 요인에 대한 설명으로 가장 적절하지 않은 것은?

① 인간의 인지적 한계와 정보부족 등 상황적 제약 때문에 합리성은 제약되며 따라서 불확실성을 통제하기 어렵다.

② 대리인이 자기 자질이나 업무수행에 관한 정보를 위임자보다 더 많이 가지고 있다는 정보불균형 때문에 위임자는 대리인의 재량에 의존할 수밖에 없다.

③ 이기적인 대리인이 노력을 최소화하고 이익을 극대화하려는 기회주의적 행동을 하는 경우 위임자의 불리한 선택이 발생할 수 있다.

④ 조직이 투자한 자산이 유동적이어서 자산특정성이 낮으면, 조직 내의 여러 관계나 외부공급자들과의 관계가 고착되어 대리인 관계가 비효율적이더라도 이를 바꾸기 어렵다.

문 10. 서번트(Servant) 리더십에 대한 설명으로 옳은 것만을 모두 고르면?

ㄱ. 구성원들이 공동의 목표를 이뤄 나갈 수 있도록 환경을 조성하고 도와준다.
ㄴ. 보상과 처벌을 핵심 관리수단으로 한다.
ㄷ. 그린리프(Greenleaf)는 존중, 봉사, 정의, 정직, 공동체윤리를 강조했다.
ㄹ. 리더의 최우선적인 역할은 업무를 명확하게 지시하는 것이다.

① ㄱ, ㄷ
② ㄱ, ㄹ
③ ㄴ, ㄷ
④ ㄴ, ㄹ

문 11. 총체적 품질관리(Total Quality Management)에 대한 설명으로 옳은 것만을 모두 고르면?

ㄱ. 고객의 요구를 존중한다.
ㄴ. 무결점을 향한 지속적 개선을 중시한다.
ㄷ. 집권화된 기획과 사후적 통제를 강조한다.
ㄹ. 문제해결의 주된 방법은 집단적 노력에서 개인적 노력으로 옮아간다.

① ㄱ, ㄴ
② ㄱ, ㄷ
③ ㄴ, ㄹ
④ ㄷ, ㄹ

문 12. 「공직자윤리법」상 재산등록의무자로 옳지 않은 것은?

① 법관 및 검사
② 소령 이상의 장교 및 이에 상당하는 군무원
③ 총경 이상의 경찰공무원과 소방정 이상의 소방공무원
④ 4급 이상의 일반직공무원에 상당하는 보수를 받는 별정직공무원

문 13. 고위공무원단제도에 대한 설명으로 옳지 않은 것은?

① 역량 중심의 인사관리

② 계급 중심의 인사관리

③ 성과와 책임 중심의 인사관리

④ 개방과 경쟁 중심의 인사관리

문 14. 부패의 원인에 관한 도덕적 접근방법의 입장과 가장 가까운 것은?

① 부패는 관료 개인의 윤리의식과 자질로 인하여 발생한다.

② 부패는 관료 개인의 속성, 제도, 사회문화적 환경 등의 여러 요인이 복합적으로 상호작용한 결과이다.

③ 부패는 현실과 괴리된 법령의 이중적인 규제 기준과 모호한 법규정, 적절한 통제장치의 미비 등에 의해 발생한다.

④ 부패는 공식적 법규나 규범보다는 관습과 같은 사회문화적 환경에 의해 유발된다.

문 15. 세계잉여금에 대한 설명으로 옳은 것만을 모두 고르면?

> ㄱ. 일반회계, 특별회계가 포함되고 기금은 제외된다.
>
> ㄴ. 적자 국채 발행 규모와 부(-)의 관계이며, 국가의 재정건전성을 파악하는데 효과적이다.
>
> ㄷ. 결산의 결과 발생한 세계잉여금은 전액 추가경정예산에 편성하여야 한다.

① ㄱ

② ㄷ

③ ㄱ, ㄴ

④ ㄴ, ㄷ

문 16. 성인지예산제도에 대한 설명으로 옳은 것은?

① 2010회계연도 성인지예산서가 처음으로 국회에 제출되었다.

② 성인지예산제도의 목적은 여성성을 지원하는 것이다.

③ 1984년 독일에서 처음 도입되었다.

④ 우리나라 성인지예산제도는 예산사업만을 대상으로 하고 기금사업을 제외한다.

문 17. 다음 중 성과주의 예산(PBS, Performance Budgeting System)의 장점으로 가장 거리가 먼 것은?

① 프로그램을 이용하여 장기적인 계획과 연차별 예산이 유기적으로 연계된다.

② 사업별 총액배정을 통한 예산집행의 신축성·능률성 제고를 들 수 있다.

③ 투입·산출 간 비교와 평가가 쉬워 환류가 강화된다.

④ 과학적 계산에 의한 효율적인 자원배분으로 예산편성과 집행의 관리가 쉽다.

문 18. 행정책임과 행정통제에 대한 설명으로 옳은 것은?

① 파이너(Finer)는 행정의 적극적 이미지를 전제로 전문가로서의 관료의 기능적 책임을 강조하는 책임론을 제시하였다.

② 프리드리히(Friedrich)는 개인적인 도덕적 의무감에 호소하는 책임보다 외재적·민주적 책임의 중요성을 강조하였다.

③ 행정통제를 내부통제와 외부통제로 구분할 경우, 윤리적 책임의식의 내재화를 통한 통제는 전자에 속한다.

④ 옴부즈만제도를 의회형과 행정부형으로 구분할 경우, 국민권익위원회의 고충민원처리제도는 전자에 속한다.

문 19. 다음 중 아래의 주민감사청구에 대한 「지방자치법」에 들어갈 내용이 모두 맞는 것은?

> 제21조 【주민의 감사청구】 ① 지방자치단체의 (   ) 이상의 주민으로서 다음 각 호의 어느 하나에 해당하는 사람은 시·도는 (   ), 제198조에 따른 인구 50만 이상 대도시는 (   ), 그 밖의 시·군 및 자치구는 (   ) 이내에서 그 지방자치단체의 조례로 정하는 수 이상의 (   ) 이상의 주민이 연대 서명하여 그 지방자치단체와 그 장의 권한에 속하는 사무의 처리가 법령에 위반되거나 공익을 현저히 해친다고 인정되면 시·도의 경우에는 주무부장관에게, 시·군 및 자치구의 경우에는 시·도지사에게 감사를 청구할 수 있다.

① 19세 – 300명 – 200명 – 150명 – 19세

② 18세 – 200명 – 150명 – 100명 – 18세

③ 19세 – 500명 – 300명 – 200명 – 19세

④ 18세 – 300명 – 200명 – 150명 – 18세

문 20. 우리나라 지방자치단체의 권한(자치권)으로 옳지 않은 것은?

① 지방자치단체는 법률의 위임이 있어야 주민의 권리를 제한하는 조례를 제정할 수 있다.

② 지방자치단체는 주민의 복지증진과 사업의 효율적 수행을 위하여 지방공기업을 설치·운영할 수 있다.

③ 지방자치단체는 조례를 위반한 행위에 대하여 조례로써 1,500만 원 이하의 과태료를 정할 수 있다.

④ 지방자치단체조합도 따로 법률로 정하는 바에 따라 지방채를 발행할 수 있다.

정답·해설_해설집 p.72

02회 최종점검 기출모의고사
모바일 자동 채점 + 성적 분석 서비스
바로 가기 (gosi.Hackers.com)

QR코드를 이용하여 해커스공무원의 '모바일 자동 채점 + 성적 분석 서비스'로 바로 접속하세요!

* 해커스공무원 사이트의 가입자에 한해 이용 가능합니다.

공개경쟁채용 필기시험 대비
해커스공무원 최종점검 기출모의고사

응시번호	
성명	

문제회차
03회

【시 험 과 목】

과목명	소요시간	문항수	점 수
행정학	15분	20문항	100점

응시자 주의사항

1. **시험 시작 전**에 시험문제를 열람하는 행위나 시험종료 후 답안을 작성하는 행위를 한 사람은 부정행위자로 처리됩니다.

2. 시험 시작 즉시 **문제 누락 여부, 인쇄상태 이상유무 및 표지와 과목의 일치 여부** 등을 확인한 후 문제책 표지에 응시번호, 성명을 기재합니다.

3. 문제는 **총 20문항**으로 구성되어 있으니, 문제지와 답안지를 확인하시기 바랍니다.
   - 답안지는 **'해커스공무원 실전동형모의고사 답안지'**를 사용합니다.

4. 시험이 시작되면 문제를 주의 깊게 읽은 후, **문항의 취지에 가장 적합한 하나의 정답만**을 고르시기 바랍니다.

5. 답안을 잘못 표기하였을 경우에는 답안지를 교체하여 작성하거나 **수정테이프만을 사용**하여 수정할 수 있으며(수정액 또는 수정스티커 등은 사용 불가), 부착된 수정테이프가 떨어지지 않게 손으로 눌러주어야 합니다.
   - 불량 수정테이프의 사용과 불완전한 수정 처리로 인해 발생하는 **모든 문제는 응시자에게 책임**이 있습니다.

6. **시험시간 관리의 책임**은 전적으로 응시자 본인에게 있습니다.

해커스공무원 최종점검 기출모의고사 정답 공개 및 안내

1. 해커스공무원 최종점검 기출모의고사의 문제들은 **국가직, 지방직, 군무원 기출문제**에서 중요한 문제들로만 선별하여 수록하였습니다.

2. 각 문제별 **기출연도 및 시행처, 정답 및 해설은 해설집에 수록**되어 있으니, 참고하시기 바랍니다.

해커스공무원

행정학

문 1. 공리주의적 관점에서 공익을 설명한 것으로 옳은 것만을 모두 고르면?

> ㄱ. 사회 전체의 효용이 증가하면 공익이 향상된다.
> ㄴ. 목적론적 윤리론을 따르고 있다.
> ㄷ. 효율성(efficiency)보다는 합법성(legitimacy)이 윤리적 행정의 판단기준이다.

① ㄱ
② ㄷ
③ ㄱ, ㄴ
④ ㄴ, ㄷ

문 2. 공공선택론(public choice theory)에 대한 설명으로 가장 옳지 않은 것은?

① 방법론적 집단주의를 지향한다.
② 정치·행정현상을 경제학적 논리를 통해 분석하고자 한다.
③ 개인 선호를 중시하여 공공서비스 관할권을 중첩시킬 수도 있다.
④ 중위투표자이론(median vote theorem)도 공공선택론의 일종이다.

문 3. 1960년대 미국의 '신행정학' 운동과 가장 관련이 없는 것은?

① 적실성
② 고객에 의한 통제
③ 전문직업주의
④ 사회적 형평성

문 4. 블랙스버그 선언(Blacksburg Manifesto)과 행정재정립운동(refounding movement)에 대한 설명으로 옳지 않은 것은?

① 블랙스버그 선언은 행정의 정당성을 침해하는 정치·사회적 상황을 비판했다.
② 행정재정립운동은 직업공무원제를 옹호했다.
③ 행정재정립운동은 정부를 재창조하기보다는 재발견해야 한다고 주장했다.
④ 블랙스버그 선언은 신행정학의 태동을 가져왔다.

문 5. 정책변동에 대한 설명으로 옳지 않은 것은?

① 킹던(Kingdon)의 정책흐름이론에 따르면 정책변동은 정책문제의 흐름, 정치의 흐름, 정책대안의 흐름이 결합하여 이루어진다.

② 무치아로니(Mucciaroni)의 이익집단 위상변동모형에서 이슈맥락은 환경적 요인과 같이 정책의 유지 혹은 변동에 영향을 미치는 정책요인을 말한다.

③ 실질적인 정책내용이 변하더라도 정책목표가 변하지 않는다면 이를 정책 유지라 한다.

④ 정책목표를 달성하기 위한 전반적인 정책수단을 소멸시키고 이를 대처할 다른 정책을 마련하지 않는 것을 정책종결이라 한다.

문 6. 정책평가를 위한 조사설계의 유형 중 진실험설계(true experimental design)에 해당하는 것은?

① 단절적 시계열설계(interrupted time - series design)

② 통제집단 사전사후측정설계(pretest - posttest control group design)

③ 비동질적 통제집단설계(non - equivalent control group design)

④ 단일집단 사전사후측정설계(one group pretest - posttest design)

문 7. 리플리(Ripley)와 프랭클린(Franklin)의 경쟁적 규제정책에 대한 설명으로 옳지 않은 것은?

① 국가가 소유한 희소한 자원에 대해 다수의 경쟁자 중에서 지정된 소수에게만 서비스나 재화를 공급하도록 규제한다.

② 선정된 승리자에게 공급권을 부여하는 대신에 이들에게 규제적인 조치를 하여 공익을 도모할 수 있다.

③ 경쟁적 규제정책의 예로는 주파수 할당, 항공노선 허가 등이 있다.

④ 정책집행 단계에서 규제받는 자들은 규제기관에 강하게 반발하거나 저항하기도 한다.

문 8. 정책결정의 장에 대한 이론 설명으로 가장 옳지 않은 것은?

① 다원주의는 소수의 개인이나 집단이 아니라 다수의 집단이 정책결정의 장을 주도하고 이들이 정치적 조정과 타협을 거쳐 도달한 합의가 정책이 된다고 본다.

② 엘리트주의는 대중에게 영향력을 행사할 수 있는 위치에 있는 소수의 리더들에 의해서 정책결정이 지배된다고 본다.

③ 정책결정에서 정부의 역할을 줄이고 이익집단과의 상호협력을 보다 중시하는 이론이 조합주의이다.

④ 철의 삼각(iron triangle) 논의는 정부관료, 선출직 의원, 그리고 이익집단의 3자가 장기적이고 안정적이며 우호적인 연합을 형성하면서 정책결정을 지배하는 것으로 본다.

문 9. 거래비용이론에 대한 설명으로 옳지 않은 것은?

① 기회주의적 행동을 제어하는 데에는 시장이 계층제보다 효율적인 수단이다.

② 거래비용은 탐색비용, 거래의 이행 및 감시비용 등을 포함한다.

③ 시장의 자발적 교환행위에서 발생하는 거래비용이 계층제의 조정비용보다 크면 내부화하는 것이 효율적이다.

④ 거래비용이론은 조직이 생겨나고 일정한 구조를 가지는 이유를 조직경제학적으로 설명하는 접근방법이다.

문 10. 베버(M. Weber)가 제시한 관료제의 특징과 가장 관련이 없는 것은?

① 관료 간의 관계는 계서제(hierarchy)적 원칙에 따라 규율되며, 하급자는 상급자의 엄격한 감독과 통제하에 임무를 수행한다.

② 모든 직위의 권한과 임무는 문서화된 규칙으로 규정된다.

③ 관료들은 고객과의 일체감을 중시하며, 구체적인 경우의 특별한 사정을 충분히 고려하여 임무를 수행한다.

④ 관료의 채용기준은 전문적·기술적 능력이며, 관료로서의 직업은 잠정적인 것이 아니라 일생 동안 종사하는 항구적인 생애의 직업이다.

문 11. 동기요인이론에 대한 설명으로 옳지 않은 것은?

① 아담스(Adams)의 공정성이론에 따르면 공정하다고 인식할 때 동기가 유발된다.

② 매클리랜드(McClelland)의 성취동기이론에 따르면 개인들의 욕구가 학습을 통해 개발될 수 있다.

③ 브룸(Vroom)의 기대이론에서 기대감은 특정 결과는 특정한 노력으로 인해 나타날 수 있다는 가능성에 대한 개인의 신념으로 통상 주관적 확률로 표시된다.

④ 앨더퍼(Alderfer)의 ERG이론에 따르면 상위욕구 충족이 좌절되면 하위욕구를 충족시키고자 할 수 있다.

문 12. 공직분류 체계에 대한 설명으로 옳은 것은?

① 소방공무원은 특수경력직공무원에 해당한다.

② 국회 수석전문위원은 일반직공무원에 해당한다.

③ 차관에서 3급 공무원까지는 특정직공무원에 해당한다.

④ 경력직공무원은 실적과 자격에 의해 임용되고 신분이 보장된다.

문 13. 근무성적평정 과정상의 오류와 완화방법에 대한 설명으로 옳지 않은 것은?

① 일관적 오류는 평정자의 기준이 다른 사람보다 높거나 낮은 데서 비롯되며 강제배분법을 완화방법으로 고려할 수 있다.

② 근접효과는 전체 기간의 실적을 같은 비중으로 평가하지 못할 때 발생하며 중요사건기록법을 완화방법으로 고려할 수 있다.

③ 관대화 경향은 비공식집단적 유대 때문에 발생하며 평정결과의 공개를 완화방법으로 고려할 수 있다.

④ 연쇄효과는 도표식 평정척도법에서 자주 발생하며 피평가자별이 아닌 평정요소별 평정을 완화방법으로 고려할 수 있다.

문 14. 직업공무원제의 단점을 보완하는 것으로 옳지 않은 것은?

① 개방형 인사제도
② 계약제 임용제도
③ 계급정년제의 도입
④ 정치적 중립의 강화

문 15. 준예산에 대한 설명으로 옳지 않은 것은?

① 예산안이 회계연도 개시일까지 국회에서 의결되지 못한 경우에 활용된다.

② 국회의 의결을 필요로 한다.

③ 법률상 지출 의무를 이행하기 위한 경우에 집행할 수 있다.

④ 이미 예산으로 승인된 사업의 계속을 위해 집행할 수 있다.

문 16. 품목별예산제도(line‑item budget system)에 대한 설명으로 옳지 않은 것은?

① 미국에서 공무원의 부정부패를 막고 행정의 능률을 향상시키기 위해 도입되었다.

② 정부 활동에 대한 총체적인 사업계획과 우선순위 결정에 유리하다.

③ 예산 집행의 책임성을 확보할 수 있는 통제지향 예산제도이다.

④ 특정 사업의 지출 성과에 대해서는 파악하기 어렵다.

문 17. 참여적(민주적) 관리와 가장 관련이 없는 것은?

① ZBB(영기준예산)

② MBO(목표에 의한 관리)

③ 브레인스토밍(brainstorming)

④ PPBS(계획예산)

문 18. 4차 산업혁명에 관한 설명으로 옳지 않은 것은?

① 초연결성, 초지능성 등의 특징이 있다.

② 대량 생산 및 규모의 경제 확산이 핵심이다.

③ 사물인터넷은 스마트 도시 구현에 도움이 된다.

④ 빅데이터를 활용한 맞춤형 공공서비스 제공이 가능하다.

문 19. 지방재정의 세입항목 중 자주재원에 해당하는 것은?

① 지방교부세

② 재산임대수입

③ 조정교부금

④ 국고보조금

문 20. 지방자치단체의 기관구성 형태에 대한 설명으로 옳지 않은 것은?

① 기관통합형은 행정에 주민들의 의사를 보다 정확하게 반영할 수 있다는 장점이 있다.

② 기관통합형은 지방의회에서 의결기능과 집행기능을 모두 수행하는 형태로, 영국의 의회형이 대표적이다.

③ 기관대립형 중 약시장 - 의회형은 시장의 고위직 지방공무원 인사에 대해서 의회의 동의를 요하는 반면, 시장은 지방의회 의결에 대한 거부권을 가진다.

④ 기관대립형은 견제와 균형을 통해 권력남용을 방지하는 장점이 있지만, 의결기관과 집행기관 간의 대립 및 마찰 가능성이 있다는 단점이 있다.

정답·해설_해설집 p.76

**03회 최종점검 기출모의고사
모바일 자동 채점+성적 분석 서비스
바로 가기 (gosi.Hackers.com)**

QR코드를 이용하여 해커스공무원의 '모바일 자동 채점 + 성적 분석 서비스'로 바로 접속하세요!

* 해커스공무원 사이트의 가입자에 한해 이용 가능합니다.

해커스공무원 실전동형모의고사 답안지

컴퓨터용 흑색사인펜만 사용

회차

[필적감정용 기재] *아래 예시문을 옮겨 적으시오
본인은 OOO(응시자성명)임을 확인함
기 재 란

성명	
자필성명	본인 성명 기재
응시직렬	
응시지역	
시 장소	

응 시 번 호

	⓪	⓪	⓪	⓪	⓪	⓪	⓪
	①	①	①	①	①	①	①
	②	②	②	②	②	②	②
	③	③	③	③	③	③	③
	④	④	④	④	④	④	④
	⑤	⑤	⑤	⑤	⑤	⑤	⑤
⑥	⑥	⑥	⑥	⑥	⑥	⑥	⑥
⑦	⑦	⑦	⑦	⑦	⑦	⑦	⑦
	⑧	⑧	⑧	⑧	⑧	⑧	⑧
	⑨	⑨	⑨	⑨	⑨	⑨	⑨

생 년 월 일

⓪	⓪	⓪	⓪	⓪	⓪
	①	①	①	①	①
	②		②	②	②
	③		③	③	③
	④		④	④	④
	⑤		⑤	⑤	⑤
⑥	⑥		⑥	⑥	⑥
⑦	⑦		⑦	⑦	⑦
⑧	⑧		⑧	⑧	⑧
⑨	⑨		⑨	⑨	⑨

※ 시험감독관 서명 (서명을 정자로 기재할 것)
적색 볼펜만 사용

문번	제1과목	문번	제2과목	문번	제3과목	문번	제4과목	문번	제5과목
1	① ② ③ ④	1	① ② ③ ④	1	① ② ③ ④	1	① ② ③ ④	1	① ② ③ ④
2	① ② ③ ④	2	① ② ③ ④	2	① ② ③ ④	2	① ② ③ ④	2	① ② ③ ④
3	① ② ③ ④	3	① ② ③ ④	3	① ② ③ ④	3	① ② ③ ④	3	① ② ③ ④
4	① ② ③ ④	4	① ② ③ ④	4	① ② ③ ④	4	① ② ③ ④	4	① ② ③ ④
5	① ② ③ ④	5	① ② ③ ④	5	① ② ③ ④	5	① ② ③ ④	5	① ② ③ ④
6	① ② ③ ④	6	① ② ③ ④	6	① ② ③ ④	6	① ② ③ ④	6	① ② ③ ④
7	① ② ③ ④	7	① ② ③ ④	7	① ② ③ ④	7	① ② ③ ④	7	① ② ③ ④
8	① ② ③ ④	8	① ② ③ ④	8	① ② ③ ④	8	① ② ③ ④	8	① ② ③ ④
9	① ② ③ ④	9	① ② ③ ④	9	① ② ③ ④	9	① ② ③ ④	9	① ② ③ ④
10	① ② ③ ④	10	① ② ③ ④	10	① ② ③ ④	10	① ② ③ ④	10	① ② ③ ④
11	① ② ③ ④	11	① ② ③ ④	11	① ② ③ ④	11	① ② ③ ④	11	① ② ③ ④
12	① ② ③ ④	12	① ② ③ ④	12	① ② ③ ④	12	① ② ③ ④	12	① ② ③ ④
13	① ② ③ ④	13	① ② ③ ④	13	① ② ③ ④	13	① ② ③ ④	13	① ② ③ ④
14	① ② ③ ④	14	① ② ③ ④	14	① ② ③ ④	14	① ② ③ ④	14	① ② ③ ④
15	① ② ③ ④	15	① ② ③ ④	15	① ② ③ ④	15	① ② ③ ④	15	① ② ③ ④
16	① ② ③ ④	16	① ② ③ ④	16	① ② ③ ④	16	① ② ③ ④	16	① ② ③ ④
17	① ② ③ ④	17	① ② ③ ④	17	① ② ③ ④	17	① ② ③ ④	17	① ② ③ ④
18	① ② ③ ④	18	① ② ③ ④	18	① ② ③ ④	18	① ② ③ ④	18	① ② ③ ④
19	① ② ③ ④	19	① ② ③ ④	19	① ② ③ ④	19	① ② ③ ④	19	① ② ③ ④
20	① ② ③ ④	20	① ② ③ ④	20	① ② ③ ④	20	① ② ③ ④	20	① ② ③ ④

해커스공무원 실전동형모의고사 답안지

컴퓨터용 흑색사인펜만 사용

성명	
자필성명	본인 성명 기재
응시직렬	
응시지역	
시 장소	

[필적감정용 기재]
*아래 예시문을 옮겨 적으시오
본인은 OOO(응시자성명)임을 확인함

기재 란

회차	

※ 시험감독관 서명
(성명을 정자로 기재할 것)

감독관 확인

생년월일

응시번호

제1과목

문번				
1 2 3 4 5				
6 7 8 9 10				
11 12 13 14 15				
16 17 18 19 20				

제2과목

문번				
1 2 3 4 5				
6 7 8 9 10				
11 12 13 14 15				
16 17 18 19 20				

제3과목

문번				
1 2 3 4 5				
6 7 8 9 10				
11 12 13 14 15				
16 17 18 19 20				

제4과목

문번				
1 2 3 4 5				
6 7 8 9 10				
11 12 13 14 15				
16 17 18 19 20				

제5과목

문번				
1 2 3 4 5				
6 7 8 9 10				
11 12 13 14 15				
16 17 18 19 20				

해커스공무원 실전동형모의고사 답안지

컴퓨터용 흑색사인펜만 사용

회차	

[필적감정용 기재]
*아래 예시문을 옮겨 적으시오

본인은 OOO(응시자성명)임을 확인함

기재란

성명	
자필성명	본인 성명 기재
응시직렬	
응시지역	
시 장소	

응시번호

생년월일

※ 시험감독관 서명
(성명을 정자로 기재할 것)

감독위원 확인용

제1과목

문번	①	②	③	④
1				
2				
3				
4				
5				
6				
7				
8				
9				
10				
11				
12				
13				
14				
15				
16				
17				
18				
19				
20				

제2과목

문번	①	②	③	④
1				
2				
3				
4				
5				
6				
7				
8				
9				
10				
11				
12				
13				
14				
15				
16				
17				
18				
19				
20				

제3과목

문번	①	②	③	④
1				
2				
3				
4				
5				
6				
7				
8				
9				
10				
11				
12				
13				
14				
15				
16				
17				
18				
19				
20				

제4과목

문번	①	②	③	④
1				
2				
3				
4				
5				
6				
7				
8				
9				
10				
11				
12				
13				
14				
15				
16				
17				
18				
19				
20				

제5과목

문번	①	②	③	④
1				
2				
3				
4				
5				
6				
7				
8				
9				
10				
11				
12				
13				
14				
15				
16				
17				
18				
19				
20				

해커스공무원 실전동형모의고사 답안지

컴퓨터용 흑색사인펜만 사용

성명	
자필성명	본인 성명 기재
응시직렬	
응시지역	
시 장소	

[필적감정용 기재]
*아래 예시문을 옮겨 적으시오
본인은 OOO(응시자성명)임을 확인함

기 재 란

회차	

※ 시험감독관 서명
(서명 정자로 기재할 것)

책임감독관 확인

생년월일

응시번호

제1과목 / 제2과목 / 제3과목 / 제4과목 / 제5과목

문번 1 2 3 4 5 6 7 8 9 10 11 12 13 14 15 16 17 18 19 20

해커스공무원 실전동형모의고사 답안지

컴퓨터용 흑색사인펜만 사용

회차	

[필적감정용 기재]
*아래 예시문을 옳겨 적으시오
본인은 OOO(응시자성명)임을 확인함

기 재 란

성명	
자필성명	본인 성명 기재
응시직렬	
응시지역	
시 장소	

응시번호

생년월일

※ 시험감독관 서명
(성명을 정자로 기재할 것)

적색 볼펜만 사용

문번	제1과목
1	① ② ③ ④
2	① ② ③ ④
3	① ② ③ ④
4	① ② ③ ④
5	① ② ③ ④
6	① ② ③ ④
7	① ② ③ ④
8	① ② ③ ④
9	① ② ③ ④
10	① ② ③ ④
11	① ② ③ ④
12	① ② ③ ④
13	① ② ③ ④
14	① ② ③ ④
15	① ② ③ ④
16	① ② ③ ④
17	① ② ③ ④
18	① ② ③ ④
19	① ② ③ ④
20	① ② ③ ④

문번	제2과목
1	① ② ③ ④
2	① ② ③ ④
3	① ② ③ ④
4	① ② ③ ④
5	① ② ③ ④
6	① ② ③ ④
7	① ② ③ ④
8	① ② ③ ④
9	① ② ③ ④
10	① ② ③ ④
11	① ② ③ ④
12	① ② ③ ④
13	① ② ③ ④
14	① ② ③ ④
15	① ② ③ ④
16	① ② ③ ④
17	① ② ③ ④
18	① ② ③ ④
19	① ② ③ ④
20	① ② ③ ④

문번	제3과목
1	① ② ③ ④
2	① ② ③ ④
3	① ② ③ ④
4	① ② ③ ④
5	① ② ③ ④
6	① ② ③ ④
7	① ② ③ ④
8	① ② ③ ④
9	① ② ③ ④
10	① ② ③ ④
11	① ② ③ ④
12	① ② ③ ④
13	① ② ③ ④
14	① ② ③ ④
15	① ② ③ ④
16	① ② ③ ④
17	① ② ③ ④
18	① ② ③ ④
19	① ② ③ ④
20	① ② ③ ④

문번	제4과목
1	① ② ③ ④
2	① ② ③ ④
3	① ② ③ ④
4	① ② ③ ④
5	① ② ③ ④
6	① ② ③ ④
7	① ② ③ ④
8	① ② ③ ④
9	① ② ③ ④
10	① ② ③ ④
11	① ② ③ ④
12	① ② ③ ④
13	① ② ③ ④
14	① ② ③ ④
15	① ② ③ ④
16	① ② ③ ④
17	① ② ③ ④
18	① ② ③ ④
19	① ② ③ ④
20	① ② ③ ④

문번	제5과목
1	① ② ③ ④
2	① ② ③ ④
3	① ② ③ ④
4	① ② ③ ④
5	① ② ③ ④
6	① ② ③ ④
7	① ② ③ ④
8	① ② ③ ④
9	① ② ③ ④
10	① ② ③ ④
11	① ② ③ ④
12	① ② ③ ④
13	① ② ③ ④
14	① ② ③ ④
15	① ② ③ ④
16	① ② ③ ④
17	① ② ③ ④
18	① ② ③ ④
19	① ② ③ ④
20	① ② ③ ④

송상호

약력

현 │ 해커스공무원·군무원 행정학 강의
전 │ 제일고시학원 행정학 강의
전 │ KG패스원 행정학 강의
전 │ 아모르 이그잼 행정학 강의

저서

해커스공무원 명품 행정학 기본서
해커스공무원 명품 행정학 단원별 기출문제집
해커스공무원 명품 행정학 실전동형모의고사 1
해커스공무원 명품 행정학 실전동형모의고사 2
해커스군무원 명품 행정학 18개년 기출문제집
해커스군무원 명품 행정학 실전동형모의고사

2024 최신개정판

해커스공무원
명품 행정학

실전동형모의고사 **2**

개정 3판 1쇄 발행 2024년 3월 25일

지은이	송상호 편저
펴낸곳	해커스패스
펴낸이	해커스공무원 출판팀

주소	서울특별시 강남구 강남대로 428 해커스공무원
고객센터	1588-4055
교재 관련 문의	gosi@hackerspass.com
	해커스공무원 사이트(gosi.Hackers.com) 교재 Q&A 게시판
	카카오톡 플러스 친구 [해커스공무원 노량진캠퍼스]
학원 강의 및 동영상강의	gosi.Hackers.com

ISBN	979-11-6999-935-9 (13350)
Serial Number	03-01-01

공무원 교육 1위,
해커스공무원 **gosi.Hackers.com**

해커스공무원

· 해커스 스타강사의 **공무원 행정학 무료 특강**
· **해커스공무원 학원 및 인강**(교재 내 인강 할인쿠폰 수록)
· 정확한 성적 분석으로 약점 극복이 가능한 **합격예측 온라인 모의고사**(교재 내 응시권 및 해설강의 수강권 수록)
· '회독'의 방법과 공부 습관을 제시하는 **해커스 회독증강 콘텐츠**(교재 내 할인쿠폰 수록)
· 내 점수와 석차를 확인하는 **모바일 자동 채점 및 성적 분석 서비스**

2024 최신개정판

해커스공무원
명품 행정학 실전동형모의고사 **2**

약점 보완 해설집

ⅲ 해커스공무원

해커스공무원

명품 행정학 실전동형모의고사 **2**

약점 보완 해설집

해커스공무원

송상호

약력

현 | 해커스공무원 행정학 강의
전 | 제일고시학원 행정학 강의
전 | KG패스원 행정학 강의
전 | 아모르 이그잼 행정학 강의

저서

해커스공무원 명품 행정학 기본서
해커스공무원 명품 행정학 단원별 기출문제집
해커스공무원 명품 행정학 실전동형모의고사 1
해커스공무원 명품 행정학 실전동형모의고사 2
해커스군무원 명품 행정학 18개년 기출문제집
해커스군무원 명품 행정학 실전동형모의고사

:목차

실전동형 모의고사

정답

p. 8

01	①	PART 1	06	③	PART 2	11	③	PART 5	16	②	PART 3
02	③	PART 4	07	②	PART 2	12	④	PART 4	17	①	PART 5
03	①	PART 1	08	②	PART 4	13	①	PART 2	18	②	PART 3
04	①	PART 1	09	①	PART 3	14	②	PART 4	19	④	PART 7
05	②	PART 2	10	①	PART 7	15	①	PART 4	20	④	PART 7

취약 단원 분석표

단원	맞힌 답의 개수
PART 1	/ 3
PART 2	/ 4
PART 3	/ 3
PART 4	/ 5
PART 5	/ 2
PART 6	/ 0
PART 7	/ 3
TOTAL	/ 20

PART 1 행정학 총설 / PART 2 정책학 / PART 3 행정조직론 / PART 4 인사행정론 / PART 5 재무행정론 / PART 6 지식정보화 사회와 환류론 / PART 7 지방행정론

---

01 공익 정답 ①

공익 과정설에서는 실체설이 주장하는 절대적 가치나 도덕적 선 등은 구체적인 정책결정의 기준이 될 수 없는 상징적 수사로 본다.

(선지분석)

② 공익 과정설은 공무원이 중립적 조정자 역할을 수행해야 한다는 입장이다.
③ 플라톤(Plato), 루소(Rousseau) 등은 공익 실체설의 대표적인 학자이다.
④ 공공재의 존재와 공유지 비극의 문제는 시장의 자율적인 힘으로는 공익을 기대할 수 없으며 정부의 개입이나 역할이 필요하다는 실체설의 근거가 될 수 있다.

---

02 공무원 평정제도 정답 ③

행태에 관한 구체적인 사건을 기준으로 평정하며, 사건의 빈도수를 표시하는 척도를 이용하는 방법은 행태관찰척도법이다.

📋 **행태관찰척도법(행태기준척도법 + 도표식 평정척도법)**

행태기준척도법과 마찬가지로 구체적인 행태의 사례를 기준으로 평정하나, 행태기준척도법의 단점인 바람직한 행동과 바람직하지 않은 행동과의 상호배타성을 극복하기 위해 도표식 평정척도법과 같이 행태별 척도를 제시한 점이 다름

(선지분석)

① 다면평가제도는 여러 사람이 평정에 참여하여 소수인의 주관과 편견, 개인 편차를 줄임으로써 평정의 객관성과 공정성을 높인다.
② 도표식 평정법은 평정의 결과가 점수로 환산되기 때문에 평정 대상자에 대한 상대적 비교를 확실히 할 수 있어, 상벌 결정의 목적으로 사용하는 데 효과적이다.
④ 우리나라는 근무성적평정결과나 승진탈락은 소청을 제기할 수 없다.

---

03 시장실패 정답 ①

공공재의 존재는 정부규제가 아니라 공적 공급으로 대응하는 것이 타당하다.

📋 **시장실패와 정부의 대응방식(이종수 외 공저, 새행정학)**

구분	공적 공급 (조직)	공적 유도 (보조금)	정부규제 (권위)
공공재의 존재	○		
외부효과의 발생		○	○
자연독점	○		○
불완전 경쟁			○
정보의 비대칭성		○	○

---

04 넛지이론 정답 ①

전통적 시장실패에서는 외부효과, 즉 제3자에게 긍정적, 부정적 파급효과를 창출하는 것이 시장실패의 핵심요인으로 보지만 행동경제학에서는 휴리스틱과 행동편향에 따른 영향이 개인의 의사결정과 선택에 영향을 미쳐 자신의 후생 손실을 초래하는 내부효과가 행동적 시장실패의 핵심요소이다.

(선지분석)

② 넛지이론은 정부 역할의 근거와 한계를 행동적 시장실패와 정부실패로 본다.
③ 정부는 선택설계자로서의 역할을 수행해야 하고, 이를 위해 전통적인 정책 수단인 법률과 규제, 경제적 유인 수단 등과 구별되는 새로운 정책수단인 넛지를 활용해야 한다.
④ 넛지는 행동경제학이 발견한 인간의 행동 메커니즘을 정책에 응용한 것이다. 넛지방식으로 정책을 설계하는 것을 선택설계라고 한다. 바람직한 결과를 위한 선택설계가 필요하다고 주장한다.

신공공관리론과 넛지이론 비교

구분	신공공관리론	넛지이론
이론의 학문적 토대	신고전학파 경제학, 공공선택론	행동경제학
합리성	완전한 합리성, 경제학 합리성	제한된 합리성, 생태적 합리성
정부 역할의 이념적 기초	신자유주의, 시장주의	자유주의적 개입주의 (넛지를 통한 정책은 강제적이지 않고 정책대상자에게 선택의 자유를 보장함)
정부 역할의 근거와 한계	시장실패와 제도실패, 정부실패	행동적 시장실패와 정부실패
공무원상	정치적 기업가	선택설계자
정부 정책의 목표	고객주의, 개인의 이익 증진	행동 변화를 통한 삶의 질 제고
정책 수단	경제적 인센티브	넛지
정부개혁 모델	기업가적 정부	넛지정부

---

05 정책의제 형성　　　　정답 ②

엘리트주의와 다원주의의 유형을 구분하는 문제이다. 엘리트이론의 유형으로는 과두제의 철칙, 밀스(Mills)의 지위접근법, 헌터(F. Hunter)의 명성접근법, 무의사결정론 등이 있다.
다원론은 정치과정의 핵심은 이익집단 활동이며, 이익집단의 자유로운 이익투사활동을 통하여 정책문제가 채택된다는 이론이다. 다원주의의 유형에는 이익집단론(초기의 다원론), 달(R. Dahl)의 다원적 권력론 등이 있으며, ②는 다원론에 해당한다.

（선지분석）
①, ③, ④ 엘리트주의 유형에 속한다.

---

06 불확실성하의 대안선택　　　　정답 ③

악조건가중분석에 해당한다.

악조건가중분석과 분기점분석

악조건가중분석	최선의 정책대안에서는 최악의 상태가, 나머지 대안에서는 최선의 상태가 발생한다고 가정한 경우, 여전히 최초의 우수한 대안이 가장 우수하다면 이를 채택하는 방법
분기점분석	악조건가중분석의 결과 대안의 우선순위가 달라질 경우, 대안들이 동등한 결과를 가져오기 위해서는 어떤 가정이 필요한지를 밝히는 분석

（선지분석）
① 지문은 민감도분석의 예이다. 민감도분석은 파라미터 값들의 변화에 따라 최적해가 어떻게 영향을 받는지를 계량적으로 분석하는 것을 말한다.

② 불확실한 상황에서의 최악의 상태를 전제하여 결과를 예측하고 최선의 대안을 선택하는 방법은 보수적 결정이다.
④ 외생변수인 정책상황의 변화 및 발생확률에 얼마나 민감한지를 파악하는 방법은 상황분석이다.

---

07 점증주의 의사결정이론　　　　정답 ②

ㄱ. 점증모형은 인간의 지적 능력의 한계와 정책결정 수단의 기술적 제약을 인정하고 정책결정 과정에 있어서의 대안의 선택이 종래의 정책이나 결정의 점진적·순차적 수정 내지 약간의 향상으로 이루어진다.
ㄴ. 점증주의는 상황이 복잡한 경우에는 소폭적인 변화에 의한 정책결정을 통해 불확실성을 극복할 수 있다는 논리를 제공하고 있다.
ㄹ. 점증주의는 현재 시행 중 또는 시행한 적이 있는 과거의 정책에 약간의 가감을 하여 정책을 결정하므로, 과거의 정책 혹은 다른 정부의 정책대안도 점증주의 정책대안의 주요한 원천들이다.

（선지분석）
ㄷ. 점증주의 의사결정은 보수적 성격으로, 쇄신이 강력히 요구되거나 과감한 정책 전환이 요구되고, 경제·사회발전이 시급한 발전도상국에는 적절하지 않다.

---

08 대표관료제　　　　정답 ②

대표관료제는 현실적으로는 실적주의의 한계에 대한 비판으로부터 출발하고 있다. 실적주의는 행정의 능률향상을 위한 형식적 기회균등을 통하여 엽관주의의 병폐 극복에 주력했으나, 실질적인 대표성·형평성 등의 민주적 가치 구현에 미흡하여 관료의 대표성 제고 문제가 대두된 것이다.

（선지분석）
① 관료제 내부에서 출신집단별 관료 상호 간 견제를 통해 내부통제를 강화한다.
③ 소수집단과 소외집단에게 혜택을 부여하여 기회균등을 적극적으로 보장하고, 사회적 형평성의 제고라는 민주적 이념을 실현한다.
④ 대표관료제이론은 소극적(피동적) 대표가 적극적(능동적) 대표로 연결되는 것을 가정하고, 정부 관료들이 그 출신집단의 가치와 이익을 정책과정에 반영시킬 것이라고 주장하고 있다.

---

09 행정 각부 장관과 소속 행정기관　　　　정답 ①

정부의 행정 각부 장관과 그 소속 행정기관 연결이 옳은 것은 ㄱ, ㄴ이다.

（선지분석）
ㄷ. 지역교육청은 교육부의 감독을 받지만, 소속은 교육부가 아닌 시도 산하이다.
ㄹ. 통계청은 기획재정부장관소속이다.

10 「지방자치법」상 주민참여 　　　정답 ①

주민은 제29조에 따른 규칙(권리·의무와 직접 관련되는 사항으로 한정한다)의 제정, 개정 또는 폐지와 관련된 의견을 해당 지방자치단체의 장에게 제출할 수 있다.

> **「지방자치법」제20조 【규칙의 제정과 개정·폐지 의견 제출】** ① 주민은 제29조에 따른 규칙(권리·의무와 직접 관련되는 사항으로 한정한다)의 제정, 개정 또는 폐지와 관련된 의견을 해당 지방자치단체의 장에게 제출할 수 있다.
> ② 법령이나 조례를 위반하거나 법령이나 조례에서 위임한 범위를 벗어나는 사항은 제1항에 따른 의견 제출 대상에서 제외한다.
> ③ 지방자치단체의 장은 제1항에 따라 제출된 의견에 대하여 의견이 제출된 날부터 30일 이내에 검토 결과를 그 의견을 제출한 주민에게 통보하여야 한다.
> ④ 제1항에 따른 의견 제출, 제3항에 따른 의견의 검토와 결과 통보의 방법 및 절차는 해당 지방자치단체의 조례로 정한다.

(선지분석)
④ 「지방자치법」 제17조에 규정되어 있다.

> **「지방자치법」제17조 【주민의 권리】** ① 주민은 법령으로 정하는 바에 따라 주민생활에 영향을 미치는 지방자치단체의 정책의 결정 및 집행 과정에 참여할 권리를 가진다.
> ② 주민은 법령으로 정하는 바에 따라 소속 지방자치단체의 재산과 공공시설을 이용할 권리와 그 지방자치단체로부터 균등하게 행정의 혜택을 받을 권리를 가진다.
> ③ 주민은 법령으로 정하는 바에 따라 그 지방자치단체에서 실시하는 지방의회의원과 지방자치단체의 장의 선거에 참여할 권리를 가진다.

11 예산·결산제도 　　　정답 ③

감사원은 국가의 세입과 세출의 결산을 매년 검사하여 대통령과 차년도 국회에 그 결과를 보고해야 할 의무가 있다. 이때의 결산검사는 국가의 세입·세출의 결산을 확인하는 합법성과 정확성 위주의 검사이다.

(선지분석)
① 세계잉여금은 결산에 대한 대통령의 승인 시점부터 사용할 수 있다.
② 정부가 제출한 결산서도 상임위원회의 심사를 거친 후 예결산특별위원회의 종합심사를 거쳐 본회의에 보고한다.
④ 결산은 위법 또는 부당한 지출이 지적되어도 그것을 무효로 하거나 취소하는 법적 효력이 없다.

12 공무원직장협의회 설립 　　　정답 ④

「공무원직장협의회의 설립·운영에 관한 법률」 제3조에 따라 소방공무원과 경찰공무원은 직장협의회에 가입할 수 있다.

(선지분석)
① 「공무원직장협의회의 설립·운영에 관한 법률 시행령」 제2조상 4급 이상 공무원 기관장이 있는 기관에 설치하는 것이 원칙이다.

② 「공무원직장협의회의 설립·운영에 관한 법률」 제3조에 따르면 일반직 공무원은 가입할 수 있다.

> **「공무원직장협의회의 설립·운영에 관한 법률」제3조 【가입 범위】**
> ① 협의회에 가입할 수 있는 공무원의 범위는 다음 각 호와 같다.
> 1. 일반직공무원
> 2. 특정직공무원 중 다음 각 목의 어느 하나에 해당하는 공무원
>   가. 외무영사직렬·외교정보기술직렬 외무공무원
>   나. 경찰공무원
>   다. 소방공무원
> 5. 별정직공무원

③ 「공무원직장협의회의 설립·운영에 관한 법률」 제2조에 따르면 공무원 직장협의회는 기관단위로 설립하되, 하나의 기관에 하나의 협의회만 설치가 가능하다.

13 정책유형 　　　정답 ①

직접규제가 아니라 간접규제에 해당한다. 간접규제의 예로는 ㉠ 공해배출권제도, ㉡ 행정지도와 행정계획, ㉢ 각종 재정적 유인책(예 보조금이나 금융지원, 부담금의 부과, 세제의 감면이나 중과세 등), ㉣ 시장의 선택에 의한 방식(예 가공식품의 성분 표시 등) 등이 있다.

(선지분석)
② 누진세는 사회보장정책과 더불어 대표적인 재분배정책이다.
③ 보호적 규제정책은 개인이나 집단의 권리행사나 행동의 자유를 구속·통제하여 일반대중을 보호하려는 정책[예 식품 및 의약품의 허가, 근로기준 설정, 최저임금제, 독과점 규제 및 공정거래법, 특정요금을 싸게 받는 공공요금 정책(교차보조의 성격을 지니는 보호적 규제) 등]이다.
④ 경쟁적 규제정책은 다수의 경쟁자 중에서 특정한 개인이나 단체에게 일정한 재화나 서비스·권리 등을 공급할 수 있도록 하면서 공익을 위해 서비스 제공의 일정한 측면을 규제하는 정책(예 고속버스노선 허가, 방송국 설립인가, 이동통신사업자 선정, 의사면허 등)이다.

14 우리나라 공무원 보수제도 　　　정답 ②

②는 보수가 아니라 봉급의 개념에 해당한다.

> **「공무원보수규정」제4조 【정의】** "봉급"이란 직무의 곤란성과 책임의 정도에 따라 직책별로 지급되는 기본급여 또는 직무의 곤란성과 책임의 정도 및 재직기간 등에 따라 계급(직무등급이나 직위를 포함)별, 호봉별로 지급되는 기본급여를 말한다.

(선지분석)
① 「공무원보수규정」 제3조에 규정되어 있다.

> **「공무원보수규정」제3조 【보수자료 조사】** ① 인사혁신처장은 보수를 합리적으로 책정하기 위하여 민간의 임금, 표준생계비 및 물가의 변동 등에 대한 조사를 한다.

③ 「공무원보수규정」 제13조에 따르면 호봉 간의 승급에 필요한 기간은 1년으로 한다.

④ 고위공무원의 기본연봉은 개인의 경력 및 누적성과를 반영하여 책정되는 기준급과 직무의 곤란성 및 책임의 정도를 반영하여 직무등급에 따라 책정되는 직무급으로 구성된다.

---

15   **내부고발자 보호제도**   정답 ①

공직자는 부패행위를 알게 된 때에는 국민권익위원회나 감사원, 수사기관 등에 신고하여야 한다. '신고할 수 있다'가 아니라 '신고하여야 한다'가 옳다.

（선지분석）

② 「부패방지 및 국민권익위원회의 설치와 운영에 관한 법률」 제58조·제58조의2에 규정되어 있다.

> **「부패방지 및 국민권익위원회의 설치와 운영에 관한 법률」 제58조**
> 【신고의 방법】 신고를 하려는 자는 본인의 인적사항과 신고취지 및 이유를 기재한 기명의 문서로써 하여야 하며, 신고대상과 부패행위의 증거 등을 함께 제시하여야 한다.
> **제58조의2【비실명 대리신고】** ① 제58조에도 불구하고 신고자는 자신의 인적사항을 밝히지 아니하고 변호사를 선임하여 신고를 대리하게 할 수 있다. 이 경우 제58조에 따른 신고자의 인적사항 및 기명의 문서는 변호사의 인적사항 및 변호사 이름의 문서로 갈음한다.
> ② 제1항에 따른 신고는 위원회에 하여야 하며, 신고자 또는 신고자를 대리하는 변호사는 그 취지를 밝히고 신고자의 인적사항, 신고자임을 입증할 수 있는 자료 및 위임장을 위원회에 함께 제출하여야 한다.
> ③ 위원회는 제2항에 따라 제출된 자료를 봉인하여 보관하여야 하며, 신고자 본인의 동의 없이 이를 열람하여서는 아니 된다.

③ 신고자는 신고를 한 이유로 자신과 친족 또는 동거인의 신변에 불안이 있는 경우에는 위원회에 신변보호조치를 요구할 수 있다. 이 경우 위원회는 필요하다고 인정한 때에는 경찰청장, 관할 지방경찰청장, 관할 경찰서장에게 신변보호조치를 요구할 수 있다.

④ 신고 등과 관련하여 신고자의 범죄가 발견된 경우, 그 신고자에 대하여 형을 감경 또는 면제할 수 있다.

---

16   **조직문화**   정답 ②

조직문화란 조직구성원이 공유하는 가치관·신념·행동방식과 조직의 규범·전통·이념·관습·기술 등 조직과 구성원의 행태에 영향을 미치는 요인을 의미한다. 따라서 조직문화는 조직구성원들이 개인의 자기이익보다 조직이익에 헌신하도록 한다.

（선지분석）

① 조직문화는 인간의 사고와 행동을 결정하는 주요 요인이다.

③ 조직문화는 구성원을 통합하여 응집력과 동질감·일체감을 높여줌으로써 사회적·규범적 접착제로서의 역할을 한다.

④ 조직문화는 쉽게 변동되지 않는 변동저항성·안정성을 지닌다.

---

17   **예산제도**   정답 ①

문제에 제시된 내용은 자본예산에 대한 설명이다.

（선지분석）

② 잠정예산은 회계연도 개시 전까지 예산이 국회에서 의결되지 않은 경우, 잠정적으로 예산을 편성하여 의회에 제출하고 의회의 사전의결을 얻어 사용하도록 한 예산제도이다.

③ 조세지출예산(tax expenditure budget)은 조세감면의 구체적 내역을 예산구조를 통해 밝히는 것을 말한다.

④ 지출통제예산은 중앙예산기관이 예산의 총액만 정해주면 각 부처는 그 범위 내에서 구체적 항목에 대한 지출을 재량적으로 집행하는 예산제도를 의미하는 것으로, 지출항목을 없애고 지출을 총액으로만 통제하는 제도라고 할 수 있다.

---

18   **동기이론**   정답 ②

앨더퍼(Alderfer)는 상위욕구가 만족되지 않거나 좌절될 때 하위욕구를 더욱 충족시키고자 한다는 좌절 – 퇴행 접근법을 주장했다.

（선지분석）

① 매슬로우(Maslow)는 개인차를 고려하지 않고 획일적으로 욕구 단계를 설정하였다.

③ 허즈버그(Herzberg)의 이론은 보수 등은 불만요인이고 성취감 등은 동기요인이기 때문에 상대적으로 하위욕구를 추구하는 계층에는 적용하기 어렵다.

④ 기대이론은 만족이 직무성취를 가져오는 것으로 보았으나, 업적·만족이론은 직무성취의 수준이 직무만족의 원인이 된다고 보았다는 데 있다.

---

19   **지방재정수입**   정답 ④

(가) ㄱ에 들어갈 용어는 공공시설의 이용대가인 사용료에 해당한다.

(나) ㄴ에 들어갈 용어는 공공시설의 설치로 특별히 이익을 본 주민들에게 징수하는 분담금에 해당한다.

(다) ㄷ에 들어갈 용어는 수수료에 해당한다.

---

20   **「주민투표법」상 전자투표 및 전자개표**   정답 ④

전자투표 전자개표의 절차방법에 관하여 필요한 사항은 중앙선거관리위원회규칙으로 정한다.

「주민투표법」제18조의2【전자적 방법에 의한 투표·개표】① 제18조에도 불구하고 지방자치단체의 장은 다음 각 호의 어느 하나에 해당하는 경우에는 중앙선거관리위원회규칙으로 정하는 정보시스템을 사용하는 방법에 따른 투표(이하 이 조에서 "전자투표"라 한다) 및 개표(이하 이 조에서 "전자개표"라 한다)를 실시할 수 있다.

1. 청구인대표자가 요구하는 경우
2. 지방의회가 요구하는 경우
3. 지방자치단체의 장이 필요하다고 판단하는 경우

② 지방자치단체의 장은 제1항에 따른 전자투표·전자개표의 실시 여부 및 그 절차와 방법 등의 결정에 관하여 심의회의 심의 및 관할 선거관리위원회와의 협의를 거쳐야 한다.

④ 관할선거관리위원회는 제1항 및 제2항에 따라 전자투표를 실시하는 경우에도 제19조에 따라 준용되는 「공직선거법」 제147조에 따른 투표소를 설치·운영하여야 한다.

⑤ 누구든지 다음 각 호의 어느 하나의 방법으로 전자투표를 하거나 전자투표의 결과에 영향을 미쳐서는 아니 된다.

1. 해킹, 컴퓨터바이러스, 논리폭탄, 메일폭탄, 서비스거부 또는 고출력 전자기파 등의 방법
2. 「정보통신망 이용촉진 및 정보보호 등에 관한 법률」 제2조 제1항 제1호에 따른 정보통신망(이하 "정보통신망"이라 한다)의 정상적인 보호·인증 절차를 우회하여 정보통신망에 접근할 수 있도록 하는 프로그램이나 기술적 장치 등을 정보통신망 또는 이와 관련된 정보시스템에 설치하는 방법

⑥ 제1항부터 제5항까지에서 규정한 사항 외에 전자투표·전자개표의 절차·방법 등에 관하여 필요한 사항은 중앙선거관리위원회규칙으로 정한다.

정답   p. 13

01	④	PART 1	06	③	PART 2	11	②	PART 1	16	④	PART 3
02	④	PART 1	07	③	PART 4	12	①	PART 3	17	④	PART 5
03	③	PART 1	08	③	PART 7	13	①	PART 1	18	①	PART 5
04	①	PART 3	09	②	PART 7	14	②	PART 2	19	①	PART 7
05	④	PART 1	10	①	PART 3	15	①	PART 2	20	①	PART 7

취약 단원 분석표

단원	맞힌 답의 개수
PART 1	/ 6
PART 2	/ 3
PART 3	/ 4
PART 4	/ 1
PART 5	/ 2
PART 6	/ 0
PART 7	/ 4
TOTAL	/ 20

PART 1 행정학 총설 / PART 2 정책학 / PART 3 행정조직론 / PART 4 인사행정론 / PART 5 재무행정론 / PART 6 지식정보화 사회와 환류론 / PART 7 지방행정론

---

01   현상학적 접근방법   정답 ④

현상학적 접근방법은 인간을 독립변수로서 행위의 주체로 보는 임의론(자발론)에 해당한다. 인간에 대한 결정론적 입장은 행태론이다.

선지분석
① 현상학은 주관주의·내면주의 접근방법이다.
② 하몬(Harmon)은 인간의 의도된 행위(action)와 표출된 행위인 행태(behavior)를 구별하고, 의도된 행위를 중시한다.
③ 현상학은 반논리실증주의 입장에서 인간 행동의 주관적 가치와 의도가 인간 행동에 미치는 영향을 분석하지 않고는 인간 행동의 완전한 고찰은 불가능하다고 본다.

02   정부관   정답 ④

진보주의자는 사회적 약자들의 보호를 위한 정부의 소득재분배정책을 선호한다.

선지분석
① 보수주의자는 소극적 자유를 강조하고, 진보주의자가 적극적 자유를 강조한다.
② 1930년대 경제대공황을 겪으면서 정부의 개입을 찬성하는 큰 정부가 최선의 정부라는 신념이 중시되었다.
③ 정부실패 이후 신자유주의가 등장하면서 큰 정부에서 작은 정부로의 전환이 이루어졌다.

03   사회정의   정답 ③

롤스(Rawls)는 사회정의의 원리의 선택에 있어서 인간을 합리적 이기주의자로 보고, 이러한 합리적 구성원들이 모두 합의할 수 있는 사회구성의 원리가 자신이 제시한 정의의 원칙이라고 본다.

선지분석
① 롤스(Rawls)의 정의관은 자유와 평등의 조화를 추구하는 중도적 입장이다.
②, ④ 롤스(Rawls)는 자신이 설정한 가설적 상황인 '원초적 상태'에서, 인간은 무지의 베일(veil of ignorance)에 가려져 자신과 사회의 미래에 대한 불확실성하에 있다고 본다. 이러한 상황에서 합리적 인간은 최소극대화원칙(Maxmin)에 입각해 행동하게 되므로, 자신이 제시한 정의의 원칙이 정당하다고 본다.

04   민츠버그(H. Mintzberg)의 조직성장경로모형   정답 ①

민츠버그(H. Mintzberg)의 조직성장경로모형에 대한 설명으로 옳은 것은 ㄱ, ㄴ, ㄹ이다.
ㄱ. 단순구조는 권력이 최고관리층으로 집권화되므로 환경변화에 대응하기 위한 신속한 의사결정에 적합하다.
ㄴ. 전문적 관료제는 전문가들로 구성된 핵심운영계층이 표준화된 기술을 사용하여 자율권을 가지고 과업을 조정하는 구조로, 복잡하고 안정적인 환경에 적합하다.
ㄹ. 핵심운영 부문에 대한 옳은 설명이다.

선지분석
ㄷ. 사업부 조직은 중간관리자 중심의 구조이다. 참모 중심의 신축적이고 혁신적인 조직구조는 임시특별조직(adhocracy)에 대한 설명이다.
ㅁ. 지원 스태프 부문(support staff)의 지원참모는 기본적인 과업의 흐름 내에서가 아니라 밖에서 발생하는 비일상적인 문제들을 지원하는 모든 전문가 집단을 말한다.

05   행정이론   정답 ④

ㄱ, ㄴ, ㄷ은 뉴거버넌스론, ㄹ, ㅁ은 신공공관리론의 특징에 해당한다.

06 정책결정모형 정답 ③

앨리슨(Allison)모형은 쿠바 미사일 사건과 관련된 외교정책과정의 분석을 통하여 미국이 왜 해상봉쇄라는 대안을 채택했는지를 설명하면서, 합리모형, 조직과정모형, 정치모형의 세 가지 정책결정모형을 제시한다.

(선지분석)
① 만족모형은 습득 가능한 몇 개의 대안을 순차적 관심에 의하여 단계적·우선적으로 검토하여 현실적으로 만족하다고 생각하는 선에서 대안을 선택한다고 본다. 즉, 총체적·종합적으로 분석과 비교가 이루어지는 것이 아니라 순차적 관심에 의하여 단계적·우선적으로 검토가 이루어진다고 본다.
② 정책결정자나 정책분석가가 절대적 합리성을 가지고 있고, 주어진 상황하에서 목표의 달성을 극대화할 수 있는 최선의 정책대안을 찾아낼 수 있다고 보는 것은 합리모형이다. 점증모형은 인간의 지적 능력의 한계와 정책결정 수단의 기술적 제약을 인정하고 정책결정 과정에 있어서의 대안의 선택이 종래의 정책이나 결정의 점진적·순차적 수정 내지 약간의 향상으로 이루어지며, 정책수립과정을 '그럭저럭 헤쳐나가는(muddling through)' 과정으로 이해한다.
④ 정책창은 의사결정에 필요한 요소가 흘러 다니다가 우연히 만나 열리는 것이므로, 창이 열려있는 기간이 짧다.

07 퇴직공직자의 취업 제한 정답 ③

• 원칙: 취업심사대상자는 퇴직일로부터 3년간 취업대상기관에 취업 불가하다.
• 예외: 공직자윤리위원회로부터 퇴직 전 5년 동안 소속하였던 부서업무와 밀접한 관련성이 없다는 확인 또는 취업 승인을 받은 때에는 가능하다.

08 의무지출 정답 ③

ㄱ. 지방교부세, ㄴ. 외국 또는 국제기구와 체결한 국제조약에 따라 발생되는 지출, ㄹ. 지방교육재정교부금, ㅁ. 차입금 등에 대한 이자지출은 의무지출에 해당한다.

(선지분석)
ㄷ. 공무원인건비와 국방비는 재량지출에 해당한다.

「국가재정법 시행령」 제2조【국가재정운용계획의 수립 등】③「국가재정법」 제7조 제2항 제4호의2에 따른 의무지출의 범위는 다음 각 호와 같다.
  1. 「지방교부세법」에 따른 지방교부세, 「지방교육재정교부금법」에 따른 지방교육재정교부금 등 법률에 따라 지출의무가 정하여지고 법령에 따라 지출규모가 결정되는 지출
  2. 외국 또는 국제기구와 체결한 국제조약 또는 일반적으로 승인된 국제법규에 따라 발생되는 지출
  3. 국채 및 차입금 등에 대한 이자지출

📄 의무지출과 재량지출
⊙ 우리나라는 2013년 예산안부터 재정지출 사업을 의무지출과 재량지출로 구분하며, 국가재정운용계획에 포함하여 국회에 제출하고 있음
ⓛ 의무지출은 법령에 따라 지출의무와 지출규모가 명시되는 법정지출과 이자지출로 구분되며, 재량지출은 재정지출에서 의무지출을 제외한 지출을 말함

09 지방분권 정답 ②

ㄱ. 지방의회는 헌법상 기관이므로 지방자치단체에 의회를 두지 않으면 위헌이다.
ㄷ. 기초의회 지역구 선거는 중선거구제를 채택하고, 비례대표제를 가미하고 있다.
ㄹ. 특별지방행정기관은 중앙행정기관의 지역 일선기관으로 법인격도 없고, 자치권도 없다.

(선지분석)
ㄴ. 자치사무는 지방자치단체의 고유사무로, 지방자치단체가 자기 의사와 책임 아래 자주적으로 처리하는 사무이다.
ㅁ. 단체위임사무는 중앙정부가 사후 통제(합법적 감독, 합목적적 감독)를 주로 한다.

10 조직발전(OD) 정답 ①

조직발전은 구조, 형태, 기능 등이 아니라 구성원의 행태를 바람직한 방향으로 계획적으로 변화시켜 조직의 환경변화에 대한 대응능력과 문제해결능력을 향상시키려는 관리전략이다.

(선지분석)
② 조직발전은 인간의 심리적 요인에 치중하여 구조적·기술적 요인을 경시하고 있다.
③ 조직발전의 전 과정에서 행태과학적 지식과 기술에 조예가 있는 상담자(OD 전문가)가 참여하며, 최고관리층에 공식 지휘본부를 두고 그의 참여와 배려하에 상위계층에서 하위계층으로, 즉 하향적으로 진행된다.
④ 감수성훈련은 구성원의 가치관 변화를 위한 기법이다. '행태과학의 지식을 이용하여 자신·타인·집단에 대한 태도와 행동을 변화시키려는 것'으로, 조직발전의 주요기법 중 하나이다.

11 공론조사 정답 ②

공론조사는 숙의민주주의를 기반으로 토론을 하기 때문에 개인의 선호는 변화할 수 있다는 것을 전제로 한다.

① 토론에 필요한 시간과 비용이 소요된다.

③ 공론조사의 개념과 특성으로 옳은 지문이다.

④ 우리나라에서도 1994년 이 제도가 도입된 이래 최근 탈원전정책과 국가교육정책 결정과정 등에서 공론화위원회를 구성하여 이를 활용한 바 있다.

여론조사와 공론조사 비교

여론조사	공론조사
• 일반시민이 대상	• 선별된 시민이나 전문가 대상
• 대의민주주의를 기반(토론 없음)	• 숙의민주주의를 기반(토론 있음)
• 단편적 정보와 인식에 기초	• 다양한 정보와 이해에 기초
• 시간·비용 절감	• 시간·비용 소요
• 개인의 선호 불변	• 개인의 선호가 변할 수도 있음

12 거래비용이론 정답 ①

거래비용이론은 인간의 제한적 합리성을 전제로 한다. 인간의 제한된 합리성을 거래비용을 발생시키는 요인 중 하나이다.

(선지분석)

② 사전 거래비용은 거래 계약을 위한 정보취득 및 거래협상 등에 들어가는 비용을 포함하며, 사후 거래비용은 이행감시비용을 포함한다.

거래비용

거래비용이란 경제적 교환과 관련된 모든 비용을 의미함
㉠ 사전비용: 거래조건 합의사항 작성비용(거래를 준비하기 위한 의사결정 비용), 협상이행을 보장하는 비용, 상품의 품질측정비용, 정보이용비용 등
㉡ 사후비용: 계약조건 이행협력에서 발생하는 부적합 조정비용, 이행비용, 감시비용, 사후협상비용, 분쟁조정 관련비용, 계약이행보증비용 등

③ 거래대상의 자산을 다른 거래로 전용할 수 없을수록(특정성이 높을수록) 거래비용이 증가한다. 자산의 특정성(asset specificity)이란 어떤 자산이 특정한 거래관계에 고착된 정도를 의미한다.

④ 거래비용이 관리비용보다 클 경우 수직적 통합(vertical integration), 즉 계층제적 조직이 형성된다고 보았다. 다시 말해 거대조직이나 계서제적 조직구조의 출현 원인을 거래비용의 최소화에서 찾고 있다.

13 행정이념 정답 ②

「국가공무원법」은 공정성과 민주성, 능률성을 언급하고 있으나, 「지방공무원법」은 민주성과 능률성만을 언급하고 있다.

「**국가공무원법**」 제1조 【목적】 이 법은 각급 기관에서 근무하는 모든 국가공무원에게 적용할 인사행정의 근본 기준을 확립하여 그 공정을 기함과 아울러 국가공무원에게 국민 전체의 봉사자로서 행정의 민주적이며 능률적인 운영을 기하게 하는 것을 목적으로 한다.
「**지방공무원법**」 제1조 【목적】 이 법은 지방자치단체의 공무원에게 적용할 인사행정의 근본 기준을 확립하여 지방자치행정의 민주적이며 능률적인 운영을 도모함을 목적으로 한다.

(선지분석)

① 민주성 중 절차적 정당성을 중시하는 측면과, 절차보다 목표달성도(결과)를 중시하는 효과성은 상충될 수 있다.

③ 형평성(social equity)은 사회적으로 '동일한 경우에는 동일하게' 취급하고(수평적 형평), '서로 다른 경우에는 서로 다르게' 취급하는 것(수직적 형평)이다.

④ 능률성은 투입 대 산출의 비율을 의미하며, 최소의 비용과 노력으로 최대의 산출을 얻고자 하는 이념이다.

14 정책평가의 타당성 정답 ②

호손효과(Hawthorne Effect)란, 실험집단의 구성원들이 실험의 대상이라는 사실을 인식하고 있는 경우 심리적 긴장감으로 인하여 평소와는 다른 행동을 보이는 현상으로, 외적 타당성 저해요인이다.

(선지분석)

① 억제변수는 두 변수 간에 상관관계가 있는데도 없는 것으로 나타나게 하는 변수이다.

③ 외적 타당성은 조작화된 구성요소들 가운데에서 관찰된 효과들이 당초의 연구가설에 구체화된 것 이외에 다른 이론적 구성요소들에도 일반화될 수 있는 정도를 의미한다.

④ 내적 타당성이란 조작화된 결과에 대하여 찾아낸 효과가 다른 경쟁적인 원인들에 의해서라기 보다는 조작화된 처리에 기인된 것이라고 볼 수 있는 정도를 말한다.

15 브레인스토밍 정답 ①

아이디어에 대한 평가는 아이디어가 다 제시된 이후에 하는 것이며, 평가가 동시에 이루어지지 않는다.

(선지분석)

②, ③ 아이디어를 모으는 과정에서 평가를 하지 않는 것이 중요하며, 대안들의 평가·종합을 통해 실현가능성이 없는 대안들을 제거하는 과정으로 전개된다.

④ 자유로운 분위기에서 아이디어를 도출하기 때문에 아이디어가 제시되는 동안 아이디어에 대한 비판을 금지한다.

16 관료제의 특징 정답 ④

베버의 이념형 관료제는 분업과 계층제, 집권화를 특징으로 한다. 따라서 구성원 간 팀워크나 협력보다는 분업을 통한 효율을 중시한다.

(선지분석)
① 관료제는 권한과 책임한계를 명확히 하고 목표의 효율적 달성을 위해 문서화된 규정을 중시한다.
② 관료제는 계층제를 근간으로 한다.
③ 관료제는 전문지식과 능력을 갖춘 사람을 채용하며, 직무에만 전념하고 그 대가로 보수를 받는 직업관료를 전제로 한다.

17 국가재정의 효율적 운용을 위한 제도 정답 ④

「국가재정법」에서 추가경정예산 편성사유를 명문화한 것은 재정의 건전성 확보방안이다.

(선지분석)
①, ②, ③ 모두 국가재정의 효율적 운용과 관련이 있다.

18 「지방자치법」상 인사청문회 정답 ①

정무직 국가공무원으로 보하는 부시장·부지사가 해당자이다.

> **「지방자치법」 제47조의2【인사청문회】** ① 지방자치단체의 장은 다음 각 호의 어느 하나에 해당하는 직위 중 조례로 정하는 직위의 후보자에 대하여 지방의회에 인사청문을 요청할 수 있다.
> 1. 제123조 제2항에 따라 정무직 국가공무원으로 보하는 부시장·부지사
> 2. 「제주특별자치도 설치 및 국제자유도시 조성을 위한 특별법」 제11조에 따른 행정시장
> 3. 「지방공기업법」 제49조에 따른 지방공사의 사장과 같은 법 제76조에 따른 지방공단의 이사장
> 4. 「지방자치단체 출자·출연 기관의 운영에 관한 법률」 제2조 제1항 전단에 따른 출자·출연 기관의 기관장
> ② 지방의회의 의장은 제1항에 따른 인사청문 요청이 있는 경우 인사청문회를 실시한 후 그 경과를 지방자치단체의 장에게 송부하여야 한다.
> ③ 그 밖에 인사청문회의 절차 및 운영 등에 필요한 사항은 조례로 정한다.

19 특별지방자치단체 정답 ①

특별지방자치단체를 구성하는 지방자치단체(이하 "구성 지방자치단체"라 한다)는 상호 협의에 따른 규약을 정하여 구성 지방자치단체의 지방의회 의결을 거쳐 행정안전부장관의 승인을 받아야 한다.

구분	지방자치단체조합 (「지방자치법」 제176조~제181조)	특별지방자치단체 (「지방자치법」 제199조~제211조)
설립	제176조【지방자치단체조합의 설립】 ① 2개 이상의 지방자치단체가 하나 또는 둘 이상의 사무를 공동으로 처리할 필요가 있을 때에는 규약을 정하여 지방의회의 의결을 거쳐 시·도는 행정안전부장관의 승인, 시·군 및 자치구는 시·도지사의 승인을 받아 지방자치단체조합을 설립할 수 있다. 다만, 지방자치단체조합의 구성원인 시·군 및 자치구가 2개 이상의 시·도에 걸쳐 있는 지방자치단체조합은 행정안전부장관의 승인을 받아야 한다. ② 지방자치단체조합은 법인으로 한다.	제199조【설치】 ② 2개 이상의 지방자치단체가 공동으로 특정한 목적을 위하여 광역적으로 사무를 처리할 필요가 있을 때에는 특별지방자치단체를 설치할 수 있다. 이 경우 특별지방자치단체를 구성하는 지방자치단체(이하 "구성 지방자치단체"라 한다)는 상호 협의에 따른 규약을 정하여 구성 지방자치단체의 지방의회 의결을 거쳐 행정안전부장관의 승인을 받아야 한다.
설립, 승인	규약을 정하여 지방의회의 의결을 거쳐 행정안전부장관(시·도 간 조합) 또는 시·도지사(시·군·구 간 조합) 승인	규약을 정하여 지방의회의 의결을 거쳐 행정안전부장관의 승인
법인 여부	법인	법인
조직	제177조【지방자치단체조합의 조직】 ① 지방자치단체조합에는 지방자치단체조합회의와 지방자치단체조합장 및 사무직원을 둔다. ② 지방자치단체조합회의의 위원과 지방자치단체조합장 및 사무직원은 지방자치단체조합규약으로 정하는 바에 따라 선임한다. ③ 관계 지방의회의원과 관계 지방자치단체의 장은 제43조 제1항과 제109조 제1항에도 불구하고 지방자치단체조합회의의 위원이나 지방자치단체조합장을 겸할 수 있다. • 지방자치단체조합회의 • 지방자치단체조합장 *조합장: 규약에 따라 선임 (구성단체장이 겸직 가능)	제204조【의회의 조직 등】 ① 특별지방자치단체의 의회는 규약으로 정하는 바에 따라 구성 지방자치단체의 의회 의원으로 구성한다. ② 제1항의 지방의회의원은 제43조 제1항에도 불구하고 특별지방자치단체의 의회 의원을 겸할 수 있다. ③ 특별지방자치단체의 의회가 의결하여야 할 안건 중 대통령령으로 정하는 중요한 사항에 대해서는 특별지방자치단체의 장에게 미리 통지하고, 특별지방자치단체의 장은 그 내용을 구성 지방자치단체의 장에게 통지하여야 한다. 그 의결의 결과에 대해서도 또한 같다. 「지방자치법 시행령」 제126조【특별지방자치단체 의회의 중요 의결사항】 법 제204조 제3항 전단에서 "대통령령으로 정하는 중요한 사항"이란 다음 각 호의 사항을 말한다. 1. 조례의 제정과 개정·폐지 2. 예산의 심의·확정 3. 결산의 승인 4. 그 밖에 특별지방자치단체의 운영에 관한 사항으로서 규약으로 정하는 중요한 사항 • 특별지방자치단체의회 • 특별지방자치단체장(집행기관) *특별자치단체장: 의회에서 선출 (구성단체장이 겸직 가능)
조례제정 여부	불가	가능
경비	–	특별회계로 운영(경비분담)
설립, 해산 명령	명할 수 있음 *행정안전부장관	권고할 수 있음 *행정안전부장관

20 지방채 정답 ①

「지방재정법」제11조에 따르면 지방자치단체의 장이 지방채를 발행하려면 재정상황 및 채무 규모 등을 고려하여 대통령령으로 정하는 지방채 발행 한도액의 범위에서 지방의회의 의결을 얻어야 한다. 다만, 지방채 발행 한도액 범위더라도 외채를 발행하는 경우에는 지방의회의 의결을 거치기 전에 행정안전부장관의 승인을 받아야 한다.

(선지분석)

② 교부공채는 지방자치단체가 공사대금 등을 현금 대신 공채로 교부하는 것이다. 지문은 매출공채에 대한 설명이다.

③ 매출(賣出)공채란 '이미 발행된 지방채 증권을 일정기간에 매출하는 방법으로서 지방정부로부터 특정 서비스를 제공받은 주민 등을 대상으로 원인행위에 첨가하여 강제로 소화시키는 방식'이다. 지문은 모집공채에 대한 설명이다.

④ 「지방재정법」제11조에 따르면 지방자치단체조합의 장은 그 조합의 투자사업과 긴급한 재난복구 등을 위한 경비를 조달할 필요가 있을 때 또는 투자사업이나 재난복구사업을 지원할 목적으로 지방자치단체에 대부할 필요가 있을 때에는 지방채를 발행할 수 있다. 이 경우 행정안전부장관의 승인을 받은 범위에서 조합의 구성원인 각 지방자치단체 지방의회의 의결을 얻어야 한다.

정답

p. 18

01	④	PART 7	06	④	PART 5	11	③	PART 7	16	④	PART 4
02	①	PART 1	07	①	PART 2	12	③	PART 4	17	①	PART 1
03	④	PART 1	08	④	PART 3	13	③	PART 3	18	①	PART 6
04	②	PART 1	09	④	PART 2	14	④	PART 4	19	③	PART 7
05	④	PART 2	10	②	PART 3	15	③	PART 3	20	①	PART 7

취약 단원 분석표

단원	맞힌 답의 개수
PART 1	/ 4
PART 2	/ 3
PART 3	/ 4
PART 4	/ 3
PART 5	/ 1
PART 6	/ 1
PART 7	/ 4
TOTAL	/ 20

PART 1 행정학 총설 / PART 2 정책학 / PART 3 행정조직론 / PART 4 인사행정론 / PART 5 재무행정론 / PART 6 지식정보화 사회와 환류론 / PART 7 지방행정론

---

01 우리나라 고향사랑 기부금 　　　정답 ④

개인별 고향사랑 기부금의 연간 상한액은 500만 원으로 한다.

(선지분석)

① 고향사랑 기부제는 「고향사랑 기부금에 관한 법률」에 의해 시행되고 있으며 자신이 원하는 자치단체에 기부하고 세금을 일부 돌려받는 제도로, 지방자치단체는 해당 지방자치단체의 주민이 아닌 사람에 대해서만 고향사랑 기부금을 모금·접수할 수 있다.

② 「고향사랑 기부금에 관한 법률」 제11조에 규정되어 있다.

> **「고향사랑 기부금에 관한 법률」 제11조 【고향사랑기금의 설치 등】**
> ① 지방자치단체는 모금·접수한 고향사랑 기부금의 효율적인 관리·운용을 위하여 기금을 설치하여야 한다.

③ 「고향사랑 기부금에 관한 법률」 제3조에 규정되어 있다.

> **「고향사랑 기부금에 관한 법률」 제3조 【다른 법률과의 관계】** 이 법에 따른 고향사랑 기부금의 모금·접수 및 사용 등에 관하여는 「기부금품의 모집 및 사용에 관한 법률」을 적용하지 아니한다.

---

02 정부실패의 대응방식 　　　정답 ①

설문은 파생적 외부효과이며, 파생적 외부효과에 대한 대응으로 민영화는 포함되지 않는다.

📄 **정부실패의 원인별 대응방식(이종수 외 공저 새행정학)**

구분	민영화	정부보조 삭감	규제 완화
사적 목표 설정	○		
X-비효율·비용체증	○	○	○
파생적 외부효과		○	○
권력의 편재	○		○

---

03 정치와 행정의 관계 　　　정답 ④

굿노우(Goodnow)는 정치행정이원론자로, 옳은 설명이다.

(선지분석)

① 윌슨(Wilson)은 『행정의 연구』에서 행정과 경영의 유사성을 강조하였으며, 정치와 행정의 유사성을 강조한 것이 아니다.

② 사이먼(Simon)은 『행정행태론』에서 가치와 사실을 구분하고 사실 중심의 연구를 강조하였다.

③ 애플비(Appleby)는 『거대한 민주주의』 등 자신의 다양한 저서에서 정치와 행정을 구분하는 것은 부적절하다고 보고 행정의 정치적 기능을 강조하였다.

---

04 공공선택론 　　　정답 ②

던리비(Dunleavy)의 관청형성모형은 합리적인 고위관료들이 예산극대화동기보다 관청형성동기가 더 강하다고 주장한다. 던리비(Dunleavy)와 니스캐넌(Niskanen)의 이론은 관료가 공적 이익보다는 사적 이익을 추구하려고 한다는 점에서는 공통점이 있다.

(선지분석)

① 공공선택론에서는 정부를 공공재의 생산자로, 국민을 소비자로 가정함과 아울러 방법론적 개체주의적 입장을 취한다.

③ 공공선택이론은 정부실패를 해결하기 위하여 자유경쟁시장의 논리를 공공부문에 도입하고자 하는데, 그 논리 자체가 국가역할을 경시하고 현상유지와 균형이론에 집착하는 것이어서 시장실패를 초래할 수 있다는 고유한 한계 또한 가지고 있다.

④ 티부(Tiebout)모형은 외부효과의 부존재 등을 전제로 한다.

05 정책유형과 사례 정답 ④

정책의 유형과 예시가 옳게 연결된 것은 ④이다. ㄱ은 배분정책, ㄴ은 경쟁적 규제정책, ㄷ은 재분배정책, ㄹ은 보호적 규제정책이다. 즉, 사회간접자본은 배분정책, 실업수당은 재분배정책, 항공노선허가는 경쟁적 규제정책, 개발제한구역은 보호적 규제정책, 최저임금제는 보호적 규제정책, 누진소득세는 재분배정책, 방송국 인가는 경쟁적 규제정책에 해당한다.

06 예산의 종류 정답 ④

준예산은 새로운 회계연도가 개시될 때까지 예산안이 의결되지 못한 때에 국회에서 예산안이 의결될 때까지 정부가 특정 목적을 위한 경비를 전년도 예산에 준하여 집행할 수 있는 제도이다.

(선지분석)
① 추가경정예산은 '예산이 성립하고 회계연도가 개시된 후에 발생한 사유로(심의가 종료된 후가 아님) 이미 성립된 예산에 변경을 가할 필요가 있을 때 편성되는 예산'을 말한다. 추가경정예산에 대한 편성 횟수의 제한은 없다.
② 성인지예산제도(남녀평등예산)는 세입·세출예산이 남성과 여성에게 미치는 영향은 서로 다르다고 전제한다.
③ 수정예산은 '예산안이 국회에 제출된 후 의결·성립되기 이전에 부득이한 사유로 그 내용의 일부를 수정하고자 하는 경우에 작성되는 예산'을 말한다.

07 정책집행의 상향식 접근 정답 ①

①은 하향적 접근에 대한 설명이다. 상향적 접근은 집행을 통해서 정책결정의 내용이 수정·보완되는 상호 영향을 주고받는 순환적 과정으로 파악하고 있다.

(선지분석)
② 상향적 접근은 결정자가 제시한 정책목표의 달성보다는 집행현장에서의 문제해결에 중점을 둔다.
③ 고객과 접촉하는 일선관료가 자율과 재량을 가지고 실질적으로 공공정책을 결정한다는 것이 상향적 정책집행 접근방법의 주요 특징이다.
④ 상향적 집행론은 결정자의 관점에서 바라보는 집행의 거시적 틀(사회·경제·법적 요인 등)을 간과한다는 비판을 받는다.

08 조직이론의 발전 과정 정답 ④

고전적 – 신고전적 – 현대적 조직이론이 옳게 연결되어 있는 지문은 ④이다.
ㄱ. 개방체제론으로, 현대적 조직이론에 해당한다.
ㄴ. 인간관계론이며, 신고전적 조직이론에 해당한다.
ㄷ. 과학적 관리론은 고전적 조직이론에 해당한다.
ㄹ. 상황이론과 자원의존이론 등이 대표적인 것은 거시조직론으로, 현대적 조직이론에 해당한다.
ㅁ. 과학적 관리론의 특징으로, 고전적 조직이론에 해당한다.
ㅂ. 인간관계론은 신고전적 조직이론에 해당한다.

09 집단의사결정기법 정답 ④

집단토론의 한 방법인 명목집단기법은 대안 제시 ⇨ 제한된 토론 ⇨ 찬반 표결로 의사결정을 한다.

(선지분석)
① 델파이기법은 미래 예측을 위해 관련 분야의 전문가들을 활용하는 방법이다.
② 브레인스토밍은 여러 사람에게 하나의 주제에 대해 아이디어를 제시하도록 해 예측하는 방법이다.
③ 지명반론자기법(devil's advocate method)은 작위적으로 특정 조직원들 또는 집단을 반론을 제기하는 집단으로 지정해 반론자 역할을 부여하고 이들이 제기하는 반론과 이에 대한 제안자의 옹호 과정을 통해 의사결정을 유도하는 기법이다.

10 갈등의 유형 정답 ②

폰디(Pondy)는 갈등의 유형을 성격에 따라 협상적 갈등, 관료제적 갈등, 체제적 갈등으로 분류하였고, 또 조직구조의 변화를 초래하는 전략적 갈등과 그렇지 않은 전술적 갈등으로 분류하였다. 관료제적 갈등은 계층제의 상하 간에 나타나는 갈등을 말하고, 체제적 갈등은 동일수준의 기관 간·개인 간에 나타나는 갈등을 말한다.

(선지분석)
① 두 가지의 대안이 모두 선택하고자 하는 대안일 경우 겪는 갈등은 접근–접근갈등이라 한다.
③ 이해당사자 간의 갈등은 협상적 갈등이다.
④ 조직구조에 중대한 변화를 초래하는 갈등을 전략적 갈등이라 한다.

📄 갈등의 유형

갈등의 성격 [폰디(Pondy)]	협상적 갈등	이해당사자 간 예 노사 임금협상의 갈등 등
	관료제적 갈등	상·하 계층 간 예 局·課·係 간의 갈등 등
	체제적 갈등	동일 수준의 개인·집단 예 局 vs 局, 課 vs 課, 국장 vs 국장, 과장 vs 과장 등
조직에 미치는 영향 [폰디(Pondy)]	마찰적 갈등	조직구조에 변화를 초래하지 않는 갈등
	전략적 갈등	조직구조에 중대한 변화를 초래하는 갈등
개인심리 [밀러와 달라드(Miller & Dollard)]	접근–접근 갈등	두 가지 대안이 모두 긍정적 가치를 지닌 경우 예 캠코더를 살 것인가 아니면 컴퓨터를 구입할 것인가?
	회피–회피 갈등	두 가지 대안이 모두 부정적 가치를 가진 경우 예 빚내어 집을 얻거나 불량주택에 전세로 들어가야 하는 경우
	접근–회피 갈등	한 가지 대안이 긍정적 가치와 부정적 가치를 함께 지닐 경우 선택 여부의 갈등 예 취직하려는 곳의 직장 분위기는 나쁘나, 보수는 좋은 경우

11 지방자치단체장의 직무이행명령 정답 ③

주무부장관의 이행명령에 이의가 있으면 지방자치단체의 장은 15일 이내에 대법원에 소송을 제기할 수 있다.

> **「지방자치법」제189조 【지방자치단체의 장에 대한 직무이행명령】**
> ① 지방자치단체의 장이 법령에 따라 그 의무에 속하는 국가위임사무나 시·도위임사무의 관리와 집행을 명백히 게을리 하고 있다고 인정되면 시·도에 대해서는 주무부장관이, 시·군 및 자치구에 대해서는 시·도지사가 기간을 정하여 서면으로 이행할 사항을 명령할 수 있다.
> ② 주무부장관이나 시·도지사는 해당 지방자치단체의 장이 제1항의 기간에 이행명령을 이행하지 아니하면 그 지방자치단체의 비용부담으로 대집행 또는 행정상·재정상 필요한 조치(이하 이 조에서 "대집행등"이라 한다)를 할 수 있다. 이 경우 행정대집행에 관하여는 「행정대집행법」을 준용한다.
> ③ 주무부장관은 시장·군수 및 자치구의 구청장이 법령에 따라 그 의무에 속하는 국가위임사무의 관리와 집행을 명백히 게을리 하고 있다고 인정됨에도 불구하고 시·도지사가 제1항에 따른 이행명령을 하지 아니하는 경우 시·도지사에게 기간을 정하여 이행명령을 하도록 명할 수 있다.
> ④ 주무부장관은 시·도지사가 제3항에 따른 기간에 이행명령을 하지 아니하면 제3항에 따른 기간이 지난 날부터 7일 이내에 직접 시장·군수 및 자치구의 구청장에게 기간을 정하여 이행명령을 하고, 그 기간에 이행하지 아니하면 주무부장관이 직접 대집행등을 할 수 있다.
> ⑤ 주무부장관은 시·도지사가 시장·군수 및 자치구의 구청장에게 제1항에 따라 이행명령을 하였으나 이를 이행하지 아니한 데 따른 대집행등을 하지 아니하는 경우에는 시·도지사에게 기간을 정하여 대집행등을 하도록 명하고, 그 기간에 대집행등을 하지 아니하면 주무부장관이 직접 대집행등을 할 수 있다.
> ⑥ 지방자치단체의 장은 제1항 또는 제4항에 따른 이행명령에 이의가 있으면 이행명령서를 접수한 날부터 15일 이내에 대법원에 소를 제기할 수 있다. 이 경우 지방자치단체의 장은 이행명령의 집행을 정지하게 하는 집행정지결정을 신청할 수 있다.

12 공무원연금제도 정답 ③

퇴직수당은 퇴직연금과 달리 재원을 정부가 단독 부담한다.

(선지분석)

① 공무원이 부담하는 기여율은 기준소득월액의 9%이다.
② 선거로 임용되는 공무원과 군인을 제외한 공무원들은 「공무원연금법」의 적용대상이다. 따라서 국무총리나 장관도 「공무원연금법」의 적용대상이다.
④ 기여금 납부기한은 최대 36년까지이다. 2016 연금개혁 시 종래 33년에서 36년으로 연장되었다.

13 책임운영기관 정답 ③

총정원은 대통령령으로 정하고 종류별·계급별 정원은 총리령 또는 부령으로 정한다.

(선지분석)

① 소속책임운영기관의 장의 채용기간은 5년의 범위 내에서(최소 2년 이상) 소속중앙행정기관의 장이 정한다.
② 기본운영규정은 소속중앙행정기관장이 아니라 소속책임운영기관장이 자율적으로 제정하여야 한다.
④ 행정안전부장관은 책임운영기관을 대통령령으로 설치한다.

14 공직분류 정답 ④

고위공무원단에 속하는 일반직공무원의 경우 소속 장관은 해당 기관에 소속되지 아니한 공무원에 대해서도 임용제청을 할 수 있다(「국가공무원법」제32조).

(선지분석)

① 실적주의와 직업공무원제의 획일적 적용 여부에 따라 경력직과 특수경력직으로 구분되며, 일반직과 특정직은 모두 경력직이다.
② 소방공무원은 지방직이 아니라 국가직공무원이다.
③ 정무직 등 특수경력직공무원은 「국가공무원법」상의 보수와 복무규율의 적용은 받는다.

15 직무 정답 ③

ㄷ은 직무확대가 아니라 정급이다. 직무확대(job enlargement)는 직무의 책임도에 차이가 없는 수평적 관계의 직무를 추가·확대·다양화하는 것으로, 직무분담의 폭을 넓혀주는 수평적 역량 강화(수평적 재설계)에 해당한다.

(선지분석)

ㄱ은 직무충실(a), ㄴ은 직무평가(d), ㄷ은 정급, ㄹ은 직무분석(c)이다.

📄 **직무분석과 직무평가**

기준	직무분석			직무평가	
	직류	직렬	직군	직급	등급
직무의 종류·성질		유사		유사	상이
직무의 책임도·난이도		상이		유사	

16 부패의 접근법 정답 ③

부패의 접근법에 대한 설명으로 옳지 않은 것은 ㄴ, ㄷ이다.

ㄴ. 특정한 관습이나 경험적 습성과 같은 것이 부패를 조장한다고 보는 입장은 제도적 접근법이 아니라 사회문화적 접근법이다.
ㄷ. 사회의 법과 제도상의 결함이나 이러한 것들에 대한 관리기구와 운영상의 문제들이 부패의 원인으로 작용한다고 보는 입장은 제도적 접근법에 따른 것이다.

17 규제샌드박스   정답 ①

<보기>의 내용이 의미하는 개념은 규제 신속 확인이다.

📄 규제샌드박스의 유형

규제 신속 확인	시장 행위자가 제품 출시 등에 직면하여 발생하는 규제의 불확실성을 제거해 주기 위해 신기술 신산업 관련 규제 존재 여부와 내용을 문의하면 30일 이내에 회신받을 수 있도록 하는 것
임시 허가	• 혁신적인 신제품이 시장 출시를 앞두고 관련 규제가 해당 신기술이나 신서비스가 적용된 제품에 적용하는 것이 곤란하거나 맞지 않는 경우, 또는 해당 신기술이나 신서비스가 적용된 제품에 대해 명확히 규정되어 있지 않아 어려움을 겪는 경우에 임시 허가를 통해 제품 출시를 허용하고 2년 이내에 법령 정비를 의무화한 제도 • 만약 2년 이내에 관련 법령 정비가 완결되지 않을 때에는 2년을 연장할 수 있도록 하여 최대 4년 이내에 법령 정비를 완료하여 정식 허가를 취득하도록 한 제도
실증특례	• 관련 법령의 모호성이나 불합리성 혹은 금지규정의 존재로 인해 신제품이나 신서비스의 사업화가 제한적일 경우 일정한 조건 하에서 기존 규제의 적용을 배제한 실증 테스트가 가능하도록 한 제도 • 이 제도의 경우에도 임시 허가와 같은 방식으로 최대 4년 이내에 법령 정비를 통해 정식허가를 통한 시장 출시를 의무화하고 있으며, 만약 법령 정비가 그 이상 지연될 경우 임시 허가를 통한 시장 출시도 가능하도록 하고 있음

18 책임성   정답 ④

법규와 규정에 따른 적절한 절차를 강조하는 것은 제도적 책임성에 해당한다.

📄 책임성의 종류

제도적 = 객관적 = 외재적 책임	자율적 = 주관적 = 내재적 책임
공식적인 각종 제도와 통제장치를 통해 정부와 공무원들의 임무를 수행하게 하는 타율적·수동적인 행정책임	• 공무원이 전문가로서 직업윤리와 책임감을 기반으로 자발적인 재량을 발휘하여 확보하는 능동적인 책임성 • 주관적인 가치와 기준이 적용되고 국민들의 요구와 의견을 반영하는 노력 등

19 지방분권추진기구의 설치 시기   정답 ③

정권	법률	추진기구
김대중	「중앙행정권한의 지방이양 촉진에 관한 법률」(1999)	지방이양추진위원회
노무현	「지방분권특별법」(2004)	정부혁신 지방분권위원회
이명박	「지방분권촉진에 관한 특별법」(2008), 「지방행정체제 개편에 관한 특별법」(2010)	지방분권촉진위원회, 지방행정체제개편추진위원회
박근혜	「지방분권 및 지방행정체제 개편에 관한 특별법」(2013)	대통령소속의 지방자치발전위원회
문재인	「지방자치분권 및 지방행정체제 개편에 관한 특별법」	대통령소속의 자치분권위원회
윤석열	지방자치분권 및 지역균형발전에 관한 특별법	대통령소속의 지방시대위원회

20 지방자치단체장의 권한   정답 ①

「지방자치법」상 지방자치단체장의 권한에 해당하는 것은 ㄱ, ㄴ, ㄷ이다.

(선지분석)

ㄹ, ㅁ. 청원의 수리와 처리, 조례제정권은 지방의회의 권한이다.

> **「지방자치법」 제47조【지방의회의 의결사항】** ① 지방의회는 다음 각 호의 사항을 의결한다.
> 1. 조례의 제정·개정 및 폐지
> 2. 예산의 심의·확정
> 3. 결산의 승인
> 4. 법령에 규정된 것을 제외한 사용료·수수료·분담금·지방세 또는 가입금의 부과와 징수
> 5. 기금의 설치·운용
> 6. 대통령령으로 정하는 중요 재산의 취득·처분
> 7. 대통령령으로 정하는 공공시설의 설치·처분
> 8. 법령과 조례에 규정된 것을 제외한 예산 외의 의무부담이나 권리의 포기
> 9. 청원의 수리와 처리
> 10. 외국 지방자치단체와의 교류·협력
> 11. 그 밖에 법령에 따라 그 권한에 속하는 사항

정답

p. 23

01	②	PART 2	06	④	PART 7	11	②	PART 2	16	④	PART 5				
02	②	PART 4	07	③	PART 2	12	④	PART 7	17	④	PART 7				
03	②	PART 1	08	②	PART 1	13	④	PART 3	18	②	PART 2				
04	③	PART 1	09	③	PART 6	14	③	PART 3	19	③	PART 6				
05	④	PART 4	10	④	PART 7	15	①	PART 2	20	③	PART 7				

취약 단원 분석표

단원	맞힌 답의 개수
PART 1	/ 3
PART 2	/ 5
PART 3	/ 2
PART 4	/ 2
PART 5	/ 1
PART 6	/ 2
PART 7	/ 5
TOTAL	/ 20

PART 1 행정학 총설 / PART 2 정책학 / PART 3 행정조직론 / PART 4 인사행정론 / PART 5 재무행정론 / PART 6 지식정보화 사회와 환류론 / PART 7 지방행정론

---

01 비용효과(cost – effectiveness)분석   정답 ②

비용효과분석의 단점은 비용과 효과가 서로 다른 단위로 측정되므로, 총효과가 총비용을 초과하는지 여부에 대한 직접적인 근거를 제시할 수 없다는 것이다.

(선지분석)

① 비용은 화폐단위로, 효과는 금전적 단위로 환산이 어려울 때 재화단위나 용역단위 또는 기타 가치 있는 효과단위로 측정하는 경우 비용효과분석을 사용한다. 비용과 효과의 측정단위가 서로 다르기 때문에 산출물이 동일한 사업의 평가에 주로 이용되고 있다.

③ 비용효과분석은 목표달성 정도를 화폐가치로 표현할 수 없는 사업에 적용되기 때문에 시장가격의 메커니즘에 전적으로 의존한다는 틀린 지문이다.

④ 비용효과분석은 목표달성 정도를 화폐가치로 표현할 수 없는 사업에 자원을 어떻게 가장 능률적으로 투입할 것인가의 문제에 적용하기 좋은 사업으로서 특히, 국방, 경찰행정, 보건 영역에서 사용되고 있다.

---

02 다양성 관리   정답 ②

다양성의 구성요소는 가시성과 변화가능성의 정도에 따라 4가지 유형으로 나누어진다. 출신 지역이나 학교, 성적 지향, 종교 등은 잘 드러나지 않으므로 가시성이 낮다.

(선지분석)

① 직업, 직급, 직위, 교육 수준 등은 개인의 노력·능력에 따라 변화시킬 수 있는 요소이다.

③ 협의의 다양성 관리는 균형인사정책(대표관료제)을 의미하지만, 광의로는 일과 삶의 균형정책까지 포함된다.

④ 다양성 관리는 이질적인 조직구성원들을 채용하고 유지하며 보상과 함께 역량 개발을 증진하기 위한 조직의 체계적이고 계획된 노력으로 정의된다.

📄 다양성 관리에 대한 접근방법과 조직의 다양성 모형

㉠ 다양성 관리에 대한 접근방법

멜팅팟의 접근방법	• 문화적 동화와 문화적응을 포함하는 멜팅팟 접근방법은 구성원 간의 이질성을 지배적인 주류에 의해 동화시키는 방법 • 조직응집성의 저하를 방지하기 위한 소극적인 접근방법
샐러드볼 접근방법	• 문화적 다원주의에 근거함 • 각기 나른 특성을 갖는 구성원들이 자신의 특성을 유지할 수 있도록 지원하는 방법 • 다양성을 통한 조직의 탄력성을 극대화하기 위한 적극적인 접근방법으로 이해됨

㉡ 조직의 다양성 모형

구분		변화가능성 낮음	변화가능성 높음
가시성 높음		성별, 장애(육체적),인종, 민족, 연령(세대)	직업, 직위, 숙련도, 전문성, 언어
가시성 낮음		출신 지역, 출신 학교, 가족 배경, 성적 지향, 사회화 경험, 성격, 종교, 동기요인, 혼인 여부	교육 수준(학력), 노동 지위(정규직/비정규직), 자녀 유무, 장애(정신적), 가치관

---

03 행정학의 발전과정   정답 ②

귤릭(Gulcik)은 대표적인 행정관리론 학자로 통제 위주의 관료제를 중시한 것은 맞으나, 비공식적 요인들에 대한 관심이 높다는 표현은 옳지 않다. 비공식적 요인에 대한 관심은 인간관계론의 특징이다.

(선지분석)

① 과학적 관리론의 대표적인 학자 테일러(Taylor)는 관리자는 노·사 모두를 이롭게 하기 위하여 생산증진을 도모해야 한다고 보며, 교환을 통하여 노사의 목표가 양립될 수 있다고 본다.

③ 사이먼(Simon)은 행정행태론에서 기존 원리 중심의 행정연구가 원리들 간 모순을 인식하지 못하였고, 경험적 검증을 거치지 않은 속담이나 격언에 불과하다고 비판한다.

④ 신행정학에 대한 설명으로 옳은 설명이다. 신행정학은 1968년 왈도(Waldo)가 주도한 미노브룩(Minnowbrook)회의에서 태동하였다.

04 공공서비스 정답 ③

오스트롬(E. Ostrom)은 사적 재산권 설정이나 규제는 일정한 한계가 있으며, 공유재의 비극을 막으려면 이해당사자가 일정한 자발적 합의를 통해 이용권을 제한하는 제도(행위규칙)를 형성해야 한다고 주장하였다.

(선지분석)
① 가치재는 기본적으로 민간재이지만 일정 수준 소비하는 것이 바람직하기 때문에 정부가 개입하는 경우도 있다.
② 공유재는 비배제성으로 인하여 대가를 지불하지 않더라도 배제가 불가능하면서 경합성을 가지는 영역이다.
④ 공공재는 특히 배제불가능성으로 인해 사회구성원들이 타인에 의해 생산된 공공재에 무임승차(free-riding)하려는 경향이 강하다. 따라서 공공재는 사회적으로 필요함에도 불구하고, 수익이 보장되지 않기 때문에 시장에 맡겼을 때 바람직한 수준 이하로 공급될 가능성이 높다.

05 엽관주의 정답 ④

정권교체에 따른 대량 경질로 행정의 계속성과 안정성이 훼손된다.

(선지분석)
① 공무원의 인사관리나 공직임용에 있어 그 기준을 정당에 대한 충성심·공헌도에 두는 제도이므로, 민주정치의 기초가 되는 정당정치 발전에 기여한다.
② 엽관주의는 정당에의 충성도와 공헌도를 임용기준으로 삼는다. 4년마다 선거에 의해서 국민들이 대통령을 선출하고 선출된 대통령이 관료를 결정하기 때문에 행정의 민주성 확보가 가능하다.
③ 4년마다 선거에 의한 공직경질로 관료의 침체·특권화를 방지할 수 있다.

06 「지방자치분권 및 지역균형발전에 관한 특별법」 정답 ④

지방시대위원회의 회의는 재적위원 과반수의 출석으로 개의하고, 출석위원 과반수의 찬성으로 의결한다.

> 「지방자치분권 및 지역균형발전에 관한 특별법」 제6조 【지방시대 종합계획의 수립】 ① 제62조에 따른 지방시대위원회(이하 "지방시대위원회"라 한다)는 지방자치분권 및 지역균형발전을 효과적으로 추진하기 위하여 관계 중앙행정기관의 장과 협의하고 지방자치단체의 의견을 수렴한 후 5년을 단위로 하는 지방시대 종합계획(이하 "지방시대 종합계획"이라 한다)을 수립한다.
> 제64조 【지방시대위원회의 구성·운영】 ① 지방시대위원회는 위원장 및 부위원장 각 1명을 포함하여 39명 이내의 위원으로 구성하며, 위원은 당연직위원과 위촉위원으로 구분한다.
> ⑤ 위원장 및 부위원장은 위촉위원 중에서 대통령이 위촉한다.
> 제66조 【회의】 ① 위원장은 지방시대위원회의 회의를 소집하고, 그 의장이 된다.
> ② 지방시대위원회의 회의는 재적위원 과반수의 출석으로 개의하고, 출석위원 과반수의 찬성으로 의결한다.

07 계층화분석법 정답 ③

계층화분석법은 쌍대비교의 원리에 따라 두 가지 대안의 상호비교를 통하여 우선순위를 파악해 나가는 기법이다. 따라서 두 대상 간 상호비교가 불가능한 경우에는 사용할 수 없다는 단점이 있다.

(선지분석)
①, ② 1970년대 사티(Saaty) 교수가 개발한 예측기법으로, 불확실한 상황하에서 확률 추정이 불가능한 경우에 대안 간 우선순위를 따져서 미래를 예측하는 기법이다.
④ 문제를 몇 개의 계층 또는 네트워크 형태로 구조화한 시스템이론에 기초한다.

> 📄 계층화분석법의 분석 단계
>
> | | |
> |---|---|
> | 1단계 | 문제를 몇 개의 계층 또는 네트워크 형태로 구조화 |
> | 2단계 | 구성요소들을 둘씩 짝을 지어 상위 계층의 어느 한 목표 또는 평가기준에 비추어 평가하는 쌍대비교를 시행 |
> | 3단계 | 각 계층에 있는 요소별 우선순위를 설정하고 이를 바탕으로 최종적인 대안 간 우선순위를 설정 |

08 레짐이론 정답 ②

공공이익과 사적 이익 간의 연합이 이루어지는 하나의 비공식적 정부운영(governing)의 제도적 배열이다.

(선지분석)
①, ④ 레짐이론은 개인이나 구조가 아닌 '제도'에 초점을 두며, 기업의 중심적 역할을 강조하면서 지역주민 집단과 같은 행위자들의 영향력을 간과하지 않는다. 미국에서 가장 영향력 있는 다섯 범주의 레짐 행위자 및 기관은 ㉠ 이익집단, ㉡ 기업인, ㉢ 도시정부, ㉣ 관료제, ㉤ 연방 및 주정부 등이다.

09 우리나라 전자정부 정답 ③

우리나라 전자정부에 대한 설명으로 틀린 것은 ㄱ, ㅁ이다.
ㄱ. 행정안전부장관은 정보기술아키텍처를 체계적으로 도입하고 확산시키기 위한 기본계획을 3년 단위로 수립하여야 한다.
ㅁ. 전자정부의 경계는 국가기관, 지방자치단체, 공공기관으로 한정되지 않으며, 정부와 기업(G2B), 정부와 국민(G2C)과의 관계도 모두 포함된다.

(선지분석)
ㄴ. 전자정부는 정부 내(back office)에서의 효율성을, 정부 밖(front office)에서의 민주성을 행정이념으로 추구한다.
ㄷ. 전자정부의 구현·운영 및 발전을 위하여 5년마다 전자정부기본계획을 수립하는 주체는 중앙사무관장기관의 장이다.
ㄹ. 디지털예산회계시스템(dBrain)과 전자조달시스템(나라장터)은 업무재설계(Business Process Reengineering)를 통해 업무를 축소·재설계하고 정보시스템화한 것으로 평가할 수 있다.

10 지방의회의 행정사무 감사 및 조사   정답 ④

ㄷ. 「지방자치법」 제49조 제5항에 규정되어 있다.
ㄹ. 「지방자치법」 제49조 제1항에 규정되어 있다.

(선지분석)
ㄱ. 재적의원 4분의 1 이상이 아닌 3분의 1 이상이다.
ㄴ. 상임위원회가 아닌 본회의 의결로 감사 또는 조사 결과를 처리한다.

11 점증모형   정답 ②

점증모형은 린드블롬(Lindblom)과 윌다브스키(Wildavsky)가 제창한 현실적·실증적 모형으로, 인간의 지적 능력의 한계와 정책결정수단의 기술적 제약을 인정하고 기존 정책이나 사업에 초점을 두고 대안의 선택이 이루어진다고 본다. 점증모형은 민주정치의 원리로서 평가되는 정치적 다원주의 입장을 취하므로, 경제적 합리성보다 정치적 합리성을 중요시하여 정치적 실현가능성이 높다.

(선지분석)
① 합리모형이 문제의 분석에 초점을 두는 데 비하여 점증모형은 문제와 관련된 집단 간의 타협과 조정을 중시한다.
③ 점증모형은 안정화된 선진국에 적용되는 모형이며 보수적 성격이다. 쇄신이 강력히 요구되거나 과감한 정책 전환이 요구되고, 경제·사회발전이 시급한 발전도상국에는 적절하지 않다.
④ 점증모형은 민주적 다원주의가 확립되어 있을 때 바람직하며, 집단 간에 타협과 조정을 하기 때문에 권력·영향력이 강한 집단이나 강자에게 유리하고, 약자에게 불리하게 작용할 수 있다.

12 중앙정부의 지출   정답 ④

「지방교부세법」에 따른 지방교부세와 「지방교육재정교부금법」에 따른 지방교육재정교부금 모두 의무지출에 해당한다.

> 「국가재정법 시행령」 제2조 【국가재정운용계획의 수립 등】 ③ 「국가재정법」 제7조 제2항 제4호의2에 따른 의무지출의 범위는 다음 각 호와 같다.
> 1. 「지방교부세법」에 따른 지방교부세, 「지방교육재정교부금법」에 따른 지방교육재정교부금 등 법률에 따라 지출의무가 정하여지고 법령에 따라 지출규모가 결정되는 지출
> 2. 외국 또는 국제기구와 체결한 국제조약 또는 일반적으로 승인된 국제법규에 따라 발생되는 지출
> 3. 국채 및 차입금 등에 대한 이자지출

13 조직문화   정답 ④

조직문화는 조직구성원들이 공유하고 있는 가치, 믿음, 이해, 사고방식의 집합을 의미하기 때문에 조직구성원의 행동에 영향을 주는 중요한 요소이다. 이러한 조직문화는 혁신에 대한 제약조건이 될 수 있는데, 너무 강한 조직문화는 새로운 가치의 개발이 요구될 때 내부적으로 많은 저항에 당면하게 된다.

(선지분석)
① 조직의 경계를 설정하여 조직의 정체성을 제공한다.
② 구성원들로 하여금 조직에 몰입하도록 한다. 문화가 강하면 조직몰입도가 높아진다.
③ 문화는 조직의 안정성과 계속성을 유지시킨다.

14 직무만족   정답 ③

하급자로 하여금 직무수행의 자율성과 책임성을 증대시키려는 것은 직무확대(Job Enlargement)가 아니라 직무풍요화 내지는 직무충실(Job Enrichment)이다.

(선지분석)
① 직무순환의 개념으로 옳은 지문이다.
② 직장생활의 질(QWL)은 1960년대 미시간 대학에서 연구된 것으로서 보다 나은 직장생활의 질을 향상하려는 것인데, 직무충실화를 비롯한 직무설계의 원리를 적용하여 작업상황의 질을 개선하려는 종합적인 노력이다. 직장에서 근로자의 삶의 질을 향상시키기 위한 인간적·민주적인 근로운동을 의미한다.
④ 행동경향법의 개념으로 옳은 지문이다.

15 정책결정모형   정답 ①

ㄱ. 점증모형은 당사자 간 타협과 조정에 의한 정치적 합리성을 중시한다.
ㄴ. 만족모형은 제한된 합리성을 추구한다.

(선지분석)
ㄷ. 합리모형은 정치적 합리성이 아니라 경제적 합리성을 중시한다.
ㄹ. 혼합주사모형은 합리모형과 점증모형을 결합한 모형이지만, 기술적 타당성을 높이는 구체적 방법을 제시하지 못하였다는 평가를 받는다.

16 예산집행   정답 ④

「국가재정법」 제51조에 명시되어 있다.

> 「국가재정법」 제51조 【예비비의 관리와 사용】 ② 각 중앙관서의 장은 예비비의 사용이 필요한 때에는 그 이유 및 금액과 추산의 기초를 명백히 한 명세서를 작성하여 기획재정부장관에게 제출하여야 한다.

① 자유롭게 할 수 있는 것이 아니라 일정한 제약이 있다. 명시이월은 국회의 사전의결과 기획재정부장관의 승인이 필요하며, 사고이월은 기획재정부장관의 승인이 필요하고 재이월이 금지된다.

② 이체는 정부조직 등에 관한 법령의 제정, 개정 또는 폐지로 인해 그 직무와 권한에 변동이 있을 때 중앙관서의 장의 요구에 의해 기획재정부장관이 예산의 책임소관을 변경시키는 것을 말한다. 예산의 이체는 정부조직 등에 관한 법령의 제정·개정 또는 폐지로 인하여 중앙관서의 직무와 권한에 변동이 있을 때 이루어지는 것으로, 국회의 승인을 필요로 하지 않는다.

③ 이용에 대한 설명이다.

---

17 「지방교부세법」상 특별교부세   정답 ④

행정안전부장관은 제1항에 따른 특별교부세를 교부하는 경우 민간에 지원하는 보조사업에 대하여는 교부할 수 없다.

> 「지방교부세법」제9조【특별교부세의 교부】① 특별교부세는 다음 각 호의 구분에 따라 교부한다.
> 1. 기준재정수요액의 산정방법으로는 파악할 수 없는 지역 현안에 대한 특별한 재정수요가 있는 경우: 특별교부세 재원의 100분의 40에 해당하는 금액
> 2. 보통교부세의 산정기일 후에 발생한 재난을 복구하거나 재난 및 안전관리를 위한 특별한 재정수요가 생기거나 재정수입이 감소한 경우: 특별교부세 재원의 100분의 50에 해당하는 금액
> 3. 국가적 장려사업, 국가와 지방자치단체 간에 시급한 협력이 필요한 사업, 지역 역점시책 또는 지방행정 및 재정운용 실적이 우수한 지방자치단체에 재정 지원 등 특별한 재정수요가 있을 경우: 특별교부세 재원의 100분의 10에 해당하는 금액
> ② 행정안전부장관은 지방자치단체의 장이 제1항 각 호에 따른 특별교부세의 교부를 신청하는 경우에는 이를 심사하여 특별교부세를 교부한다. 다만, 행정안전부장관이 필요하다고 인정하는 경우에는 신청이 없는 경우에도 일정한 기준을 정하여 특별교부세를 교부할 수 있다.
> ④ 행정안전부장관은 제1항에 따른 특별교부세의 사용에 관하여 조건을 붙이거나 용도를 제한할 수 있다.
> ⑤ 지방자치단체의 장은 제4항에 따른 교부조건의 변경이 필요하거나 용도를 변경하여 특별교부세를 사용하고자 하는 때에는 미리 행정안전부장관의 승인을 받아야 한다.
> ⑥ 행정안전부장관은 제1항에 따른 특별교부세를 교부하는 경우 민간에 지원하는 보조사업에 대하여는 교부할 수 없다.
> ⑦ 제1항 제3호에 따른 우수한 지방자치단체의 선정기준 등 특별교부세의 운영에 필요한 사항은 대통령령으로 정한다.

---

18 정책집행의 유형   정답 ②

정책집행가는 정책결정가가 제시한 정책목표의 바람직성에 대해서 반드시 의견을 같이 하지는 않기 때문에 정책결정가와 정책집행가는 목표 또는 목표달성을 위한 수단에 관하여 협상을 벌인다.

① 고전적 기술자형에 대한 설명이다.
③ 재량적 실험가형에 대한 설명이다.
④ 관료적 기업가형에 대한 설명이다.

---

19 정보화와 전자정부   정답 ③

G2C(Government to Citizen)는 업무의 정확성과 효율성이 증대되고 대응성 또한 높아지므로, 대응성이 낮아진다는 부분은 옳지 않다.

① 정보화는 전자민주주의를 통하여 시민참여와 직접민주주의를 강화한다.
② 전자문서유통체제는 종이 없는 행정을 구현해준다.
④ 2022 UN 전자정부 보고서상 온라인 시민참여(E-participation)에 대한 평가로 옳은 지문이다.

---

20 주민참여   정답 ③

㉠ 선출직 지방공직자의 임기개시일부터 1년이 경과하지 아니한 때, ㉡ 선출직 지방공직자의 임기만료일부터 1년 미만일 때, ㉢ 해당 선출직 지방공직자에 대한 주민소환투표를 실시한 날부터 1년 이내인 때는 주민소환투표의 실시를 청구할 수 없다.

① 주민감사전치주의이므로 주민소송제도가 주민감사청구제도의 보완장치이다.
② 우리나라의 주민발안제도는 주민투표로 확정되는 것이 아니라 지방의회의 의결로 확정한다.
④ 기초지방자치단체의 주민투표관리는 당해 지방자치단체의 선거관리위원회에서 한다.

정답

p. 28

01	③	PART 1	06	④	PART 2	11	③	PART 2	16	①	PART 5
02	①	PART 3	07	③	PART 3	12	④	PART 1	17	②	PART 1
03	①	PART 3	08	①	PART 5	13	④	PART 7	18	②	PART 5
04	③	PART 2	09	④	PART 1	14	①	PART 7	19	③	PART 3
05	②	PART 2	10	④	PART 4	15	④	PART 1	20	②	PART 7

취약 단원 분석표

단원	맞힌 답의 개수
PART 1	/ 5
PART 2	/ 4
PART 3	/ 4
PART 4	/ 1
PART 5	/ 3
PART 6	/ 0
PART 7	/ 3
TOTAL	/ 20

PART 1 행정학 총설 / PART 2 정책학 / PART 3 행정조직론 / PART 4 인사행정론 / PART 5 재무행정론 / PART 6 지식정보화 사회와 환류론 / PART 7 지방행정론

---

01 민간위탁 　　　　　　정답 ③

바우처(vouchers)는 금전과 동일한 가치가 있는 쿠폰을 소비자인 빈곤층에게 제공하여 소비자가 공급자를 선택하게 하는 민영화 방식으로, 소비자의 선택권 보장, 공급자 간 경쟁 촉진, 재분배적 성격으로 인한 형평성 제고 등의 장점이 있다. 그러나 서비스의 누출이나 전매, 관료와 서비스 제공자 간에 유착 등 부패가 발생할 우려가 있다는 점이 단점이다.

(선지분석)
① 계약에 의한 민간위탁은 정부가 비용을 부담하는 조건으로 공공서비스를 민간기관에 위탁하여 생산·공급하는 것으로서 외주화(contracting out)라고도 한다.
② 민간위탁방식은 생산자를 경쟁입찰 방식으로 선정하므로 생산비용을 절감하거나 양질의 공공서비스를 지속적으로 공급하게 한다.
④ 정부가 직접 생산하는 것에 비해 공공서비스 생산에 대한 행정책임 확보가 곤란하다.

---

02 리더십 유형 　　　　　　정답 ①

행태론적 접근방식에 기반하여 리더십 유형을 분류한 연구이다.

(선지분석)
② 권위형은 의사결정권이 리더에게 집중되어 있으며, 직무나 과업수행(initiate)에 중심을 두는 유형이다.

📋 **리더십 유형 - 화이트(R. White)와 리피트(R. Lippitt)**

권위주의형	지도자가 모든 정책을 결정하고 구성원에게 세부적인 사항까지 지시하며, 구성원들의 작업에 대한 칭찬과 비판까지도 지도자의 개인적 생각에 의존하는 유형
민주형	정책결정은 집단토론을 통해서 이루어지고 구성원의 작업 격려도 집단토론을 통해 이루어지며, 업무를 수행하기 위해 집단형성이나 분업이 필요할 때도 집단이 결정
자유방임형	집단의 의사결정에 최대한의 자유를 부여하고 지도자는 요구가 있을 때에만 결정에 참여하며, 구성원의 작업에 대하여도 지도자는 일체 관여하지 않음

---

03 동기요인이론 　　　　　　정답 ①

아담스(Adams)의 형평성(공정성)이론은 개인은 준거인(능력이 비슷한 동료)과 비교하여 자신의 노력과 보상 간에 불일치(보상의 불공평성)를 지각하면, 이를 제거하는 방향으로 동기가 부여된다는 것이다. 즉, 불평등을 인식할 때 동기부여가 된다고 주장한다.

(선지분석)
② 맥클리랜드(McClelland)의 성취동기이론은 개인의 욕구는 사회화 과정과 학습을 통해 형성되므로, 개인마다 욕구의 계층이 다르다고 본다.
③ 기대이론은 만족이 직무성취를 가져오는 것으로 보았으나, 업적·만족이론은 직무성취의 수준이 직무만족의 원인이 된다고 보았다.
④ 앨더퍼(Alderfer)의 ERG이론은 매슬로우(Maslow)의 욕구 5단계를 3단계로 통합하고 욕구 추구는 따로, 분절적으로 일어날 수도 있지만, 두 가지 이상의 욕구를 동시에 추구하기도 한다는 복합연결욕구모형을 제시하였다.

---

04 정책대안의 탐색 　　　　　　정답 ③

델파이는 주관적·직관적 판단을 이용하는 추측이지만, 회귀분석은 이론적 예측인 예견에 해당한다.

(선지분석)
① 점증주의적 접근은 기존의 정책이나 외국 또는 다른 지방자치단체의 정책들을 대안으로 고려한다.
② 다른 정부의 정책을 대안으로 고려할 때는 가급적 사회문화적 배경이 유사한 지역을 선택하는 것이 바람직하다.
④ 브레인스토밍은 자유로운 분위기에서 아이디어를 도출하기 때문에 아이디어에 대한 비판을 금지한다. 아울러 직관적 예측인 아이디어의 양(갯수)을 중시하기 때문에 무임승차(편승기법)를 허용한다.

05　분배정책　정답 ②

②는 분배정책이 아니라 재분배정책의 특성에 해당한다. 분배정책은 공적 재원으로 추진되기 때문에 제로섬 게임이 발생하지 않고 집행하기가 가장 용이하다.

(선지분석)
① 분배정책은 개별화된 정책을 말한다. 개별화된 정책이란 개별적인 사업단위별로 분리되어 결정된 정책이라는 의미이다.
③ 국공립학교를 통한 교육서비스는 분배정책의 예이다.
④ 분배정책은 공 나눠먹기[포크배럴(pork barrel)]나 밀어주기[로그롤링(log-rolling)] 등의 정치경제하적 특성이 나타난다.

06　정책의제설정　정답 ④

체제이론은 정치체제 내부의 능력상 한계로 사회의 모든 문제가 체제 내로 투입되지 못한다고 주장한다. 체제의 과중부담을 피하기 위해 체제의 문지기(gate keeper)가 선호하는 문제만이 채택된다.

(선지분석)
① 정책은 다양한 이익집단들 간 경쟁과 타협의 산물이며, 정책과정이 특수이익에 좌우되지 않고 다양한 이익집단의 주장과 요구가 정책에 반영될 수 있다고 본다.
② 바흐라흐(Bachrach)와 바라츠(Baratz) 등은 무의사결정은 정책의제설정 과정뿐만 아니라 정책의 전 과정에서도 발생한다고 한다.
③ 킹던(J. Kingdon)의 정책의 창모형은 문제, 정책, 정치의 3가지 흐름이 상호의존적 경로를 따라 진행되는 것이 아니라, 독자적으로 흘러다니다가 우연히 만나서 의제설정이 이루어진다는 것이다.

07　관료제와 과학적 관리론　정답 ③

베버(Weber)의 관료제이론은 기계적 조직관으로, 조직 속의 인간을 합리적 경제인으로 간주하며, 조직을 폐쇄체제로 파악한다.

(선지분석)
① 관료제의 역기능인 법규 위주의 지나친 몰인간성(impersonalism)은 조직 내의 인간적 관계를 저해할 수 있다.
② 과학적 관리론은 공직분류에 있어서 계급제가 아니라 직위분류제의 확립에 이론적 기초를 제시하였다.
④ 과학적 관리론은 최소의 비용과 노력으로 최대의 성과를 확보할 수 있는 유일 최선의 방법을 찾아내기 위하여 과학적인 관리 기술을 적용하는 고전적인 관리이론으로, 인간의 내면적·심리적·사회적 요인을 경시하고 인간은 경제적·외재적 유인과 보상에 의해 동기가 유발되는 타산적 존재라고 보았다.

08　희소성의 법칙　정답 ①

가용자원이 정부의 계속사업을 지속할 만큼 충분하지 못한 경우에 발생하는 것은 급성 희소성(acute scarcity)이 아니라 총체적 희소성이다.

(선지분석)
④ 희소성은 '정부가 얼마나 원하는가'에 대해서 '정부가 얼마나 보유하고 있는가'의 관계로서 즉, 보유액/수요액을 말하는 것이다.

📄 **희소성의 유형**

구분	희소성의 상태		예산의 중점
완화된 희소성	계속사업	○	• 사업개발에 역점
	계속사업 증가분	○	• 예산제도로 PPBS 도입
	신규사업	○	
만성적 희소성	계속사업	○	• 신규사업의 분석과 평가는 소홀
	계속사업 증가분	○	• 지출통제보다는 관리개선에 역점
	신규사업	×	• 만성적 희소성의 인식이 확산되면 ZBB를 고려
급성 희소성	계속사업	○	• 비용절감을 위해 관리상의 효율 강조
	계속사업 증가분	×	• 예산기획 활동은 중단
	신규사업	×	• 단기적, 임기응변적 예산편성에 몰두
총체적 희소성	계속사업	×	• 비현실적인 계획, 부정확한 상태로 인한 회피형 예산편성
	계속사업 증가분	×	• 예산통제 및 관리는 무의미하며 허위적 회계 처리
	신규사업	×	• 돈의 흐름에 따른 반복적 예산편성

09　공공서비스의 공급과 생산　정답 ④

공동생산(coproduction)에는 집합적(collective) 공동생산과 집단적(group) 공동생산 두 가지가 있다. ㉠ 집합적(collective) 공동생산(협동생산)이란 전체 공동체 구성원 모두가 향유할 수 있는 집합적 재화를 공동으로 창출하는 것으로, 시민들의 참여도에 관계없이 혜택이 공통적으로 돌아가게 한다는 재분배적 사고가 깔려있다. 반면, ㉡ 집단적(group) 공동생산은 다수 시민의 능동적·자발적 참여에 의한 공동생산으로서, 소수 부유층 집단에게 혜택이 돌아가거나 공무원집단의 거부현상이 발생할 우려가 있어 서비스기관과 시민집단 간의 공식적 조정메커니즘을 필요로 한다는 점에서 집합적(collective) 공동생산과는 다르다.

(선지분석)
① 면허(franchise)는 일정한 자격을 갖춘 특정업체에 대해 일정구역 안에서 공공서비스를 제공할 수 있는 권리를 인정하는 것이므로 경쟁이 미약할 경우 가격이 상승할 우려가 있다.
② 바우처(vouchers)는 금전과 동일한 가치가 있는 쿠폰을 소비자인 빈곤층에게 제공하여 소비자가 공급자를 선택하게 하는 민영화방식이다. 소비자의 선택권 보장, 공급자 간 경쟁 촉진, 재분배적 성격으로 인한 형평성 제고 등 장점이 있지만, 서비스의 누출이나 전매, 관료와 서비스 제공자 간에 유착 등 부패가 발생할 우려가 있다는 단점이 있다.
③ 계약과 면허 모두 민간에게 생산·공급권을 부여하며, 정부는 공급에 대한 최종적 책임을 진다.

10 공무원의 정치적 활동 금지 정답 ④

특수경력직공무원 중 일부와 대학교수는 정치적 중립이 적용되지 않는다.

(선지분석)
① 공무원은 정당이나 그 밖의 정치단체의 결성에 관여하거나 이에 가입할 수 없다(「국가공무원법」 제65조).
② 타인에게 정당이나 그 밖의 정치단체에 가입하게 하거나 가입하지 아니하도록 권유 운동을 하는 것은 금지된다(「국가공무원법」 제65조).
③ 공무원은 단체의 명의를 사용해서도 정부정책을 반대할 수 없다.

11 정책결정만족모형 정답 ③

드로어(Dror)가 제창한 최적모형이 경제적 합리성과 아울러 직관·판단력·창의력과 같은 초합리적 요인을 고려하는 정책결정모형이다.

(선지분석)
① 경제인이 아닌 인지능력상의 한계를 지닌 '행정인'의 가정에 기초하고 있다.
② 인간의 인지능력·시간·비용·정보의 부족 등으로 합리모형이 가정하는 포괄적 합리성이 제약을 받아, 최선의 대안보다는 현실적으로 만족할 만한 대안을 선택하게 된다는 이른바 '제한된 합리성'을 가정한다.
④ 습득 가능한 몇 개의 대안을 순차적 관심에 의하여 단계적·우선적으로 검토하여 현실적으로 만족한다고 생각하는 선에서 대안을 선택한다고 본다.

12 공익 정답 ④

공익의 실체설과 과정설을 구별하는 문제이다. ㄱ, ㄴ, ㄹ은 과정설의 특징에 해당하고, ㄷ, ㅁ은 실체설의 특징에 해당한다.
• ㄱ, ㄴ, ㄹ. 과정설은 개인주의·자유주의·다원주의에 입각한 공익관으로, 사익을 초월한 별도의 공익이란 존재할 수 없으며, 공익이란 사익의 총합이거나 사익 간의 타협의 산물이라고 본다. 따라서 공익은 고정된 것이 아니라 다원적이고 유동적일 수 있다고 보며, 타협과 조정을 통한 민주적이고 적법한 절차를 중시한다.
• ㄷ, ㅁ. 실체설은 공익이란 사익을 초월한 사회구성원들이 보편적으로 공유하는 실체적·규범적·도덕적 개념으로, 공익과 사익의 갈등이란 있을 수 없고 언제나 공익이 우선시된다고 본다.

13 지방자치단체의 재정 정답 ④

국고보조금은 자치단체가 자율적으로 사용하는 것이 아니라 그 세출내역에 대한 보조금 예산안을 편성하여 국회의 심의를 거쳐 확정된 용도로만 지출가능한 특정재원이다.

(선지분석)
① 재정자주도는 전체재원 중에서 일반재원이 차지하는 비율을 말한다.
② 조정교부금은 광역단체차원의 지방재정조정제도이다.
③ 국고보조금은 지방교부세와 달리 용도가 정해진 특정재원이다.

14 우리나라 고향사랑 기부금 정답 ①

「고향사랑 기부금에 관한 법률」에 따른 고향사랑 기부금의 모금·접수 및 사용 등에 관하여는 「기부금품의 모집 및 사용에 관한 법률」을 적용하지 아니한다.

「고향사랑 기부금에 관한 법률」 제2조의2【고향사랑의 날】① 고향의 가치와 소중함을 널리 알리기 위하여 고향사랑의 날을 지정·운영한다.
② 고향사랑의 날 지정·운영에 필요한 사항은 대통령령으로 정한다.
제3조【다른 법률과의 관계】이 법에 따른 고향사랑 기부금의 모금·접수 및 사용 등에 관하여는 「기부금품의 모집 및 사용에 관한 법률」을 적용하지 아니한다.
제4조【고향사랑 기부금의 모금 주체 및 대상】① 지방자치단체는 해당 지방자치단체의 주민이 아닌 사람에 대해서만 고향사랑 기부금을 모금·접수할 수 있다.
제5조【기부의 제한】① 누구든지 타인의 명의나 가명으로 고향사랑 기부금을 기부하여서는 아니 된다.
② 누구든지 업무·고용, 계약이나 처분 등에 의한 재산상의 권리·이익 또는 그 밖의 관계가 있는 지방자치단체에 기부하여서는 아니 된다.
제7조【고향사랑 기부금의 모금 방법】① 지방자치단체는 대통령령으로 정하는 광고매체를 통하여 고향사랑 기부금의 모금을 할 수 있다. 다만, 다음 각 호의 어느 하나에 해당하는 방법으로는 고향사랑 기부금의 모금을 할 수 없다.
1. 개별적인 전화, 서신 또는 전자적 전송매체(「정보통신망 이용촉진 및 정보보호 등에 관한 법률」 제2조 제1항 제13호에 따른 전자적 전송매체를 말한다)의 이용
2. 호별 방문
3. 향우회, 동창회 등 사적인 모임에 참석·방문하여 적극적으로 기부를 권유·독려하는 방법
4. 그 밖에 제1호부터 제3호까지에서 규정한 방법과 유사한 방법으로서 대통령령으로 정하는 방법
② 제1항에 따른 고향사랑 기부금의 모금 방법·절차 등에 관하여 필요한 사항은 대통령령으로 정한다.
제8조【고향사랑 기부금의 접수 및 상한액】② 지방자치단체가 고향사랑 기부금을 접수한 경우에는 고향사랑 기부금을 기부한 사람(이하 "기부자"라 한다)에게 지방자치단체의 장의 명의로 영수증을 발급하여야 한다.
③ 개인별 고향사랑 기부금의 연간 상한액은 500만 원으로 한다.
제9조【답례품의 제공】① 지방자치단체는 기부자에게 대통령령으로 정하는 한도를 초과하지 아니하는 범위에서 물품 또는 경제적 이익(이하 "답례품"이라 한다)을 제공할 수 있다.
② 제1항에 따라 제공하는 답례품은 다음 각 호의 어느 하나에 해당하는 것으로 한다.
1. 지역특산품 등 해당 지방자치단체의 관할구역에서 생산·제조된 물품
2. 지방자치단체가 해당 지방자치단체의 관할구역에서만 통용될 수 있도록 발행한 상품권 등 유가증권
3. 그 밖에 해당 지역의 경제 활성화 등에 기여할 수 있는 것으로서 조례로 정하는 것

③ 지방자치단체는 다음 각 호의 어느 하나에 해당하는 것을 답례품으로 제공하여서는 아니 된다.
1. 현금
2. 고가의 귀금속 및 보석류
3. 제2항 제2호에 해당하지 아니하는 상품권 등 유가증권
4. 그 밖에 지역경제 활성화에 기여하지 못하는 것으로서 대통령령으로 정하는 것

제11조【고향사랑기금의 설치 등】② 제1항에 따른 기금(이하 "고향사랑기금"이라 한다)은 고향사랑 기부금을 재원으로 하고, 제3항에 따라 모집·운용 비용에 충당하는 경우 외에는 다음 각 호의 어느 하나에 해당하는 목적으로만 사용되어야 한다.
1. 사회적 취약계층의 지원 및 청소년의 육성·보호
2. 지역 주민의 문화·예술·보건 등의 증진
3. 시민참여, 자원봉사 등 지역공동체 활성화 지원
4. 그 밖에 주민의 복리 증진에 필요한 사업의 추진

③ 지방자치단체는 고향사랑기금의 일부(전년도 고향사랑 기부금액의 100분의 15 이내의 범위에서 대통령령으로 정하는 비율을 초과하지 아니하는 금액으로 한정한다)를 고향사랑 기부금의 모집과 운용 등에 필요한 비용에 충당할 수 있다.
④ 제1항 및 제2항에 따른 고향사랑기금의 관리·운용 등에 필요한 세부적인 사항은 대통령령으로 정하는 바에 따라 지방자치단체의 조례로 정한다.

15 넛지(nudge)의 특성   정답 ④

ㄱ. 넛지는 행동경제학이 발견한 인간의 행동 메커니즘을 정책에 응용한 것이다. 넛지 방식으로 정책을 설계하는 것을 선택설계라고 한다.
ㄴ. 넛지는 원래 '팔꿈치로 슬쩍 찌르다'라는 뜻으로, 이를 선택을 유도하는 부드러운 개입이라는 행동경제학의 용어로 만들었다. 따라서 정책대상집단의 행동에 개입하지만 개인의 자유로운 선택을 허용한다.
ㄷ. 넛지이론의 학문적 토대는 행동경제학이다.
ㄹ. 넛지이론은 인간은 제한된 합리성으로 인해 불확실한 상황에서 이루어지는 판단과 선택을 효율적으로 수행하기 위해 휴리스틱이라는 의사결정 방법을 활용한다. 이 과정에서 발생하는 인지적 오류와 행동편향으로 인한 비합리적 의사결정을 행동경제학에서는 행동적 시장실패라고 정의한다. 넛지이론은 정부역할의 근거를 행동적 시장실패에서 찾는다.

📄 신공공관리론과 넛지이론의 비교

구분	신공공관리론	넛지이론
이론의 학문적 토대	신고전학파 경제학, 공공선택론	행동경제학
합리성	완전한 합리성, 경제학 합리성	제한된 합리성, 생태적 합리성
정부 역할의 이념적 기초	신자유주의, 시장주의	자유주의적 개입주의 (넛지를 통한 정책은 강제적이지 않고 정책대상자에게 선택의 자유를 보장)
정부 역할의 근거와 한계	시장실패와 제도실패, 정부실패	행동적 시장실패와 정부실패
공무원상	정치적 기업가	선택설계자
정부 정책의 목표	고객주의, 개인의 이익 증진	행동 변화를 통한 삶의 질 제고
정책 수단	경제적 인센티브	넛지
정부개혁 모델	기업가적 정부	넛지 정부

16 예산집행의 신축성 유지방안   정답 ①

입법과목 간의 융통인 예산의 이용은 사전에 국회의 승인을 받은 후 기획재정부장관의 승인을 얻어 사용하지만, 행정과목 간의 융통인 전용은 사전의결 원칙의 예외로서 국회의 사전의결 없이 기획재정부장관의 승인으로 사용한다.

(선지분석)
② 계속비는 이미 총액을 국회의결을 얻은 계속사업으로 집행하는 예산이므로, 그 연부액 중 연도 내 지출을 하지 못한 경비는 당해 사업이 완성되는 연도까지 계속 이월을 할 수 있다.
③ 한번 사고이월한 금액을 재이월하는 것은 금지되고, 예견 가능한 사유로는 사고이월을 할 수 없다.
④ 국고채무부담행위는 사항마다 그 필요한 이유를 명백히 하고 그 행위를 할 연도 및 상환연도와 채무부담의 금액을 표시하여야 한다(「국가재정법」 제25조).

17 탈신공공관리론   정답 ②

신공공관리론이 자율·경쟁을 통한 관리라면, 탈신공공관리론은 자율·책임을 통한 관리를 강조한다. 탈신공공관리론은 관료제와 탈관료제의 조화를 추구한다.

(선지분석)
① 탈신공공관리론은 재집권화와 재규제를 강조한다.
③ 탈신공공관리론은 총체적·합체적 정부의 역할을 중시한다.
④ 탈신공공관리론은 민영화보다는 정부책임하의 민관파트너십을 강조한다.

18 특별회계   정답 ②

특별회계는 일반회계에 비하여 엄격한 통제가 수반되지 않으므로 행정부의 재량 및 재정운영의 자율성을 넓혀준다.

(선지분석)
① 「국가재정법」 제4조에 따르면 특별회계는 국가에서 특정한 사업을 운영하고자 할 때, 특정한 자금을 보유하여 운용하고자 할 때, 특정한 세입으로 특정한 세출에 충당함으로써 일반회계와 구분하여 회계처리할 필요가 있을 때에 법률로써 설치하되, '특별회계설치 근거법률'에 규정된 법률에 의하지 아니하고는 이를 설치할 수 없다.
③ 「국가재정법」 제13조에 따르면 정부는 국가재정의 효율적 운용을 위하여 필요한 경우에는 다른 법률의 규정에도 불구하고 회계 및 기금의 목적 수행에 지장을 초래하지 아니하는 범위 안에서 회계와 기금 간 또는 회계 및 기금 상호 간에 여유재원을 전입 또는 전출하여 통합적으로 활용할 수 있다.
④ 특별회계는 재정팽창의 원인이 될 수 있다.

19 혼돈이론 정답 ③

질서와 무질서, 부정적 환류와 긍정적 환류, 부정적 엔트로피와 긍정적 엔트로피 등 복잡한 문제에 대한 통합적 접근을 시도한다. 복잡한 관계를 전통적인 과학처럼 단순화하려 하지 않는다.

(선지분석)
① 기존의 이론들은 안정·질서·균형·평형을 전제로 하는 뉴턴(Newton)의 기계론적 패러다임에 젖어 불확실성·무질서·다양성 등의 비선형적 현상을 설명하지 못하였다고 본다. 따라서 이들을 설명하기 위한 질적 연구에 적합하다.
② 혼돈이론이 전제하는 '혼돈'이란 결정론적 혼돈이다. 즉, 어떤 시점의 정보에 의하여 다른 시점의 상황이 결정되는 현상으로, 그것은 완전한 혼란이 아니라 '한정된 혼란', '질서있는 무질서'이다.
④ 창의적 학습과 계획을 위하여 제한된 무질서를 용인하도록 조성한다. 계층제의 탈피, 업무의 유동성, 다기능적 팀의 활용, 흐름 중심의 조직, 저층구조화 등을 추구한다.

20 지방공기업 정답 ②

지방직영기업의 관리자는 지방자치단체장이 임명한다.

(선지분석)
① 지방직영기업은 지방자치단체 소속 기관으로 별도의 법인격이 없다.
③ 지방공사의 자본금은 지방자치단체가 전액을 현금 또는 현물로 출자한다. 단, 지방공사의 운영을 위하여 필요한 경우에는 자본금의 2분의 1을 넘지 아니하는 범위 안에서 지방자치단체 외의 자(외국인 및 외국법인을 포함한다)로 하여금 출자하게 할 수 있다.
④ 지방공사는 위탁 사업뿐만 아니라 별도의 독립 사업을 할 수 있다. 이에 비해 지방공단은 원칙적으로 지방정부가 위탁한 기능만을 처리할 수 있다.

정답

p. 33

01	④	PART 1	06	①	PART 5	11	③	PART 2	16	④	PART 5
02	②	PART 1	07	④	PART 2	12	④	PART 4	17	②	PART 4
03	①	PART 1	08	③	PART 3	13	④	PART 3	18	③	PART 6
04	③	PART 1	09	②	PART 5	14	④	PART 1	19	④	PART 5
05	③	PART 3	10	③	PART 3	15	③	PART 7	20	②	PART 7

PART 1 행정학 총설 / PART 2 정책학 / PART 3 행정조직론 / PART 4 인사행정론 / PART 5 재무행정론 / PART 6 지식정보화 사회와 환류론 / PART 7 지방행정론

취약 단원 분석표

단원	맞힌 답의 개수
PART 1	/ 5
PART 2	/ 2
PART 3	/ 4
PART 4	/ 2
PART 5	/ 4
PART 6	/ 1
PART 7	/ 2
TOTAL	/ 20

01 　생태론적 접근방법　　　　정답 ④

생태론적 접근방법은 행정과 환경과의 상호작용관계를 연구하는 거시적 접근방법이다. 분석수준은 유기체로서의 전체에 초점을 맞추며, 거시적 차원에서 행정현상을 분석하고자 한다.

(선지분석)

① 생태론적 접근방법은 '행정체제를 하나의 유기체로 파악하여 행정현상을 사회적·자연적·문화적 환경과 관련시켜 이해하려는 접근방법'이다.
② 생태론은 행정환경과 행정체제의 개방성을 강조한다.
③ 생태론은 행정이 환경에 의해 결정된다는 환경결정론적 입장을 취하므로, 서구의 행정제도가 후진국에 잘 적용되지 못하는 이유가 사회·문화적 환경의 이질성에 있다고 주장한다.

02 　사회자본론　　　　　　정답 ②

사회적 자본의 구성요소로 신뢰, 규범, 네트워크 등이 있다. 금융, 소득 등 물질적·경제적 요인은 사회적 자본과 관계가 없다.

(선지분석)

① 퍼트남(R. Putnam)은 이탈리아 지방정부 성과가 사회적 자본과 연관되어 있음을 밝혀내고, 사회적 자본에 있어 네트워크, 규범, 신뢰를 강조하였다.
③ 사회적 자본은 단기간에 정부가 주도하는 것이 아니라 민간 스스로 오랜 기간에 자발적으로 형성되며 지속성을 가지기 때문에, 짧은 기간 내에 쉽게 사라지지 않는 성격을 지닌다.
④ 사회적 자본은 개인이나 집단 간 상호관계에서 형성되는 것으로, 개인이나 사회의 발전에 이로운 신뢰·협력을 조장하는 규범과 네트워크를 통칭하는 공공재적 성격이 강한 사회적 역량(capabilities)이다.

03 　공공재 공급　　　　　　정답 ①

①은 보몰병(Baumol's Disease)에 대한 설명이다. 뷰캐넌(Buchanan)의 리바이어던 가설은 대의민주주의하에서 다수결 투표는 투표의 거래에 의해 과다지출을 초래한다는 가설이다.

(선지분석)

②, ③, ④ 공공재 공급규모 가설에 대한 설명으로 모두 옳은 설명이다.

04 　정부관의 변천　　　　　정답 ③

시장실패에 대한 대응으로 나타난 큰 정부는 규제를 강화하고, 정부의 적극적 역할을 강조하였으므로, 옳지 않은 설명이다.

(선지분석)

① 케인스주의, 뉴딜 정책은 경제대공황 등 경제위기를 정부의 시장에 대한 적극적 개입을 통해 극복하려는 시도로, 큰 정부관을 강조하였다.
② 신자유주의는 정부실패를 극복하기 위해 작은 정부를 강조하였다.
④ 신공공관리론은 정부실패를 극복하기 위하여 대두된 이론으로, 작은 정부를 지향한다.

05 　행정PR　　　　　　　정답 ③

행정PR 또는 공공관계는 행정기관이 행정의 내용이나 방향을 국민에게 알리는 공보기능뿐만 아니라 국민의 요구를 듣는 공청기능까지도 포함된다.

📄 **행정PR과 선전의 비교**

행정PR	선전
• 수평성	• 수직성
• 교류, 쌍방	• 일반, 편류
• 객관	• 주관
• 교육, 계몽	• 동조
• 이성에 호소	• 감정에 호소
• 의무	• 권리

06 독립기관 정답 ①

(가)는 독립기관이며, 독립기관에 해당하는 것은 ㄱ, ㄴ이다.

> **「국가재정법」제40조 【독립기관의 예산】** ② 정부는 제1항의 규정에 따른 협의에도 불구하고 독립기관(국회·대법원·헌법재판소 및 중앙선거관리위원회)의 세출예산요구액을 감액하고자 할 때에는 국무회의에서 해당 독립기관의 장의 의견을 들어야 하며, 정부가 독립기관의 세출예산요구액을 감액한 때에는 그 규모 및 이유, 감액에 대한 독립기관의 장의 의견을 국회에 제출하여야 한다.

07 정책집행 정답 ④

엘모어(Elmore)의 통합모형에 대한 옳은 설명이다. 엘모어(Elmore)는 통합모형에서 정책목표는 하향적으로 설계하고, 정책수단은 상향적으로 강구하는 것이 바람직하다고 주장하였다.

(선지분석)
① 상황론적 집행모형의 대표적 학자인 버만(Berman)은 집행현장에서의 상호적응성을 강조한다. 명확한 정책목표에 의거하는 것이 아니라 동일한 정책이라 할지라도 그 결과는 달라진다고 보므로, 정책과 집행조직 사이의 상호적응이 이루어질 때 성공적으로 집행된다고 본다.
② 하그로브(Hargrove)가 잃어버린 고리라고 표현하면서 정책집행에 대한 독자적 연구의 필요성을 강조하였다.
③ 하향적 집행론은 정책결정과 집행은 분리되어 결정과 집행의 순차성·단일방향성이 강조된다.

08 현대조직이론 정답 ③

혼돈이론은 혼돈을 회피와 통제의 대상으로 보지 않고, 발전의 불가결한 조건으로 이해한다.

(선지분석)
① 자원의존이론은 조직이 환경적 요인을 피동적으로 받아들이지 않고 스스로의 이익을 위해 적극적으로 환경에 대처하기 위한 전략적 결정을 내린다는 이론이다.
② 조직군생태론은 조직구조는 외부환경의 선택에 의해 좌우된다고 보아 환경의 절대성을 강조한다. 즉, 조직이 환경에 적응하는 것이 아니라 환경이 조직을 선택한다는 극단적인 환경결정론이다.
④ 상황론적 조직이론은 조직설계에 있어서 모든 상황에 적용될 수 있는 유일한 최선의 방법은 존재하지 않는다고 본다. 상황에 따른 효과적인 방법(차선)을 추구한다.

09 예산제도 정답 ②

ㄱ, ㄴ, ㄹ은 옳고, ㄷ, ㅁ은 옳지 않다.
ㄱ. 성과주의예산은 업무단위의 선정과 단위원가의 과학적 계산에 의해 합리적이고 효율적인 자원배분을 도모할 수 있다.
ㄴ. 계획예산은 장기적 시계하에서 목표·사업·대안·비용·효과 등을 고려하고, 분석적 기법을 활용하여 동일비용으로 최대효과 또는 동일효과를 최소비용으로 달성하게 하는 최적의 대안을 선택한다.
ㄹ. 영기준예산은 합리주의(=총체주의)예산이지만 분석·평가·서류작업 등에 투입하는 시간과 노력의 부담이 과중하다.

(선지분석)
ㄷ. 품목별예산은 투입 중심의 예산제도이므로 정부사업의 성격을 알지 못하고, 사업성과와 정부 생산성을 평가하기 어렵다.
ㅁ. 우리나라는 프로그램예산제도를 중앙정부에는 2007년, 지방정부에는 2008년부터 도입하였다.

10 BSC 정답 ③

ㄴ. 카플란(Kaplan)과 노턴(Norton)이 제시한 BSC의 4대 관점으로 옳은 설명이다.
ㄷ. BSC는 과거, 현재, 미래가 조화되는 관점을 중시한다. 학습과 성장은 미래적 관점으로 이해된다. 또한 BSC는 단기적 목표와 장기적 목표 간의 균형을 강조한다.

(선지분석)
ㄱ. 양적 목표를 설정하는 MBO의 한계에 대한 설명이다.
ㄹ. MBO가 목표설정 시 하급자의 참여와 의사전달을 강조하기 때문에 상향식 성과관리제도로 볼 수 있다. BSC는 하향적 접근법이다.

11 정책결정과정 정답 ③

정책결정과정에 대한 설명으로 옳은 것은 ㄱ, ㄹ, ㅁ으로 3개이다.
ㄱ. 다원주의에 따르면 정책은 다양한 이익집단들 간 경쟁과 타협의 산물이며, 정책 과정이 특수이익에 좌우되지 않는다.
ㄹ. 국가조합주의에 따르면 정책은 국가가 사회를 일정한 방향으로 유도하기 위해 의도적으로 사회집단과 개인의 이익·가치들을 통제·조정하며, 정부목표를 효과적으로 달성하기 위한 수단이다.
ㅁ. 사회조합주의는 서구의 선진민주국가의 의회민주주의하에서 나타나는 유형이며, 이익집단의 자발적 시도로부터 생성되었다.

(선지분석)
ㄴ. 바흐라흐(Bachrach) 등이 제시한 무의사결정론은 다알(R. Dahl)의 다원주의를 비판하며 등장한 신엘리트이론에 해당한다.
ㄷ. 사회적 명성이 있는 소수자들이 결정한 정책을 일반대중이 수용한다는 입장은 밀즈(Mills)의 지위접근법이 아니라 헌터(Hunter)의 명성접근법이다.

12 공무원 징계   정답 ④

ㄱ. 설문은 강임이 아니라 징계의 일종인 강등에 대한 설명이다.

> 「국가공무원법」 제5조 【정의】 이 법에서 사용하는 용어의 뜻은 다음과 같다.
> 4. "강임(降任)"이란 같은 직렬 내에서 하위 직급에 임명하거나 하위 직급이 없어 다른 직렬의 하위 직급으로 임명하거나 고위공무원단에 속하는 일반직공무원(제4조 제2항에 따라 같은 조 제1항의 계급 구분을 적용하지 아니하는 공무원은 제외한다)을 고위공무원단 직위가 아닌 하위 직위에 임명하는 것을 말한다.

ㄴ. 전직시험에서 3회 이상 불합격한 자로서 직무능력이 부족한 자는 직권면직 대상이다.

ㄷ. 일반적인 징계소멸시효는 3년이지만, 금품수수나 공금횡령 및 유용 등으로 인한 징계의결요구의 소멸시효는 5년이다.

(선지분석)

ㄹ. 「국가공무원법」상 징계에는 파면, 해임, 강등, 정직, 감봉, 견책 등 여섯 가지이다.

13 학습조직   정답 ④

세계를 보는 관점으로서 세상에 관한 사람들의 생각과 관점, 그것이 자신의 선택과 행동에 어떤 영향을 미치는지에 대해 끊임없이 성찰하고 다듬어야 하는 것은 사고의 틀(mental models)이다. 시스템 중심의 사고(systems thinking)는 체제를 구성하는 여러 연관 요인들을 통합적인 이론체계 또는 실천체계로 융합시키는 능력을 키우는 통합적 훈련이다.

(선지분석)

① 공동의(공유된) 비전, ② 집단적 학습, ③ 자기완성의 기회이다.

📄 **센게(Senge)의 제5의 수련**

자기완성 (personal mastery)	각 개인은 원하는 결과를 창출할 수 있는 자기역량의 확대 방법을 학습해야 함
사고의 틀 (mental models)	세계를 보는 관점으로서 세상에 관한 사람들의 생각과 관점, 그것이 자신의 선택과 행동에 어떤 영향을 미치는지에 대해 끊임없이 성찰하고 다듬어야 함
공동의 비전 (shared vision)	조직 구성원들이 공동으로 추구하는 목표와 원칙에 관한 공감대를 형성하는 것으로, 이를 위해 공유된 리더십과 참여가 필요함
집단적 학습 (team learning)	구성원들이 진정한 대화와 집단적인 사고의 과정을 통해 개인적 능력의 합계를 능가하는 지혜와 능력을 구축할 수 있게 팀 역량을 구축·개발하는 것
시스템 중심의 사고 (systems thinking)	체제를 구성하는 여러 연관 요인들을 통합적인 이론체계 또는 실천체계로 융합시키는 능력을 키우는 통합적 훈련

14 오츠(Oates)의 분권화정리   정답 ④

ㄴ. 외부효과는 없는 것으로 전제한다.

ㄷ. 지역 간에 다른 선호를 가진 경우, 분권화를 통하여 지역이 각자의 선호에 맞는 공공서비스의 수준을 선택할 수 있도록 함으로써 자원배분의 효율을 기할 수 있다는 이론이다.

(선지분석)

ㄱ. 지방의 사정을 감안하여 주민의 선호를 더욱 잘 반영할 수 있는 지방정부에 의한 공급이 더 효율적이라고 본다.

📄 **오츠의 분권화정리(Decentralization Theorem)**

㉠ 지역 간에 다른 선호를 가진 경우, 분권화를 통하여 지역이 각자의 선호에 맞는 공공서비스의 수준을 선택할 수 있도록 함으로써 자원배분의 효율을 기할 수 있다는 이론

㉡ 동일한 비용이 든다면 중앙정부가 모든 지역에 획일적으로 공급하는 것보다는 주민의 선호를 더욱 잘 반영할 수 있는 지방정부가 지방의 사정을 감안하여 공급하는 것이 더 효율적이라고 주장

15 「지방자치법」상 지방자치단체의 세외수입   정답 ③

사기나 그 밖의 부정한 방법으로 사용료·수수료 또는 분담금의 징수를 면한 자에게는 그 징수를 면한 금액의 5배 이내의 과태료를, 공공시설을 부정사용한 자에게는 50만 원 이하의 과태료를 부과하는 규정을 조례로 정할 수 있다.

> 「지방자치법」 제153조 【사용료】 지방자치단체는 공공시설의 이용 또는 재산의 사용에 대하여 사용료를 징수할 수 있다.
> 제154조 【수수료】 ① 지방자치단체는 그 지방자치단체의 사무가 특정인을 위한 것이면 그 사무에 대하여 수수료를 징수할 수 있다.
> ② 지방자치단체는 국가나 다른 지방자치단체의 위임사무가 특정인을 위한 것이면 그 사무에 대하여 수수료를 징수할 수 있다.
> ③ 제2항에 따른 수수료는 그 지방자치단체의 수입으로 한다. 다만, 법령에 달리 정해진 경우에는 그러하지 아니하다.
> 제155조 【분담금】 지방자치단체는 그 재산 또는 공공시설의 설치로 주민의 일부가 특히 이익을 받으면 이익을 받는 자로부터 그 이익의 범위에서 분담금을 징수할 수 있다.
> 제156조 【사용료의 징수조례 등】 ① 사용료·수수료 또는 분담금의 징수에 관한 사항은 조례로 정한다. 다만, 국가가 지방자치단체나 그 기관에 위임한 사무와 자치사무의 수수료 중 전국적으로 통일할 필요가 있는 수수료는 다른 법령의 규정에도 불구하고 대통령령으로 정하는 표준금액으로 징수하되, 지방자치단체가 다른 금액으로 징수하려는 경우에는 표준금액의 50퍼센트 범위에서 조례로 가감 조정하여 징수할 수 있다.
> ② 사기나 그 밖의 부정한 방법으로 사용료·수수료 또는 분담금의 징수를 면한 자에게는 그 징수를 면한 금액의 5배 이내의 과태료를, 공공시설을 부정사용한 자에게는 50만 원 이하의 과태료를 부과하는 규정을 조례로 정할 수 있다.
> ③ 제2항에 따른 과태료의 부과·징수, 재판 및 집행 등의 절차에 관한 사항은 「질서위반행위규제법」에 따른다.
> 제157조 【사용료 등의 부과·징수, 이의신청】 ① 사용료·수수료 또는 분담금은 공평한 방법으로 부과하거나 징수하여야 한다.
> ② 사용료·수수료 또는 분담금의 부과나 징수에 대하여 이의가 있는 자는 그 처분을 통지받은 날부터 90일 이내에 그 지방자치단체의 장에게 이의신청할 수 있다.

③ 지방자치단체의 장은 제2항의 이의신청을 받은 날부터 60일 이내에 결정을 하여 알려야 한다.

④ 사용료·수수료 또는 분담금의 부과나 징수에 대하여 행정소송을 제기하려면 제3항에 따른 결정을 통지받은 날부터 90일 이내에 처분청을 당사자로 하여 소를 제기하여야 한다.

⑤ 제3항에 따른 결정기간에 결정의 통지를 받지 못하면 제4항에도 불구하고 그 결정기간이 지난 날부터 90일 이내에 소를 제기할 수 있다.

⑥ 제2항과 제3항에 따른 이의신청의 방법과 절차 등에 관하여는 「지방세기본법」 제90조와 제94조부터 제100조까지의 규정을 준용한다.

⑦ 지방자치단체의 장은 사용료·수수료 또는 분담금을 내야 할 자가 납부기한까지 그 사용료·수수료 또는 분담금을 내지 아니하면 지방세 체납처분의 예에 따라 징수할 수 있다.

---

16 통합예산   정답 ④

정부가 직접 운용하는 국민연금기금 등 사회보장성기금은 포함된다.

(선지분석)
① 통합예산에는 중앙정부와 지방정부의 일반회계예산·특별회계예산·기금 등을 포함한다.
② 통합재정(또는 통합예산)은 회계 간 전출입 등 내부거래를 공제한 예산순계 개념으로 작성된다.
③ 통합예산(통합재정)은 일반회계, 특별회계, 기금을 모두 포함하는 정부의 재정활동으로, 이를 체계적으로 분류하여 표시함으로써 재정이 국민소득·통화·국제수지 등의 국민경제에 미치는 효과를 파악하고자 하는 예산제도이다.

---

17 역량기반 교육훈련 방식   정답 ②

역량기반 교육훈련 방식에 대한 설명으로 옳은 것은 ㄱ, ㄷ이다.
ㄱ. 멘토링은 멘토가 1:1로 멘티를 지도함으로써 핵심 인재의 육성과 지식 이전, 구성원들 간의 학습활동을 촉진할 수 있는 방법으로, 조직 내 업무 역량을 조기에 배양할 수 있다.
ㄷ. 액션러닝은 정책 현안에 대한 현장 방문, 사례조사와 성찰 미팅을 통해 문제 해결 능력을 함양하는 것으로, 교육생들이 실제 현장에서 부딪치는 현안 문제를 가지고 자율적 학습 또는 전문가의 지원을 받으며, 구체적인 문제 해결 방안을 모색한다.

(선지분석)
ㄴ. 학습조직은 암묵지나 조직의 내부 역량을 끌어내어 이를 체계적으로 공유·관리하는 조직은 맞다. 하지만 끊임없는 시행착오를 겪으면서 스스로 진화해 나가는 조직이므로, 사전에 구체적이고 명확한 조직설계 기준 제시가 용이하지 않다.
ㄹ. 워크아웃 프로그램은 전 구성원의 자발적 참여에 의한 행정혁신을 추진하는 방법으로, 관리자의 신속한 의사결정과 문제 해결을 도와준다는 장점이 있다.

📄 **역량기반 교육훈련제도**

멘토링	• 개인 간의 신뢰와 존중을 바탕으로 조직 내 발전과 학습이라는 공통 목표의 달성을 도모하고자 하는 상호 관계를 말함 • 조직 내에서 직무에 대한 많은 경험과 전문지식을 갖고 있는 멘토가 1:1 방식으로 멘티를 지도함으로써 조직 내 업무 역량을 조기에 배양시킬 수 있는 학습활동
학습조직	조직 내 모든 구성원의 학습과 개발을 촉진시키는 조직 형태로, 지식의 창출 및 공유와 상시적 관리 역량을 갖춘 조직
액션러닝	• 이론과 지식 전달 위주의 전통적인 강의식 집합식 교육의 한계를 극복하고 참여와 성과 중심의 교육훈련을 지향하는 대표적인 역량기반 교육훈련 방법의 하나 • 정책 현안에 대한 현장 방문, 사례조사와 성찰 미팅을 통해 문제 해결 능력을 함양하는 것으로 교육생들이 실제 현장에서 부딪치는 현안 문제를 가지고 자율적 학습 또는 전문가의 지원을 받으며 구체적인 문제 해결 방안을 모색함
워크아웃 프로그램	• 조직의 수직적·수평적 장벽을 제거하고 전 구성원의 자발적 참여에 의한 행정혁신, 관리자의 신속한 의사결정과 문제 해결을 도모하는 교육훈련 방식 • 1980년대 후반부터 미국 GE사의 전략적 인적자원 개발 프로그램으로 활용되었으며 정부조직에서도 정책 현안에 대한 각종 워크숍의 운영을 통해 집단적 토론과 함께 문제 해결 방안을 모색하고 개별 공무원의 업무 역량을 제고하기 위한 목적에서 적극 활용되고 있음

---

18 전자정부   정답 ③

전자정부는 정보기술을 활용하여 행정활동의 모든 과정을 혁신시킴으로써 행정업무를 효율적으로 처리하고, 정부의 고객인 국민에 대하여 질 높은 행정서비스를 제공하는 지식정보사회형 정부를 말한다. 이러한 전자정부는 행정의 투명성과 민주성의 확보는 물론 정보기술을 활용함으로써 신속한 서비스를 제공할 수 있을 뿐만 아니라, 행정개혁을 통해 비능률을 제거함으로써 행정의 능률을 향상시킬 수 있다. 따라서 전자정부는 행정의 민주성과 능률성을 조화시킬 수 있다.

---

19 재정준칙   정답 ④

재정준칙에 대한 설명으로 옳은 것은 ㄱ, ㄴ, ㄷ, ㄹ으로 4개이다.
ㄱ. 국가채무준칙은 국가채무의 규모에 상한선을 설정하는 준칙이다. 국가채무의 한도 설정은 GDP 대비 국가채무의 비율로 설정된다.
ㄴ. 재정수지준칙은 매 회계연도마다 또는 일정 기간 재정수지를 균형이나 일정 수준으로 유지하도록 하는 준칙이다. 재정수지준칙은 경기변동과는 무관하게 설정되는 것이므로 경제안정화를 오히려 저해할 수 있는 문제점이 있다.
ㄷ. 재정준칙을 도입하면 재정 규모의 결정이 준칙에 의해 결정되기 때문에 재정 규모의 결정이 단순해지므로 재정규율을 확립하는 데 용이하다.
ㄹ. 준칙에 의해서 운용되므로 이익집단이나 정치적 압력으로부터 재정 확대 압력을 방어하는 수단이 된다.

📑 **재정준칙**

⊙ 재정준칙은 재정수입, 재정지출, 재정수지, 국가채무 등 총량적 재정지표에 대한 구체적이고 법적 구속력이 있는 재정운용 목표로, 재정규율을 확보하기 위해 도입 운영중인 재정정책 수단임

© 심각한 재정위기 상황이 우려될 경우 재정건전성을 관리하기 위해 재정준칙을 법제화할 수 있음

© 재정지출, 재정수지, 국가채무와 같은 재정총량지표에 대해 목표치를 정하고 법적 구속력을 갖게 해서 정부의 재정지출을 통제할 수 있음

@ 경제성장률과 연동시켜 일정 비율 이상 재정 규모를 확대하지 못하도록 하는 것이 대표적인 사례임

◎ 재정준칙을 도입하면 재정 규모의 결정이 단순해지기 때문에 재정규율을 확립하는 데 용이하며, 또한 이익집단이나 정치적 압력으로부터 재정 확대 압력을 방어하는 수단이 됨

⑭ 다만 법적으로 강제화되지 않으면 실제 효과를 거두기 힘들며, 재정준칙은 전 세계 92개 국가에서 운용중이나 선진국 중 우리나라와 터키만 도입 경험이 없, 이에 정부는 2025년부터 시행을 목표로 국가재정법 개정을 추진중이며, 도입할 준칙은 채무준칙과 수지준칙임

⊗ 재정준칙(권오성 교수) 장·단점

재정준칙	장점	단점
재정수지준칙	• 명확한 운용지침 • 부채건전성과 직접 연관 • 감독 및 커뮤니케이션 용이	• 경기안정화 기능 미비(경기순행적) • 기초재정수지는 통제불능요인에 의한 채무심화 우려
지출준칙	• 명확한 운용지침 • 정부규모 조정 용이 • 감독 및 커뮤니케이션 용이	• 세입제약이 없어 부채건전성과 직접적 연관 없음 • 지출한도를 맞추려다 지출 배분에 불필요한 변화가 발생 가능
채무준칙	• 부채건전성과 직접 연관 • 감독 및 커뮤니케이션 용이	• 경기안정화 기능 미비(경기순행적) • 단기에 대한 명확한 운영지침 없음 • 한시적 조치가 될 수 있음 • 통제불능요인에 의한 채무심화 우려
수입(세입)준칙	• 정부규모 조정 용이 • 세입정책 향상	• 경기순행적 • 지출제약이 없어 부채건전성과 연관 없음

---

20 사무배분 정답 ②

ㄱ, ㄷ만 옳다.

ㄱ. 포괄적 배분방식의 장점은 배분방식이 간단하고, 운영에 있어 유연성을 확보할 수 있다는 장점이 있다.

ㄷ. 보충성의 원칙이란 기초자치단체 우선의 원칙으로 지역주민과 밀접한 말단 지방정부의 기능을 먼저 규정하고, 지방정부가 처리하기 힘든 기능에 한하여 상급정부 또는 중앙정부가 보완하는 것이다.

(선지분석)

ㄴ. 개별적 배분방식은 중앙정부와 자치단체 간, 광역과 기초자치단체 간의 사무배분과 그 한계가 명확하다. 포괄적 배분방식이 중앙정부와 자치단체 간 사무 구분이 불명확하여 책임한계가 모호하여 사무처리의 중복이나 상급단체의 지나친 통제·감독을 초래하기 쉽다.

ㄹ. 포괄성의 원칙은 연관된 사무를 일괄 이양을 해야 한다는 원칙이다. 상위 지방자치단체와 하위 지방자치단체 모두에 동시 배분한다는 표현은 중복배분 금지 원칙에 위배된다.

▶ 정답

p. 38

01	① PART 4	06	④ PART 3	11	② PART 3	16	④ PART 4
02	③ PART 1	07	③ PART 1	12	④ PART 3	17	③ PART 7
03	② PART 6	08	② PART 4	13	② PART 3	18	② PART 6
04	④ PART 1	09	④ PART 2	14	④ PART 1	19	③ PART 7
05	④ PART 4	10	③ PART 6	15	③ PART 4	20	② PART 7

▶ 취약 단원 분석표

단원	맞힌 답의 개수
PART 1	/ 4
PART 2	/ 1
PART 3	/ 4
PART 4	/ 5
PART 5	/ 0
PART 6	/ 3
PART 7	/ 3
TOTAL	/ 20

PART 1 행정학 총설 / PART 2 정책학 / PART 3 행정조직론 / PART 4 인사행정론 / PART 5 재무행정론 / PART 6 지식정보화 사회와 환류론 / PART 7 지방행정론

01 측정의 타당성 정답 ①

구성개념 타당성은 직무수행 성공과 관련 있다고 이론적으로 구성·추정한 능력요소(traits)를 얼마나 정확하게 측정하느냐에 관한 기준이다. 경험적으로 포착하기 어려운 자질을 잘 평가하는 것이다.

(선지분석)
② 기준 타당성은 직무수행능력을 얼마나 정확하게 측정하느냐에 관한 타당성이다. 시험성적과 업무실적이라는 기준을 비교하여 양자의 상관관계를 확인할 수 있다.
③ 내용 타당성은 직무수행에 필요한 지식·기술·태도 등 능력요소를 얼마나 정확하게 측정하느냐에 관한 타당성이다.
④ 같은 개념을 상이한 측정방법으로 측정했을 때, 그 측정값 사이의 상관관계는 수렴적 타당성이다.

📄 타당성

수렴적 타당성 (집중 타당성)	같은 개념을 상이한 측정방법으로 측정했을 때 그 측정값 사이의 상관관계가 높은 경우 그 측정지표는 타당성이 높게 나타남
차별적 타당성 (판별 타당성)	서로 다른 이론적 구성개념을 나타내는 측정지표들 간의 상관관계가 낮은 경우 그 측정지표는 타당성이 높게 나타남

02 효율성 정답 ③

기계적 효율성은 과학적 관리론, 관료제이론 등에서 주장한 효율성으로, 정치행정이원론의 시대에 행정학에 도입된 효율성 개념이다.

(선지분석)
① 효율성(efficiency)은 투입 대 산출의 비율을 뜻한다. 능률성과 효율성을 다른 개념으로 보는 관점이 있지만 영어 표현으로 풀어야 하는 문제이다. efficiency를 능률성으로 해석하시는 분들도 있고 효율성으로 해석하시는 분들도 있다.
② 자원배분의 효율성을 의미하는 파레토 최적에 대한 옳은 설명이다.

④ 디목(Dimock)이 강조한 개념으로, 과학적 관리론에 입각한 기계적·금전적 능률관을 비판하고, ㉠ 행정의 사회목적 실현과 다원적인 이익들 간의 통합·조정, ㉡ 행정조직 내부에서의 구성원의 인간적 가치의 실현 등을 내용으로 하는 능률관이다. 이런 의미에서 사회적 능률은 민주성의 개념으로 이해되기도 하며(민주적 능률), 인간관계론과 통치기능설의 등장과 더불어 강조되었다.

03 행정개혁 정답 ②

ㄱ, ㄷ만 옳다.
ㄱ. 신공공관리론은 시장논리 및 기업식 경영만을 강조한 나머지 효율성을 강조하지만 대국민 책임성이나 민주성을 확보하기는 힘들다.
ㄷ. 뉴거버넌스론은 시민과 네트워크에 의한 공동생산을 중요시하므로 옳은 설명이다.

(선지분석)
ㄴ. 탈신공공관리론에서는 구조적 통합을 통한 분절화의 축소, 재규제 등을 주장하므로 탈신공공관리론과 반대되는 설명이다.
ㄹ. 조직 내 유보된 분권화된 조직은 신공공서비스이론이 아니라 신공공관리론에서 기대하는 조직구조이다. 신공공서비스이론이 기대하는 조직구조는 리더십을 공유하는 협동적 구조이다.

04 시장실패에 대한 대책 정답 ④

예시된 정부정책들은 제품에 대한 소비자와 생산자 간 비대칭적 정보로 인하여 발생하는 역선택과 도덕적 해이를 방지하기 위한 정부제도들이다.

05 배치전환 정답 ④

전입은 인사관할을 달리하는 기관 간에 공무원을 이동시켜 받아들이는 것으로, 원칙적으로 전입시험을 치러야 한다.

📄 배치전환

전직	• 직급은 동일하나 직렬을 달리 하는 직위로 수평적으로 이동하는 것 • 직렬이 달라지기 때문에 원칙적으로 전직시험을 거쳐야 함
전보	• 직무의 내용이나 책임이 유사한 동일한 직급·직렬 내에서 직위만 변동되는 보직변경 • 전보에 따르는 시험이 필요 없음
전입	• 다른 인사관할의 기관 간 인사이동으로, 원칙적으로 시험이 필요함 • 국회, 행정부, 법원 간의 인사이동

06 분석기법 정답 ④

제시문은 대기행렬이론이다. 대기행렬이론은 하나의 서비스 체계에서 고객이 도래하는 수가 시간마다 일정하지 않을 때, 대기행렬의 길이와 서비스를 받고자 하는 단위들의 대기시간을 통제하기 위해 적정한 시설규모·서비스 절차와 통로의 수 및 대기 규칙 등을 발견하기 위한 이론이다.

(선지분석)

① 비용·편익분석은 공공투자사업에 대한 정책결정에 있어서 투자사업의 효과(편익)가 비용보다 많은지의 여부를 체계적으로 분석하여 공공사업의 경제적 타당성을 검토하는 분석기법이다.
② PERT(Program Evaluation and Review Technique)와 CPM(Critical Path Method)은 특정의 대규모 프로젝트에 대한 일정과 순서를 계획적으로 관리하는 기법이다. 일정관리기법의 대표적인 것이 바로 PERT와 CPM이다.
③ 선형계획법은 일정한 제약조건하에서 편익의 극대화나 비용의 최소화가 가능한 최적분배점을 발견함으로써 한정된 자원을 가장 효율적으로 이용하기 위한 수리계획모형의 하나이다.

07 공공가치관리론 정답 ③

공공가치의 창출과 공공관리자의 거시적인 전략적 사고를 강조한 무어의 공공가치창출론과 공공가치의 실재론에 기초하여 공공가치실패를 강조하는 보우즈만의 접근법이 있다.

📄 공공가치관리론

ⓐ 개념 및 대두배경
• 신공공관리론은 도구적 관점에서 행정의 수단성만을 강조함으로써 정부의 존재 이유에 대한 근본적 의문에 적절한 답을 제공하지 못하였음. 신공공관리론이 야기한 이러한 행정의 정당성 위기, 즉 행정의 공공성 약화를 극복하기 위한 대안적인 패러다임으로 등장한 것이 공공가치관리론임

• 공공가치관리론의 주요 특징은 시민과 이해관계자의 관여와 이들과 공무원 간 숙의민주주의 과정을 통한 공공가치의 결정, 공공가치의 창출, 그 결과에 대한 평가가 이루어질 때 행정의 정당성을 강화할 수 있으며, 정부가 시민의 능동적 신뢰를 창출할 수 있다는 것임
• 공공가치의 창출과 공공관리자의 거시적인 전략적 사고를 강조한 무어의 공공가치창출론과 공공가치의 실재론에 기초하여 공공가치실패를 강조하는 보우즈만의 접근법이 있음
ⓑ 전통적 공공행정론, 신공공관리론, 공공가치관리론의 비교

구분	전통적 공공행정론	신공공관리론	공공가치관리론
공익	정치인이나 전문가가 정의	개인 선호의 집합	숙의를 거친 공공의 선호
성과 목표	정치적으로 정의	효율성 (고객 대응성과 경제성 보장)	공공가치 달성 (서비스 제공, 만족, 사회적 결과, 신뢰 및 정당성)
책임성 확보	정치인에 대한 책임, 정치인을 통한 의회에 대한 책임	성과계약을 통한 상위 기관에 대한 책임, 시장 메커니즘을 통한 고객에 대한 책임	다원적 차원 (정부 감시자로서 시민, 사용자로서의 고객, 납세자)
서비스 전달체계	계층조직, 자율규제하는 전문직	민간조직, 책임행정기관	대안적 전달체계를 실용적으로 선택 (공공부문, 공공기관, 책임행정기관, 민간기업, 공동체조직)
관리자의 역할	규칙과 적합한 절차의 준수를 보장	동의하는 성과목표를 정의하고 달성	숙의 절차와 전달 네트워크를 운영·조성하고 전체 시스템의 역량 유지에 기여
공공서비스 정신	공공부문이 독점	공공서비스 정신에 대해 회의적	공공서비스 정신 독점보다는 공유한 가치를 통한 관계 유지가 중요
민주적 과정의 기여	책임성의 전달 (선거를 통한 조직 리더 선출 경쟁으로 책임성 확보)	목표의 전달 (목표의 형성 및 성과 점검으로 한정되고 관리자가 수단을 선택)	대화의 형성과 전달 (지속적인 민주적 소통 과정이 필수적)
공공참여	투표, 선출직 정치인에 대한 압박으로 제한	고객만족도 조사 등을 제한적으로 허용	다원적(소비자, 시민, 이해관계자 등) 참여 보장

08 대표관료제 정답 ②

대표관료제를 우리 정부에서는 균형인사제도라고 부른다. 대표관료제의 단점 중 하나가 역차별이다. 그 외에도 소극적·배경적 대표와 적극적·실질적 대표의 단절, 대표성과 영향력의 불균등, 실적주의에 대한 갈등과 행정의 전문성 저해 가능성, 정치적 중립성의 문제, 자유주의 원칙 침해, 국민주권의 원리에 위배되는 등의 문제가 있다.

① 대표관료제는 사회화에 의한 주관적 책임으로 소극적 대표가 적극적 대표로 연결될 거란 것을 전제로 한다.
③ 대표관료제는 소극적 대표(출신집단이 태도를 결정)가 자동적으로 적극적 대표(태도가 행동을 지배)를 보장한다는 가정에서 출발한다.
④ 대표관료제는 관료제가 비례적으로 구성되고 출신집단을 대표함으로써, 정부의 대응성 및 책임성이 높아지고 관료제의 민주화를 촉진한다.

09 정책분석기법 정답 ④

정책델파이는 전통적인 델파이와 달리 처음에는 익명성을 유지하다가 어느 정도 결론이 표면화되면 공개적인 토론을 벌인다. 즉, 선택적 익명성을 추구한다.

① 공공사업의 경우 공공사업이 창출하는 외부효과 등을 감안하여 사회적 할인율은 시장이자율보다 낮아야 한다는 주장이 지배적이다.
② 비용편익분석 평가기준에는 순현재가치법, 비용편익비율법, 내부수익률법 등이 사용된다.
③ 델파이기법에서는 모든 전문가들이 엄격한 익명성 보장하에 실제로 분리된 개개인으로서 답변하도록 한다.

10 데이터기반 및 증거기반 행정 정답 ③

증거 기반 정책결정의 적용이 상대적으로 용이한 분야는 보건정책 분야, 사회복지정책 분야, 교육정책 분야, 형사정책 분야 등을 들 수 있다. 소위 휴먼 서비스 정책 관련 분야로 명명되는 이 분야들은 증거 분석이 가능한 기존 정책결정 접근방법이 다른 영역보다 더 확고하게 정립되어 있고, 인간의 보편적 존엄을 구현한다는 관점에서 이념적 다툼이 상대적으로 적어 성공 가능성이 큰 것으로 간주되고 있다.

① 데이터기반 행정이란 공공기관 및 법인 단체가 관리하고 있는 데이터를 정책 수립 및 의사결정에 활용함으로써 객관적이고 과학적으로 수행하는 행정을 말한다.
② 데이터기반 행정에서 말하는 데이터란 정형적, 비정형적 데이터를 모두 포함한다.
④ 데이터기반 행정은 정부가 보유하고 있는 빅데이터를 적극 활용함으로써 공공기관의 책임성, 대응성 및 신뢰성을 높이고 국민의 삶의 질 향상을 위한 목적으로 도입되었다(「데이터 기반행정 활성화에 관한 법률」 제1조).

11 조직이론 정답 ②

고전적 조직이론에서는 행정은 경영과 유사하다는 정치행정이원론(공사행정일원론)에 입각하고 있다.

① 고전적 조직이론은 행정을 관리 작용으로 보고, 절약과 능률을 최고의 가치로 삼아 기계적 능률을 추구하였다. 또한 인간을 합리적 경제인으로 가정한다.
③ 신고전적 이론이란 인간을 사회인으로 규정하고 비공식적, 사회적, 비경제적 요소를 중시하는 인간관계론의 조직이론을 말한다. 호손 공장 실험은 인간관계론의 대두배경이 된 실험이었다.
④ 현대적 조직이론은 조직을 환경과 상호작용하는 동태적·유기체적 개방체제로 파악하며, 인간을 자아실현인·복잡인으로 파악한다. 조직에서 변동·갈등의 순기능을 인정하고, 조직발전(OD)을 중시한다.

12 수직적 조정장치 정답 ④

조직이 처리할 문제와 의사결정이 많아지면, 계층제·규칙과 계획의 장치로는 관리자에게 과도한 업무 부담을 주게 된다. 이 경우 수직적 계층에 직위를 추가함으로써 상관의 통솔범위를 줄이고 밀접한 의사소통과 통제를 가능하게 한다.

① 규칙과 계획은 반복적인 문제와 의사결정에 대해서는 규칙과 절차를 마련하여 상위계층과 직접적인 의사소통 없이도 부하들이 대응할 수 있게 해준다.
② 수직정보시스템은 상관에 대한 정기보고서, 문서화된 정보, 전산에 기초한 의사소통제도를 마련하여 조직 상·하 간 수직적 의사소통의 능력을 제고하고 효율적 정보의 이동을 가져온다.
③ 임시작업단(TF: Task Force)은 특정 문제에 관련된 각 부서들의 대표로 구성된 임시위원회로서, 일시적 문제에 대한 부서 간의 직접 조정에 효과적이다.

13 조직구조 설계원리 정답 ②

ㄱ. 계선은 명령통일의 원리에 따라 직접 업무를 행하며, 참모는 정보제공·기획 등의 기능을 수행한다.
ㄴ. 부문화(departmentation)의 원리란 서로 기능이 같거나 유사한 업무를 조직단위로 묶는 것을 말한다.
ㄹ. 명령통일의 원리란 한 사람의 상급자로부터만 명령·지시를 받고, 한 사람의 상급자에게만 보고해야 한다는 명령일원화의 원칙이다.

ㄷ. 통솔범위가 넓을수록 저층구조가 형성되고, 반대로 통솔범위가 좁을수록 고층구조가 나타난다.

14 정부재창조 전략 정답 ④

통제 전략(control strategy)은 권력을 대상으로 하고, 분권화를 추구하는 것이다. 여기서 권력이란 의사결정의 권력을 말하고, 분권화를 추구한다는 것은 계서제에서 하급계층에 차례로 힘을 실어준다는 뜻이다.

📄 **오스본(Osborne)과 프래스트릭(Plastrik)의 5C 전략**

전략	정부개혁수단	접근방법
핵심 전략 (Core Strategy)	목적(purpose): 명확한 목표를 설정하라	목적·역할·방향의 명확성
결과 전략 (Consequence Strategy)	유인체계(incentive): 직무 성과의 결과를 확립 하라	경쟁관리, 기업관리, 성과관리
고객 전략 (Customer Strategy)	책임성(accountability): 고객을 최우선하라	고객의 선택, 경쟁적 선택, 고객품질 확보
통제 전략 (Control Strategy)	권한(power): 권한을 이양하라	하위조직·조직구성원· 지역사회에의 권한 이양
문화 전략 (Culture Strategy)	문화(culture): 기업가적 조직문화를 창출 하라	관습타파, 감동정신, 승리정신

15 계급제와 직위분류제 정답 ③

직위분류제는 공무원 신분이 특정 직위·직무에 연결되므로, 기구개혁 등에 따라 직무 자체가 없어진 경우 신분보장이 위협을 받는다. 계급제는 공무원이 기구개혁의 영향을 받지 않으므로 강한 신분보장에 의한 안정감이 유지된다.

📄 **직위분류제와 계급제**

구분	직위분류제	계급제
분류 기준	직무의 종류·곤란도·책임도	개인의 능력·자격
중심	• 인간적 요인(주관적·비합리적) 배제 • 직무분석과 직무평가 중심	• 직무보다 인간 • 능동적·창의적·쇄신적 행정인 지향
채용과 시험	• 직위에 필요한 자격요건의 시험 내용 • 시험과 채용의 연결 ⇨ 합리성	• 시험관리의 용이성 • 넓은 시야를 가진 유능한 인재 등용
보수	• 직무급제도 • 동일 직무 동일 보수 원칙	• 생활급 위주 • 근무연한, 근무성적 고려
인사 배치	• 인사배치의 정실화, 자의성 방지 • 승진·전직·전보제도의 합리적 운영	• 인사배치의 신축성 • 적재적소 배치와 다양한 능력 발전
행정 비전	단기적 사업계획 수립과 능률적 집행	장기적 계획수립과 추진
교육 훈련	훈련과 담당 직책 내용과 연결 ⇨ 훈련(훈련수요 판단)의 효율성	최근 공무원의 자기계발, 행태변혁 강조
신분 보장	신분보장이 직위에 연동 ⇨ 조직개편에 따른 신분의 영향으로 직업공무원제 확립 곤란	신분보장이 특정직위에 좌우되지 않음 ⇨ 상대적으로 신분보장이 강하고 직업공무원제의 정착에 기여

① 계급제는 생계비를 기준으로 지급하는 생활급이 원칙이고, 직위분류제의 보수제도는 개개인이 맡고 있는 직무의 곤란도와 책임도를 평가하여 임금을 결정하는 직무급이 원칙이다.
② 직위분류제는 특정 직위의 직무수행능력에 관한 인물 적합성을 최우선으로 하므로, 공무원의 장기적 능력발전이나 잠재력·창의력 개발에는 소홀하다. 계급제는 직렬에 관계없이 수평적·수직적 이동이 가능하여 공무원의 창의력·적응력이 발전되고, 장기간의 복무로 조직 충성도가 제고된다. 그에 따라 장기적 행정계획을 추진한다.
④ 계급제는 강한 신분보장으로 공무원 간의 유대의식이 높아 행정의 능률성을 제고할 수 있다.

16 공무원 임용 정답 ④

「국가공무원법」 제29조에 규정되어 있다.

> 「국가공무원법」 제29조【시보임용】① ~ 대통령령 등으로 정하는 경우에는 시보 임용을 면제하거나 그 기간을 단축할 수 있다.

①, ③ 각각 「국가공무원법」 제26조의3, 제26조의2에 규정되어 있다.

> 「국가공무원법」 제26조의2【근무시간의 단축 임용 등】국가기관의 장은 업무의 특성이나 기관의 사정 등을 고려하여 소속 공무원을 대통령령 등으로 정하는 바에 따라 통상적인 근무시간보다 짧게 근무하는 공무원으로 임용 또는 지정할 수 있다.
> 제26조의3【외국인과 복수국적자의 임용】① 국가기관의 장은 국가안보 및 보안·기밀에 관계되는 분야를 제외하고 대통령령 등으로 정하는 바에 따라 외국인을 공무원으로 임용할 수 있다.

② 시험성적과 근무성적 간의 연관성이 높다면 임용시험의 기준타당성이 높다고 할 수 있다.

17 우리나라의 주민소송제도 정답 ③

주민소송은 주민감사청구 전치주의에 입각하고 있으므로, 주민감사청구의 결과에 불복하는 경우에 하는 것이다.

① 주민소송에서 당사자는 법원의 허가를 받지 않고서는 소의 취하, 소송의 화해 또는 청구의 포기를 할 수 없다.
② 주민소송의 피고는 지방자치단체장이다. 중앙정부를 상대로는 소송을 제기할 수 없다.
④ 소송의 계속 중에 소송을 제기한 주민이 사망하거나 주민의 자격을 잃으면 소송절차는 중단된다.

18 옴부즈만제도 정답 ②

우리나라는 국민권익위원회가 국무총리 소속이므로 행정부 소속형이지만, 스웨덴의 옴부즈만은 의회옴부즈만으로 입법부 소속이다.

(선지분석)

① 옴부즈만은 1809년 스웨덴에서 처음 창설된 제도이다.

③ 현재 우리나라의 옴부즈만은 국민권익위원회지만, 1994년에 출범한 국민고충처리위원회가 옴부즈만제도의 시초이다.

④ 옴부즈만은 직무상으로는 독립성이 보장된다.

19 지방의회의원 정답 ③

「지방자치법」 제43조상 농업협동조합, 수산업협동조합, 산림조합, 엽연초 생산협동조합, 신용협동조합, 새마을금고의 임직원과 이들 조합·금고의 중앙회장 등을 겸할 수 없다.

(선지분석)

① 「지방자치법」 제40조상 지방의회의원에게는 매월 의정활동비와 월정 수당을 지급한다.

② 「지방자치법」 제41조에 의하면 지방의회의원의 의정활동을 지원하기 위하여 지방의회의원 정수의 2분의 1 범위에서 해당 지방자치단체의 조례로 정하는 바에 따라 지방의회에 정책지원 전문인력을 둘 수 있다. 2022.1.13. 「지방자치법」 개정으로 신설된 조문이다.

④ 「지방자치법」 제45조에 따르면 수사기관의 장은 체포되거나 구금된 지방의회의원이 있으면 지체 없이 해당 지방의회의 의장에게 영장의 사본을 첨부하여 그 사실을 알려야 한다.

20 경찰제도 정답 ②

위원은 특정 성(性)이 10분의 6을 초과하지 아니하도록 노력하여야 한다.

> **「국가경찰과 자치경찰의 조직 및 운영에 관한 법률」 제18조 【시·도 자치경찰위원회의 설치】** ① 자치경찰사무를 관장하게 하기 위하여 특별시장·광역시장·특별자치시장·도지사·특별자치도지사(이하 "시·도지사"라 한다) 소속으로 시·도자치경찰위원회를 둔다. 다만, 제13조 후단에 따라 시·도에 2개의 시·도경찰청을 두는 경우 시·도지사 소속으로 2개의 시·도자치경찰위원회를 둘 수 있다.
> ② 시·도자치경찰위원회는 합의제 행정기관으로서 그 권한에 속하는 업무를 독립적으로 수행한다.
> ③ 제1항 단서에 따라 2개의 시·도자치경찰위원회를 두는 경우 해당 시·도자치경찰위원회의 명칭, 관할구역, 사무분장, 그 밖에 필요한 사항은 대통령령으로 정한다.
> **제19조 【시·도자치경찰위원회의 구성】** ① 시·도자치경찰위원회는 위원장 1명을 포함한 7명의 위원으로 구성하되, 위원장과 1명의 위원은 상임으로 하고, 5명의 위원은 비상임으로 한다.
> ② 위원은 특정 성(性)이 10분의 6을 초과하지 아니하도록 노력하여야 한다.
> ③ 위원 중 1명은 인권문제에 관하여 전문적인 지식과 경험이 있는 사람이 임명될 수 있도록 노력하여야 한다.

정답

p. 43

01	④ PART 1	06	④ PART 3	11	③ PART 4	16	① PART 1
02	① PART 3	07	① PART 1	12	② PART 7	17	③ PART 3
03	③ PART 4	08	① PART 2	13	④ PART 5	18	② PART 6
04	② PART 1	09	② PART 5	14	① PART 1	19	② PART 3
05	④ PART 7	10	④ PART 1	15	③ PART 4	20	③ PART 3

취약 단원 분석표

단원	맞힌 답의 개수
PART 1	/ 6
PART 2	/ 1
PART 3	/ 5
PART 4	/ 3
PART 5	/ 2
PART 6	/ 1
PART 7	/ 2
TOTAL	/ 20

PART 1 행정학 총설 / PART 2 정책학 / PART 3 행정조직론 / PART 4 인사행정론 / PART 5 재무행정론 / PART 6 지식정보화 사회와 환류론 / PART 7 지방행정론

---

01 코즈의 정리 정답 ④

코즈의 정리는 ㉠ 소유권·재산권(Property rights)이 잘 정의되어 있고, ㉡ 민간 경제 주체 간 거래비용(transaction cost) 없이 자원배분에 관한 협상이 가능하다면, 외부효과로 인해 초래되는 비효율성을 정부개입 없이 시장에서 그들 스스로 해결할 수 있다고 본다.

선지분석

① 오염허가서(pollution permits) 제도란 오염물질 배출 행위를 할 수 있는 일정한 권리를 인정하고 시장에서 매매할 수 있도록 하는 공해배출권 거래제도를 말한다. 할당된 오염량을 초과할 경우 오염부담금 등을 부가하는 오염허가서 제도는 시장기제를 이용한 간접규제(시장유인적 규제)에 해당한다.

② 외부성이 존재하는 경우 효율적인 자원배분을 저해하므로 사회적 비용(외부불경제) 혹은 사회적 편익(외부경제)은 이를 내부화할 필요성이 있다. 정부의 개입이나 규제가 필요한 이유이다.

③ 자유시장이 자원배분에 효율적이더라도 사회적으로 바람직하지않은 재화, 즉 비가치재(demerit goods)의 생산이나 유통은 국가의 윤리적·도덕적 판단 차원에서 정부가 규제하는 것이 정당화될 수 있다.

02 거래비용이론 정답 ①

기회주의적인 행동에 의한 거래비용은 계층제적 조직보다는 시장에서 증가한다. 기회주의적인 행동을 제어하는 데에는 시장보다 계층제가 더 효율적인 수단이다.

선지분석

② 거래비용에는 탐색비용 등 사전적 거래비용과 분쟁조정비용 등 사후적 거래비용이 포함된다.

③ 시장을 통한 계약관계의 형성 및 집행에서 발생하는 거래비용과 계층제적 조직이 될 경우의 내부관리비용을 비교하여 거래비용이 관리비용보다 클 경우 수직적 통합(vertical integration), 즉 계층제적 조직이 형성된다고 보았다.

④ 거래비용이론은 비용측면만을 강조한 나머지 민주성이나 형평성 등을 고려하지 못한다.

03 다양성 관리 정답 ③

다양성 관리(managing diversity)란 구성원들을 일률적으로 관리하지 않고 다양한 차이와 배경, 시각을 조직업무에 적극 반영시키려는 새로운 인적자원관리 전략으로, 개인별 맞춤형 관리와 대표관료제에 의한 인적 구성의 다양화 등이 대표적인 수단이다.

선지분석

① 다양성 관리와 관련하여 다양성의 속성을 유형화하기 위해 가시성과 변화가능성의 두 가지 기준을 적용한다.

② 문화적 동화주의에 근거한 멜팅팟(melting pot) 접근과 문화적 다원주의에 근거한 샐러드보울(salad bowl) 접근이 있다.

④ 적극적 조치(차별철폐조치, affirmative action)란 미국의 대표관료제 정책으로 다양성 관리의 수단에 해당한다.

멜팅팟(melting pot) 접근과 샐러드보울(salad bowl) 접근

멜팅팟 (melting pot) 접근법	문화적 동화와 문화적응을 포함하는 멜팅팟 접근은 구성원 간의 이질성을 지배적인 주류에 의해 동화시키는 방법	조직응집성의 저하를 방지하기 위한 소극적인 접근방법
샐러드보울 (salad bowl) 접근	• 문화적 다원주의에 근거한 샐러드보울 접근 • 각기 다른 특성을 갖는 구성원들이 자신의 특성을 유지할 수 있도록 지원하는 방법	샐러드보울 접근은 다양성을 통한 조직의 탄력성을 극대화하기 위한 적극적인 접근방법으로 이해됨

04 포스트모더니즘 행정이론 정답 ②

파머(D. Farmer)에 따르면 타자성(他者性)은 타인을 단순히 하나의 대상으로서 인식하는 인식적 객체(epistemic other)가 아니라 도덕적 타인(moral other)으로 인정하고 개방적인 태도를 가져야 한다는 것이다.

① 모더니즘에 대한 회의와 비판을 의미하는(서구의 합리주의를 배격) 포스트모더니즘(post-modernism)의 등장과 함께 행정학 분야에서도 포스트모더니즘 행정이론이 대두하고 있다.
③ 포스트모더니즘은 다품종·소량생산체제에서의 다양성을 존중한다.
④ 포스트모더니즘은 우리가 발견할 수 있는 객관적 사실이 있다고 보는 객관주의를 배척하고, 사회적 현실은 우리들의 마음(내면) 속에서 구성된다고 보는 구성주의(constructivism)를 지지한다. 구성주의는 주관주의에 해당하는 것으로서 언어의 중요성을 강조하는 개념이다.

05 　정부 간 관계모형　　　　　정답 ④

무라마츠는 일본의 정부 간 관계가 제도상으로는 수직적 행정통제 모형이지만 실제는 수평적 경쟁모형에 가깝게 운영된다고 주장했다.

📄 정부 간 관계모형

학자	모형		
라이트(D.Wright)	분리권위형	포괄권위형	중첩권위형
엘콕(Elcock)	동반자모형	대리자모형	교환모형
로즈(Rhodes)	동반자모형	대리인모형	전략적협상형
던사이어(Dunsire)	지방자치모델	하향식모델	정치체제모델
윌다브스키(Wildavsky)	갈등-합의모형	협조-강제모형	-

㉠ 로즈는 집권화된 영국의 수직적인 중앙-지방 관계하에서도 상호의존 현상이 나타남을 권력의존모형을 통해 설명하였음. 로즈의 분석에 따르면 중앙정부는 입법권한과 재원의 확보라는 측면에서 지방정부보다 우위에 있는 반면, 지방정부는 행정서비스 집행에 필수적인 조직자원과 정보의 수집, 처리능력 면에서 중앙정부보다 우위에 있음. 따라서 양자는 부족한 자원을 교환하기 위해 상호 협력하며, 이때 권력은 협상 과정에서 결정되는 상대적 개념이라는 것임
㉡ 일본 무라마츠모형: 무라마츠는 일본의 정부 간 관계가 제도상으로는 수직적 행정통제 모형이지만 실제는 수평적 경쟁모형에 가깝게 운영된다고 주장함
　• 수직적 통제모형: 중앙정부는 지방정부에 대해 권력적 수단과 지시 명령에 의해 일방적으로 통제하고, 지방정부는 중앙정부의 정책을 행정적으로 집행하며 중앙정부의 지시와 명령에 복종하는 수직적인 상하관계를 형성함
　• 수평적 경쟁모형: 중앙정부와 지방정부는 정책을 둘러싸고 서로 경쟁관계를 유지하며 지방정부는 정책의 실험을 통해 성공한 정책을 중앙정부에 요구하기도 하고, 중앙정부와 지방정부가 상호협력하면서 경쟁하는 상호의존적인 관계를 형성함

06 　애드호크라시　　　　　정답 ④

매트릭스 구조, 태스크 포스 등이 애드호크라시(adhocracy)에 속하는 조직으로 인정되지만, 일반적으로 기능 구조는 애드호크라시로 분류하지 않는다.

① 애드호크라시(adhocracy)는 환경 변화에 대한 적응력이 뛰어난 조직이다.
② 애드호크라시는 일반적으로 낮은 수준의 복잡성을 특징으로 한다. 구체적으로 보면 애드호크라시는 기본적으로 전문 요원들로 구성되어 있어 전문성에 따른 수평적 분화 정도는 높지만, 관료제와는 반대로 수직적 분화는 낮다.
③ 과업의 표준화와 공식화 정도가 상대적으로 낮기 때문에 책임한계가 모호하고, 이로 인해 조직 구성원 간 갈등이 발생할 가능성이 높다.

07 　행정가치　　　　　정답 ①

가외성은 불확실한 상황에서 불확실성에 대응하기 위하여 초과분을 가지고 있기 때문에 행정의 적응성, 신뢰성, 안정성, 창조성을 증진한다.

② 공익 과정설에 대한 설명이다.
③ 디목(Dimock)이 제창한 사회적 능률에 대한 설명이다.
④ 사회적으로 '동일한 경우에는 동일하게 취급하고(수평적 형평), 서로 다른 경우에는 서로 다르게 취급하는 것(수직적 형평)'이다.

08 　정책결정모형　　　　　정답 ①

ㄱ. 점증모형은 인간의 지적 능력의 한계와 정책결정 수단의 기술적 제약을 인정하고, 정책결정 과정에 있어서의 대안의 선택이 종래의 정책이나 결정의 점진적·순차적 수정 내지 약간의 향상으로 이루어지며, 정책수립 과정을 '그럭저럭 헤쳐나가는(muddling through)' 과정으로 이해한다.
ㄴ. 만족모형은 인간의 인지능력·시간·비용·정보의 부족 등으로 합리모형이 가정하는 포괄적 합리성이 제약을 받아, 최선의 대안보다는 현실적으로 만족할 만한 대안을 선택하게 된다는 이른바 '제한된 합리성'을 가정한다.

ㄷ. 회사모형은 조직이 다양한 목표를 지닌 구성원 또는 하부조직의 연합체라고 가정한다.
ㄹ. 합리모형이 아니라 점증모형의 특징이다.

09 　영기준예산제도　　　　　정답 ②

영기준예산은 피어(P. A. Pyhrr)에 의해 미국의 텍사스 인스트루먼트(Texas Instruments)라는 사기업에서 처음 도입되었으며, 미국의 연방정부예산에는 1979년 카터(J. Carter) 대통령에 의하여 도입되었으나 레이건(R. Reagan) 행정부에 들어서 폐지되었다.

① 우선순위가 낮은 사업의 폐지를 통해서 조세 부담의 증가를 방지하고, 예산절감을 통한 자원난 극복에 기여하며, 조직의 모든 사업과 활동을 새롭게 평가하고 분석하는 과정을 통하여 효율성이 높은 사업활동을 계속하거나 새로이 추가하고, 그에 대한 합리적 자원배분이 이루어지도록 한다.
③ 영기준예산은 일반적으로 의사결정 단위의 확인, 의사결정 패키지의 작성, 우선순위의 결정, 실행예산의 편성의 순으로 절차가 이루어진다.
④ 상향적인 의사결정을 택함으로써 모든 수준의 관리자들이 참여하고, 그렇게 함으로써 관리자들이 자기 업무를 개선하여 경제성을 추구하도록 동기를 부여한다.

「**국가공무원법**」**제5조【정의】** 이 법에서 사용하는 용어의 뜻은 다음과 같다.
 5. "전직(轉職)"이란 직렬을 달리하는 임명을 말한다.
 6. "전보(轉補)"란 같은 직급 내에서의 보직 변경 또는 고위공무원단 직위 간의 보직 변경(제4조 제2항에 따라 같은 조 제1항의 계급 구분을 적용하지 아니하는 공무원은 고위공무원단 직위와 대통령령으로 정하는 직위 간의 보직 변경을 포함한다)을 말한다.
제28조의2【전입】 국회, 법원, 헌법재판소, 선거관리위원회 및 행정부 상호 간에 다른 기관 소속 공무원을 전입하려는 때에는 시험을 거쳐 임용하여야 한다. 이 경우 임용 자격 요건 또는 승진소요최저연수·시험과목이 같을 때에는 대통령령 등으로 정하는 바에 따라 그 시험의 일부나 전부를 면제할 수 있다.

---

10 진보주의와 보수주의 정답 ④

신자유주의는 고전적 자유주의와 달리, 영국의 대처리즘(Thatcherism)에서 보듯이 복지국가의 해체를 위해 작지만 '강한' 정부의 역할을 강조한다.

③ 제3의 길은 진보적인 사회민주주의와 보수적인 신자유주의의 변증법적 통합을 모색한다.

📄 **보수주의와 진보주의**

구분	보수주의	진보주의
추구하는 가치	• 소극적 자유(국가로부터의 자유) 강조 • 형식적 평등, 기회에서의 평등 중시 • 교환적 정의	• 적극적 자유(국가에 의한 자유)를 열렬히 옹호 • 실질적 평등, 결과에서의 평등 중시 • 배분적 정의
인간관	합리적 경제인관(이기적 인간)	욕구, 협동, 오류가능성의 여지가 있는 인간관
시장관	아담 스미스(A. Smith)의 보이지 않은 손(가격)에 대한 믿음 – 자유시장에 대한 신념	효율과 공정, 번영과 진보에 대한 시장의 잠재력을 인정하되 시장의 결함과 윤리적 결여 강조
정부관	• 최소한의 정부 – 정부 불신 • 청교도 사상에 입각	• 적극적인 정부 – 정부개입 중시 • 종교의 자유 강조
경제정책	• 규제완화, 세금감면, 사회복지 정책의 폐지 등을 옹호 • 낙태 금지 • 공립학교에서 종교교육 찬성 • 총기 휴대 찬성	• 소득재분배 정책, 사회보장정책, 공익추구를 위한 정부규제 등의 정책을 옹호 • 낙태 찬성(정부에 의한 낙태 금지 반대) • 공립학교에서 종교교육 반대 • 총기 휴대 금지

---

11 공무원 인사이동 정답 ③

ㄱ은 전보, ㄴ은 전입, ㄷ은 전직에 대한 설명이다.

---

12 조례 정답 ②

ㄱ. 규칙은 자치법규로 법령이나 조례의 범위 안에서 제정된다(법 개정으로 법령과 조례가 위임한 범위 내가 법령이나 조례의 범위로 바뀜을 주의해야 한다).
ㄹ. 「지방자치법」상 옳은 지문이다.

ㄴ. 지방의회에서 의결된 조례안은 10일이 아니라 5일 이내에 지방자치단체의 장에게 이송되어야 한다.
ㄷ. 재의요구를 받은 조례안은 재적의원 과반수의 출석과 출석의원 3분의 2 이상의 찬성으로 재의결되면 조례로 확정된다.

---

13 중앙정부의 예산집행 정답 ④

ㄱ. 예산 배정의 유형에는 정기배정, 수시배정, 긴급배정, 조기배정, 당겨배정, 감액배정, 배정유보 등이 있다.
ㄷ. 기획재정부장관은 필요한 때에는 대통령령으로 정하는 바에 따라 회계연도 개시 전에 예산을 배정할 수 있다.
ㄹ. 재배정은 기획재정부장관이 각 중앙관서의 장에게 배정한 예산을 각 중앙관서의 장이 재무관별로 다시 배정하는 것을 말한다.

ㄴ. 분기별 예산배정계획을 작성하여 국무회의의 심의를 거친 후 대통령의 승인을 얻어야 한다.

「**국가재정법**」**제43조【예산의 배정】** ① 기획재정부장관은 제42조의 규정에 따른 예산배정요구서에 따라 분기별 예산배정계획을 작성하여 국무회의의 심의를 거친 후 대통령의 승인을 얻어야 한다.
 ③ 기획재정부장관은 필요한 때에는 대통령령으로 정하는 바에 따라 회계연도 개시 전에 예산을 배정할 수 있다.
제43조의2【예산의 재배정】 ① 각 중앙관서의 장은 「국고금 관리법」 제22조 제1항에 따른 재무관으로 하여금 지출원인행위를 하게 할 때에는 제43조에 따라 배정된 세출예산의 범위 안에서 재무관별로 세출예산재배정계획서를 작성하고 이에 따라 세출예산을 재배정(기획재정부장관이 각 중앙관서의 장에게 배정한 예산을 각 중앙관서의 장이 재무관별로 다시 배정하는 것을 말한다)하여야 한다.

14 정부규제 정답 ①

미국의 「레몬법」이란 제품에 결함이 발생했을 경우 제조회사가 의무적으로 교환·보상·환불해주도록 규정한 소비자보호법으로, 소비자가 정보부족으로 달콤한 오렌지인 줄 알고 먹었으나 먹어보니 신 레몬이었다는 의미의 법이다.

(선지분석)
② 윌슨(Wilson)의 규제정치모형에서 비용이 분산되고 편익은 집중되는 경우는 고객정치에 해당한다.
③ 정부실패 원인 중 파생적 외부효과는 민영화로 대응이 어렵다.
④ 규제영향분석은 규제를 신설·강화 시 하는 것이며, 규제를 완화할 때는 하지 않는다.

15 유연근무제 정답 ③

③은 집약근무형에 대한 설명이다.

📄 **유연근무제 형태**

구분	세부형태		활용방법
시간선택근무제	주 40시간보다 짧은 시간 근무		
	시간선택제채용공무원	15~35시간	이들을 통상 근무시간(주당 40시간) 근무 공무원으로 임용하는 경우, 어떠한 우선권도 인정하지 않음
	시간선택제전환공무원		시간선택제채용공무원, 시간선택제임기제공무원 및 한시임기제공무원은 대상에서 제외
	시간선택제임기제공무원		일반임기제공무원과 전문임기제공무원 중 통상 근무시간보다 짧은 시간 근무
탄력근무제	시차출퇴근형		1일 8시간 근무체제 유지하되, 출근시간 선택 가능
	근무시간 선택형		1일 4~12시간 근무, 주 5일 근무
	집약근무형		1일 10~12시간 근무, 주 3.5~4일 근무
	재량근무형		출퇴근 의무 없이 전문 프로젝트 수행, 주 40시간 인정
원격근무제	재택근무형		사무실이 아닌 자택에서 근무(시간 외 근무 수당은 정액분만 지급, 실적분은 지급 금지)
	스마트워크근무형		자택 인근 스마트워크센터 등 별도 사무실 근무

16 합리성의 유형 정답 ①

기술적 합리성이란 주어진 목표를 가장 잘 달성할 수 있는 수단을 찾는 것으로 가장 고유한 의미의 합리성을 말한다. 경쟁상태에 있는 목표를 어떻게 비교하고 선택할 것인가의 합리성은 경제적 합리성이다.

📄 **디징(P. Diesing)의 합리성**

기술적 합리성	목표를 성취하기 위한 적합한 수단
경제적 합리성	비용·편익을 측정하여 경쟁적 목표 또는 대안을 평가
사회적 합리성	사회체제의 구성요소 간의 조화로운 통합성
법적 합리성	예측가능성, 공식적 법질서
정치적 합리성	정책결정구조의 합리성(가장 비중이 큼)

17 갈등 정답 ③

사이먼과 마치(Simon & March)에 따르면 개인적 갈등의 원인에는 불확실성, 비비교성, 비수락성이 있다. 대안 간 비교를 했으나, 어떤 것이 최선의 결과인지를 알 수 없어 발생하는 것은 비비교성(Incomparability)이다.

(선지분석)
① 비수락성(Unacceptability)은 각 대안의 결과를 알지만 만족수준을 넘지 못할 때 발생하는 갈등(새로운 대안 탐색이나 목표의 수정)이다.
② 불확실성(Uncertainty)은 대안이 초래할 결과를 예측할 수 없을 때 발생하는 갈등이다.

18 정보기술아키텍처 정답 ②

「전자정부법」 제2조에 의하면 '정보기술아키텍처'란 일정한 기준과 절차에 따라 업무, 응용, 데이터, 기술, 보안 등 조직 전체의 구성요소들을 통합적으로 분석한 뒤 이들 간의 관계를 구조적으로 정리한 체제 및 이를 바탕으로 정보화 등을 통하여 구성요소들을 최적화하기 위한 방법을 말한다.

19 조직모형 정답 ②

매트릭스구조는 기능구조와 사업구조 방식을 결합하는 조직구조로, 이중적인 권한 체계를 가지고 있다.

(선지분석)
① 사업구조는 기능구조보다는 유기적 구조의 성격이 강하므로 기능구조보다는 분권적 구조를 가진다.
③ 팀구조는 과업 간의 상호의존성에 따라 팀을 구성해서 업무를 수행하므로 의사소통과 조정을 쉽게 한다.
④ 네트워크구조는 조직의 자체 기능은 핵심역량 위주로 합리화하고, 여타 기능은 외부기관들과 계약관계를 통해 수행하는 조직구조 방식이다.

20 조직이론 정답 ③

허시(Hersey)와 블랜차드(Blanchard)는 리더십에서 부하의 성숙도가 높을수록 위임형이 효율적이라고 주장하였다.

(선지분석)

② 단순구조는 단순하지만 동적인 환경하에서 엄격한 통제가 요구되는 초창기의 소규모 조직으로, 최고관리층에 권력이 집중된 유기적 구조를 띤다. 조정의 방식도 최고관리자에 의한 직접통제이다.

▶ 정답　　　　　　　　　　　　p. 48

01	③	PART 1	06	③	PART 2	11	④	PART 4	16	④	PART 6
02	③	PART 1	07	③	PART 1	12	③	PART 3	17	①	PART 5
03	①	PART 1	08	④	PART 3	13	④	PART 7	18	①	PART 5
04	②	PART 1	09	②	PART 2	14	③	PART 7	19	①	PART 7
05	②	PART 4	10	④	PART 3	15	④	PART 7	20	③	PART 7

▶ 취약 단원 분석표

단원	맞힌 답의 개수
PART 1	/ 5
PART 2	/ 2
PART 3	/ 3
PART 4	/ 2
PART 5	/ 2
PART 6	/ 1
PART 7	/ 5
TOTAL	/ 20

PART 1 행정학 총설 / PART 2 정책학 / PART 3 행정조직론 / PART 4 인사행정론 / PART 5 재무행정론 / PART 6 지식정보화 사회와 환류론 / PART 7 지방행정론

01　행정이론　　　　　　　정답 ③

ㄴ. 신제도주의는 공식적인 제도뿐만 아니라 비공식적 제도나 규범에 관심을 가졌으며, 외생변수로만 다루었던 정책 혹은 행정환경을 내생변수로 취급하여 종합·분석적인 연구에 기여하고 있다.

ㄷ. 신공공서비스론에서 관료의 역할은 시민을 통제하는 역할 대신 시민으로 하여금 공동의 이해관계를 표현하도록 하고, 지역사회가 직면하고 있는 문제를 해결하는 과정에서 협상과 중재 기능을 담당한다.

(선지분석)

ㄱ. 신제도주의에서는 개인의 선호를 인정하되 선호의 행사와 표출에 있어 제도적 제약요인이 작용하기 때문에 개인의 행위결과가 개인의 선호체계의 직선적인 연장선에 있다는 것을 비판한다.

ㄹ. 신공공관리론(NPM)은 일반적으로 '신관리주의'와 '시장주의'의 결합으로, ⓐ 작은 정부의 구현(정부의 기능과 규모 축소)과 ⓑ 전통관료제의 행정운영방식 개선(성과주의 실현)을 내용으로 한다.

02　행정의 투명성　　　　　정답 ③

시민헌장제와 시민옴부즈만제도는 결과투명성에 해당한다. 행정의 투명성은 정부의 정책과정이나 행정행위 등 공적 활동의 전반이 정부조직 밖의 통제 및 관심세력인 대상집단에게 명확하게 드러나는 것을 의미하며, OECD 국가들이 공공부문에서의 핵심적 가치로 중시한다. 투명성은 과정투명성(의사결정과정의 투명성; 의사결정과정에의 주민참여의 정도), 결과투명성(결정된 의사결정이 제대로 집행되었는가를 확인할 수 있도록 집행결과에 대한 공개 정도; 시민헌장제와 시민옴부즈만제도), 조직투명성(조직자체의 개방성과 공개성; 조직의 직제, 규정 인원현황 등 공개)으로 분류할 수 있다.

03　인간관계론　　　　　　정답 ①

• 인간관계론은 ㉠ 행정관리의 민주화·인간화에 기여, ㉡ 비공식조직·소집단·Y이론, 사회적 능률의 중시, ㉢ 인간관계론적 인사행정(사기, 능력발전), ㉣ 행태과학의 발달에 기여하였다.

• 과학적 관리론은 ㉠ 행정의 능률화에 기여, ㉡ 행정의 전문화·과학화·객관화에 기여, ㉢ 공식조직·X이론·경제적 요인의 중시, ㉣ 직위분류제 확립에 기여하였다.

04　정부규제　　　　　　　정답 ②

네거티브 규제는 원칙 허용·예외 금지를 의미하는 것으로, '~할 수 없다' 혹은 '~가 아니다'의 형식을 띤다. 포지티브 규제는 원칙 금지·예외 허용을 의미하는 것으로, '~할 수 있다' 혹은 '~이다'의 형식을 띤다.

(선지분석)

① 공동규제란 정부로부터 위임받은 민간집단에 의해 이루어지는 규제로서, 직접규제와 자율규제의 중간 상태이다.

③ 「행정규제기본법」 제23조의 내용으로 옳은 지문이다.

④ 네거티브 규제는 원칙 허용·예외 금지를 의미하는 것으로, 포지티브 규제에 비해 피규제자의 자율성을 더 보장해 준다.

05　고위공무원단제도　　　　정답 ②

고위공무원단은 계급이 폐지되고 직무 중심으로 인사관리가 이루어지게 됨에 따라, 정원관리 방식이 직무등급과 직위 중심으로 전환된다.

(선지분석)

① 직무성과급적 연봉제를 도입하였다. 직무성과급제도는 '직무급'과 '성과급'을 결합한 형태의 보수체계이다.

③ 각 부처 장관은 고위공무원단에 속하는 일반직공무원의 경우 소속에 구애되지 않고 고위공무원의 전체 풀(pool)에서 적임자를 임용 제청할 수 있다.

④ 고위공무원단은 개방형 직위를 통한 민간과의 경쟁뿐만 아니라 공모 직위제도를 도입하여 부처 간 경쟁을 통해 적격자를 충원하고, 고위공무원단으로 신규진입할 경우 후보자교육과정 이수와 역량평가가 필요하다.

06 정책평가의 유형 정답 ③

과정평가는 어느 특정 정책이나 사업이 정해진 절차에 따라 집행되고 있는지를 검토하는 것으로, 모니터링이 이에 해당된다. 효과성 평가와 능률성 평가, 공평성 평가는 총괄평가에 해당된다.

(선지분석)
① 평가성 사정은 평가의 실행가능성과 평가의 유용성을 알아보는 일종의 예비평가이다.
② 메타평가는 평가결과에 대해서 기존 평가자가 아닌 제3자가 다시 평가하는 것을 말한다. 즉, 평가결과를 다시 평가하는 '평가에 대한 평가'라고 할 수 있다.
④ 총괄평가는 정책평가의 핵심으로, 정책이 집행되고 난 후에 정책이 사회에 미친 영향 또는 정책결과 중에서 의도한 정책효과가 정책으로 인해서 발생했는지를 판단하는 활동을 말한다.

07 행정이론 정답 ③

공공선택론은 정부실패를 극복하기 위해 비시장영역에 시장의 방법론을 제시한 이론으로, 설문의 역사적 배경과는 관련이 없는 이론이다.

(선지분석)
1930년대 뉴딜정책과 제2차 세계대전을 거치면서 정부의 역할이 팽창되었고, 이후 1963년 존슨 대통령의 위대한 사회건설 정책으로 복지 정책이 확대되면서 연방정부의 역할과 규모는 더 커졌다. 이 시기에 발전행정론, 정책연구, 신행정학이 등장했다.

08 최적모형 정답 ④

드로어(Dror)는 최적모형은 합리성뿐만 아니라 자원이나 시간의 제약, 불확실한 상황, 선례가 없는 경우에는 정책결정자의 직관, 영감, 주관적 판단, 통찰력과 같은 초합리적 요인이 정책결정에 도움을 준다고 주장하였다.

09 정책순응 정답 ②

정책대상집단이 정책에 순응하는 경우에 지불해야 할 희생 또는 부담이 크면 불응하게 되고, 경제적 비용에 기인하는 불응의 대책으로는 조세감면과 같은 보상이 효과적이다.

(선지분석)
① 순응이란 정책집행자나 정책대상집단이 정책결정자의 의도나 정책 또는 법규의 내용에 일치되는 행위를 하는 것을 의미한다. 순응에는 가치관, 신념, 태도 등의 행태차원의 개념이 포함된다.
③ 중간매개집단이란 공공정책의 집행을 돕기 위하여 공식정책집행자로부터 집행의 책임을 위임받은 개인 또는 집단이며, 이들의 순응이 없으면 서비스 제공이나 규제활동 자체가 왜곡되거나 또는 집행이 전혀 일어나지 않게 된다.
④ 배분정책은 규제정책에 비해 저항의 정도가 약하기 때문에 순응이 쉽다.

10 동기부여이론 정답 ④

노력, 성과, 보상, 만족, 환류로 이어지는 동기부여 과정을 제시하면서 노력-성과 간 관계에 있어 개인의 능력과 자질, 그리고 역할인지를 강조한 동기이론은 포터와 롤러(Porter & Lawler)의 업적-만족이론이다.

(선지분석)
① 앨더퍼(Alderfer)의 ERG이론은 상위 욕구가 만족되지 않으면, 하위 욕구를 더욱 충족시키고자 한다고 주장한다.
② 허즈버그(Herzberg)는 인간의 욕구를 불만과 만족이라는 이원적 구조로 파악하여 불만을 일으키는 요인(불만요인, 위생요인)과 만족을 주는 요인(만족요인, 동기부여요인)은 상호 독립적이라는 욕구충족요인2원론을 제시하였다. 직무환경 개선은 위생요인이며, 직무성취감은 동기요인이다.
③ 아담스(Adams)의 형평성(공정성)이론은 '인간의 행위는 타인과의 관계에서 형평성·공정성을 유지하는 쪽으로 동기가 부여된다는 이론'이다. 개인은 준거인(능력이 비슷한 동료)과 비교하여 자신의 노력과 보상 간에 불일치(보상의 불공평성)를 지각하면, 이를 제거하는 방향으로 동기가 부여된다는 것이다.

11 공무원 고충처리 정답 ④

고충심사위원회가 청구서를 접수한 때에는 30일 이내에 고충심사에 대한 결정을 하여야 한다. 다만, 부득이하다고 인정되는 경우에는 고충심사위원회의 의결로 30일을 연장할 수 있다. 보통고충심사위원회의 경우 위원 5명 이상의 출석과 출석위원 과반수의 합의에 따르고, 중앙고충심사위원회의 경우 위원 3분의 2 이상의 출석과 출석 위원 과반수의 합의에 따른다.

(선지분석)
① 5급 이상 공무원 및 고위공무원단에 속하는 일반직공무원의 고충을 다루는 중앙고충심사위원회는 그 기능을 인사혁신처의 소청심사위원회가 관장한다.
② 고충처리는 공무원의 정당한 권리 보호와 공무원의 사기양양을 위한 것이다.
③ 고충심사위원회 결정의 기속력은 없으나, 임용권자에게 결정 결과에 따라 고충 해소를 위한 노력을 할 의무를 부과한다.

12 경로 – 목표모형(Path – goal Model)   정답 ③

하우스와 에반스(House & Evans)의 경로 – 목표모형에서는 부하의 특성과 과업환경을 상황변수로 고려한다.

(선지분석)

① 기대감은 매개변수이다.

④ 결과변수에 대한 설명이다.

📄 **경로 – 목표모형의 변수**

원인변수	상황변수	매개변수	결과변수
• 지시적 리더십 • 지원적 리더십 • 참여적 리더십 • 성취적 리더십	• 부하의 특성 • 과업환경	• 기대감 • 수단성 • 유의성	• 구성원의 만족도 • 근무성과

13 우리나라 주민참여예산제도   정답 ④

예산의 심의, 결산의 승인 등 지방의회의 의결사항은 주민참여예산의 관여 범위가 아니다.

(선지분석)

① 주민참여예산은 주민들이 예산편성과정 등에 직접 참여함으로써 재정 민주주의를 구현하기 위한 방안이다.

② 「지방재정법」 제39조에 규정되어 있다.

> **「지방재정법」 제39조【지방예산 편성 등 예산과정의 주민 참여】**
> ① 지방자치단체의 장은 대통령령으로 정하는 바에 따라 지방예산 편성 등 예산과정(「지방자치법」 제47조에 따른 지방의회의 의결사항은 제외한다)에 주민이 참여할 수 있는 제도를 마련하여 시행하여야 한다.

③ 주민참여예산기구의 구성·운영과 그 밖에 필요한 사항은 해당 지방자치단체의 조례로 정한다.

14 정부 간 관계   정답 ③

영국의 경우 중앙과 지방 간의 사무배분에 있어서 개별적 지정주의를 취하므로 각 자치단체가 개별적으로 수권받은 사무에 대해서는 지방자치단체가 자치권을 보유하지만, 그 범위를 벗어나는 행위는 금지되며 중앙정부도 수권하지 아니한 사무는 위임할 수 없다.

(선지분석)

① 미국 건국 초기에는 연방정부의 규모도 작았고 권한도 상대적으로 제한되어 있었으며, 연방정부와 주정부는 별도의 상호작용 없이 각자의 기능을 독자적으로 수행하고 있었다.

② 딜런의 규칙(Dillon's rule)이 아니라 홈룰(Home – rule)의 법칙에 대한 설명이다. 딜런의 규칙은 지방정부보다는 주정부의 권한을 우선시 하고, 반대로 홈룰의 법칙은 주정부보다는 지방정부의 권한을 우선시한다.

④ 일본의 경우 메이지유신 이래 강력한 중앙집권적 체제를 유지해 왔으나, 1980년대 중반 호소카와 내각 이후 국가의 관여를 폐지하거나 축소시키는 등의 분권개혁을 추진해왔다.

15 지방의회의 조직   정답 ④

지방의회는 매년 2회 정례회를 개최한다.

(선지분석)

① 지방의회는 조례로 정하는 바에 따라 위원회를 둘 수 있다. 위원회의 종류는 소관 의안과 청원 등을 심사·처리하는 상임위원회와 특정한 안건을 일시적으로 심사·처리하기 위한 특별위원회 두 가지로 한다.

② 지방의회는 조례로 정하는 바에 따라 위원회를 둘 수 있다.

③ 광역(시·도)의회에는 사무를 처리하기 위하여 조례로 정하는 바에 따라 사무처를 둘 수 있으며, 사무처에는 사무처장과 직원을 둔다. 기초(시·군 및 자치구)의회에는 사무를 처리하기 위하여 조례로 정하는 바에 따라 사무국이나 사무과를 둘 수 있으며, 사무국·사무과에는 사무국장 또는 사무과장과 직원을 둘 수 있다.

16 행정통제   정답 ④

고도의 전문성과 복잡성을 지니게 된 현대 행정국가에서는 행정에 대한 전문성이 부족한 입법통제나 민중통제와 같은 외부통제만으로는 통제의 효과성을 높일 수가 없다. 따라서 행정을 수행하는 행정인 스스로에 의한 통제와 같은 내부통제의 중요성이 한층 더 강조되고 있다.

(선지분석)

① 이상적인 통제는 스스로 자기를 규제하는 자율적 통제이다. 이상적인 통제가 현실에서 잘 지켜지지 않기 때문에 다양한 타율적 통제가 실시되고 있는 것이다.

② 감사원은 직무상 독립기관이지만 조직상 대통령 소속이므로, 감사원에 의한 통제는 내부통제이다.

③ 스웨덴의 옴부즈만은 의회 소속이므로, 옴부즈만에 의한 통제는 외부통제이다.

17 예산원칙과 그 예외   정답 ①

① 만 옳게 연결되어 있다.

ㄱ. 단일성의 원칙으로, 예외는 추경예산, 특별회계 등이 있다.

ㄴ. 예산총계주의로, 예외는 현물출자, 전대차관, 수입대체경비, 차관물자대가 있다.

ㄷ. 한정성의 원칙으로, 예외는 이용과 전용, 예비비, 이월, 이체 등이 있다.

18 　예산제도 　　　　　　정답 ①

품목별예산제도는 행정부의 재량권 남용을 방지하기 위한 통제 중심의 예산제도이다.

(선지분석)

② 관리지향적인 성과주의예산제도는 예산이 사업별·활동별로 편성됨으로써 정부가 무엇을 하는지, 즉 정부사업의 성격에 대해 국민과 의회가 이해하기 쉽다는 장점이 있다.

③ 계획예산제도(PPBS)는 지나친 집권화의 초래(하향적·일방적 의사결정)와 환산작업 등의 전문화로 외부통제가 힘들다는 단점이 있다.

④ 영기준예산은 전년도 예산을 전혀 고려하지 않고 모든 예산을 원점에서 검토한다.

19 　「지방자치법」상 집행기관 　　정답 ①

「지방자치법」 제120조에 규정되어 있다.

> **「지방자치법」 제120조 【지방의회의 의결에 대한 재의 요구와 제소】**
> ① 지방자치단체의 장은 지방의회의 의결이 월권이거나 법령에 위반되거나 공익을 현저히 해친다고 인정되면 그 의결사항을 이송받은 날부터 20일 이내에 이유를 붙여 재의를 요구할 수 있다.

(선지분석)

② 「지방자치법」 제105조 제6항에 규정되어 있다.

> **「지방자치법」 제105조 【지방자치단체의 장의 직 인수위원회】** ⑥ 위원장·부위원장 및 위원은 명예직으로 하고, 당선인이 임명하거나 위촉한다.

③ 「지방자치법」 제126조에 규정되어 있다.

> **「지방자치법」 제126조 【직속기관】** 지방자치단체는 소관 사무의 범위에서 필요하면 대통령령이나 대통령령으로 정하는 범위에서 그 지방자치단체의 조례로 자치경찰기관(제주특별자치도만 해당한다), 소방기관, 교육훈련기관, 보건진료기관, 시험연구기관 및 중소기업지도기관 등을 직속기관으로 설치할 수 있다.

④ 지방자치단체장의 권한으로서 옳은 지문이다.

20 　행정서비스 전달 주체 　　　정답 ③

특별지방행정기관은 특정한 중앙행정기관에 소속되어 당해 관할구역 내에서 시행되는 소속중앙행정기관의 권한에 속하는 행정사무를 관장하는 국가의 지방행정기관으로, 독자적인 법인격이 없다.

(선지분석)

① 지역에서의 행정서비스 전달 주체는 크게 중앙 행정기관에 소속되어 있는 특별지방행정기관과 지방자치단체로 구분된다.

② 특별지방행정기관은 중앙행정기관소속이므로 중앙행정기관의 지시 및 감독을 받는다.

④ 지역에서의 행정서비스는 지방행정은 주로 ㉠ 주민들의 일상생활에 직결되는 사무와, ㉡ 지방주민들의 복지 증진에 관한 사무를 처리하는 생활행정으로서의 특징을 가진다.

정답

p. 53

01	③	PART 6	06	②	PART 2	11	④	PART 4	16	④ PART 5
02	③	PART 1	07	③	PART 4	12	④	PART 2	17	② PART 5
03	④	PART 2	08	④	PART 7	13	④	PART 5	18	④ PART 7
04	④	PART 1	09	②	PART 2	14	③	PART 5	19	④ PART 7
05	④	PART 2	10	④	PART 4	15	①	PART 3	20	③ PART 2

취약 단원 분석표

단원	맞힌 답의 개수
PART 1	/ 2
PART 2	/ 6
PART 3	/ 1
PART 4	/ 3
PART 5	/ 4
PART 6	/ 1
PART 7	/ 3
TOTAL	/ 20

PART 1 행정학 총설 / PART 2 정책학 / PART 3 행정조직론 / PART 4 인사행정론 / PART 5 재무행정론 / PART 6 지식정보화 사회와 환류론 / PART 7 지방행정론

---

01 행정책임 정답 ③

프리드리히(Friedrich)는 공무원의 전문가로서의 직업윤리나 책임감에 기초한 능동적이고 자발적인 책임을 강조하였다. 제도적 책임을 강조한 학자는 파이너(Finer)이다.

(선지분석)

① 관료들이 국민에 대한 수임자·공복으로서 스스로 내면의 가치와 기준에 따라 자발적으로 내부적인 유도에 의해 책임감을 느끼고 행동하는 것이 내재적 책임이며, 내재적 책임을 확보하는 것이 내부통제이다.

② 도의적 책임은 국민의 수임자 또는 공복으로서의 광범위한 책임을 의미한다.

④ 절대주의(의무주의)는 옳고 그름을 판단하는 보편적 기준의 존재를 인정하는 것이고, 결과주의(상대주의)는 보편적 기준의 존재를 인정하지 않고 결과를 중심으로 판단하는 것이다.

02 시장실패와 정부실패 정답 ③

자연독점적 성격을 띠던 시내전화와 같은 서비스 시장에서 경쟁이 가능하게 된 것은 기술의 발달로 생산조건이 변했기 때문이다. 또한 전력과 같은 경우도 지금은 자연독점 상태이지만 생산 기술이 발달하면 경쟁체제로 전환될 수 있다.

(선지분석)

① 순수공공재의 경우 비경합성으로 똑같은 양의 편익을 얻는 것이 아니다. 예컨대 치안서비스를 도둑과 선량한 시민이 똑같은 편익을 누리는 것은 아니다.

② 이로운 외부효과(외부경제)는 생산과 소비가 효율적인 양보다 지나치게 적게 이루어진다.

④ 선거를 의식하는 정치인의 시간할인율은 사회의 시간할인율에 비해 높아 단기적 이익과 손해의 현재가치를 높게 평가하고 장기적인 것을 낮게 평가한다.

03 정책네트워크모형 정답 ④

정책네트워크모형은 공적 부문과 사적 부문 간 경계가 불분명해지고 있으며, 다양한 공식·비공식 참여자들 간의 상호작용과 관계를 중심으로 정책과정을 분석하므로 국가와 사회의 이분법을 극복하고 있다.

(선지분석)

① 정책망모형은 정책과정에 참여하는 공식·비공식의 다양한 참여자들 간의 상호작용을 중시하는 모형으로, 미국에서 처음 등장하였다.

② 사회학이나 문화인류학의 연구에 이용되어 왔던 네트워크 분석을 정책과정의 연구에 적용한 것이다.

③ 1960년대에 등장한 하위정부론이나 1970년대 후반에 등장한 헤클로(Heclo)의 이슈네트워크이론이 정책네트워크이론의 기원이 된다.

04 탈신공공관리론 정답 ④

탈신공공관리론은 민간 – 공공부문의 파트너십을 강조한다.

(선지분석)

①, ②, ③ 모두 신공공관리론의 특징이다.

📄 신공공관리론과 탈신공공관리론의 비교

비교 국면		신공공관리론	탈신공공관리론
정부 기능	정부·시장 관계의 기본철학	• 시장지향주의 • 규제 완화	• 정부의 정치·행정적 역량 강화 • 재규제의 주장 • 정치적 통제 강조
	주요 행정가치	능률성, 경제적 가치 강조	민주성·형평성 등 전통적 행정 가치 동시 고려
	정부규모와 기능	• 정부 규모와 기능의 감축 • 민간화, 민영화, 민간위탁	민간화·민영화의 신중한 접근
	공공서비스 제공의 초점	시민과 소비자 관점의 강조	민간·공공부문의 파트너십 강조

	기본모형	탈관료제 모형	관료제 모형과 탈관료제 모형의 조화
조직구조	조직구조의 특징	• 비항구적·유기적 구조, 임시조직 • 네트워크 활용 • 비계층적 구조 • 구조적 권한 이양과 분권화	• 재집권화 • 분권화와 집권화의 조화
	조직개편의 방향	소규모의 준자율적 조직으로 분절화 예 책임운영기관	• 분절화 축소 • 총체적 정부 강조 • 집권화 역량 및 조정의 증대
관리기술	조직관리의 기본철학	• 경쟁과 자율성을 강조하는 민간부문의 관리기법 도입 • 경쟁의 원리 도입 • 규정과 규제의 완화 • 관리자의 자율성·책임성 강조	자율성과 책임성의 증대
	통제 메커니즘	결과·산출 중심의 통제	과정과 소통 중심
	인사관리의 특징	• 경쟁적 인사관리 • 능력·성과 기반 인사관리 • 경쟁적 인센티브 중시 • 개방형 인사제도	공공책임성 중시

---

05 내적 타당성 저해요인   정답 ④

ㄱ. 역사요인, ㄴ. 회귀인공요인, ㄹ. 처치와 상실의 상호작용, ㅁ. 측정요인, ㅂ. 선발과 성숙의 상호작용, ㅅ. 측정도구요인은 내적 타당성을 저해하는 요인이며, 나머지는 모두 외적 타당성을 저해하는 요인이다.

---

06 정책유형   정답 ②

정책유형에 대한 설명으로 옳은 것은 ㄴ, ㄷ이다.

선지분석
ㄱ. 국·공립학교를 통한 교육서비스는 분배정책이다.
ㄷ. 탄소배출권거래제는 규제정책 중 간접규제정책에 해당한다.

---

07 근무성적평정상의 오류와 완화방법   정답 ③

관대화 경향은 하급자와의 인간관계를 의식하여 평정등급이 전반적으로 높아지는 현상으로, 평정자의 통솔력 부족이나 부하와의 인간관계 고려·평정결과 공개 등으로 인해 발생한다. 평정결과의 공개로 인해 발생하는 오류이기 때문에 공개는 완화방법이 될 수 없다.

선지분석
① 일관적 오류는 규칙적 오류로, 평정자의 기준이 다른 사람보다 높거나 낮은데서 비롯되므로 강제배분법을 완화방법으로 고려할 수 있다.
② 근접 오류라 하며, 쉽게 기억할 수 있는 최근의 실적과 능력 중심으로 평가하는 것이다. 이를 시정하기 위해 목표관리평정, 중요사건기록법 등을 사용한다.
④ 연쇄효과가 나타나는 이유는 관찰이 곤란하거나, 피평정자를 잘 모르기 때문이다. 연쇄효과 방지를 위해 체크리스트방법 또는 강제선택법을 사용하거나, 피평정자를 평정요소별로 순차적으로 평정한다.

---

08 정부 간 관계   정답 ④

로즈(Rhodes)의 전략적 협상관계모형은 권력의존모형 또는 상호의존모형이라고도 불린다. 이 모형은 중앙정부는 법률적 자원과 재정적 자원에 관해 우위를 점하고, 지방정부는 정보자원과 조직자원에 관해 우위를 점한다고 본다.

선지분석
① 권력의존모형(전략적 협상관계모형)에 따르면 지방정부와 중앙정부는 상호의존 관계이다.
② 로즈(Rhodes)는 정부 간 권력의존 문제를 정책네트워크 문제와 접목시킴으로써 자원의존 관계를 가진 정책공동체나 이슈공동체가 중앙정부와 지방정부 간 연계에 중요한 역할을 한다고 보았다.
③ 정부 간 관계에서 교섭(협상)과 거래를 조직 간 자원 교환 과정의 일종으로 이해한다.

---

09 경제성 분석   정답 ②

ㄱ. 대규모 사업이나 예산이 풍부할 경우에는 비용편익비(B/C ratio)보다는 순현재가치(NPV)기준이 더 바람직한 경우가 많다.
ㄹ. 내부수익률은 NPV가 0이 되도록 하거나 편익비용비율(B/C)이 1로 되도록 하는 할인율이다.

선지분석
ㄴ. 직접적이고 유형적인 비용과 편익뿐만 아니라 간접적이고 무형적인 비용과 편익도 모두 포함한다.
ㄷ. NPV는 '편익의 총현재가치 – 비용의 총현재가치'로 구한다.

---

10 중앙인사기관   정답 ④

설문은 비독립단독형 중앙인사기관에 대한 설명이다. 따라서 한 명의 기관장이 행정수반의 지휘하에 인사조직을 관장한다.

선지분석
①, ②, ③ 독립합의형 중앙인사기관의 특징에 해당한다.

📄 **비독립단독형(인사혁신처)의 장·단점**

장점	단점
• 의사결정의 신속성 • 책임소재의 명확 • 행정수반의 강력한 리더십 발휘	• 신중성과 공정성 확보 곤란 • 안정성 확보 곤란

---

11 전략적 인적자원관리   정답 ④

전략적 인적자원관리는 개인과 조직의 통합을 강조하는 자아실현인을 전제로 하는 Y이론적 관점에서 출발하였다.

📄 **기존의 인적자원관리(HRM)와 전략적 인적자원관리(SHRM)의 비교**

분류 특징	기존의 인적자원관리(HRM)	전략적 인적자원관리(SHRM)
분석	개인의 심리적 측면	조직의 전략과 인적자원관리
초점	직무만족, 동기부여, 조직시민행동의 증진	활동의 연계 및 조직의 성과
범위	미시적 시각: 개별 인적자원관리 방식들의 부분적 최적화를 추구	거시적 시각: 인적자원관리 방식들 간의 연계를 통한 전체 최적화를 추구
시간	인사관리상의 단기적 문제해결	전략 수립에의 관여 및 인적자본의 육성
기능 및 역할	• 조직의 목표와 무관하거나 부수적·기능적·도구적·수단적 역할 수행 • 통제 메커니즘 마련	• 인적자본의 체계적 육성 및 발전 • 권한 부여 및 자율성 확대 유도

---

12 쓰레기통 의사결정모형   정답 ④

진빼기 결정(choice by flight)은 해결해야 할 문제와 이와 관련된 문제들이 함께 있을 때, 관련된 문제들이 스스로 다른 의사결정 기회를 찾아 떠날 때까지 기다린 후에 결정을 하는 방법이다.

(선지분석)
① 문제(problem), 해결책(solution), 참여자(participant), 의사결정의 기회(chance)가 구비되어야 하는데, 이 네 가지 요소들이 아무 관계없이 독자적으로 움직이다가 어떤 계기로 우연히 만나게 될 때 의사결정이 이루어진다고 본다. 즉, 독자적으로 흘러다니는 것이며, 상호의존적이 아니다.
② 합리모형에 대한 설명이다. 쓰레기통모형에서는 인과관계의 분석이 가능한 상황이 아닌 조직화된 혼란 상태에서의 의사결정에 관한 모형이다.
③ 쓰레기통모형의 요소들 중 문제성 있는 선호란 의사결정에 참여하는 사람들은 무엇이 바람직한 것인가에 대해서 합의된 바가 없고, 개인의 차원에서도 무엇이 좋은 것인가를 모르면서 참여한다는 것이다.

---

13 국가채무   정답 ④

국공채, 차입금, 차관 등은 국고채무부담행위에 포함되지 않는다.

📄 **국가채무와 국고채무부담행위의 비교**

국가채무	국고채무부담행위
• 국고채무부담행위, 공채, 차입금, 차관 등 국가의 모든 채무 포함 • 차입금은 세입세출예산에 계상됨	• 국공채, 차입금, 차관 등 포함 안 됨 • 국고채무부담행위는 세입세출예산에 계상 안 됨

(선지분석)
① 기획재정부장관은 국가채무관리계획을 수립하여 매년 국회 예산결산특별위원회에 보고하여야 한다.
② 국채는 국회의 의결을 거쳐 정부(기획재정부장관)가 발행한다(「국채법」 제5조).
③ 우리나라가 발행하는 국채의 종류에는 국고채, 재정증권, 국민주택채권, 외국환평형기금채권(외평채)이 있다.

---

14 예산   정답 ③

긴급배정은 회계연도 개시 전에 예산을 배정하는 것을 의미한다. 당겨배정은 계획의 변동이나 여건의 변화로 인하여 당초의 연간정기배정계획보다 지출원인행위를 앞당길 필요가 있을 때, 해당 사업에 대한 예산을 분기별 정기 배정계획과 관계없이 앞당겨 배정하는 제도이다.

(선지분석)
① 기금은 법률로 설치하고, 예산외로 운용한다.
② 조세감면 = 조세지출이다. 조세지출이란 받아야 할 세금을 감면한 것이다.
④ 예산안을 변경하는 수정예산을 편성할 때에도 국무회의 심의와 대통령의 승인을 받고 국회로 제출한다.

---

15 기대이론   정답 ①

외재적 보상보다 내재적 보상이 만족감에 더 큰 영향을 미친다고 본다.

(선지분석)
② 능력과 역할인지 등도 업적에 영향을 미친다고 본다.
③ 외재적 보상과 내재적 보상으로 구별한다. 외재적 보상(승진, 보수인상)보다는 내재적 보상(성취감)이 동기부여에 훨씬 중요하다.
④ 주어지는 보상은 공평한 것으로 지각되어야 하는데, 개인이 불공평하다고 지각하면 만족을 줄 수 없게 된다.

16 결산 정답 ④

기획재정부장관은 회계연도마다 작성하여 대통령의 승인을 받은 국가결산보고서를 다음 연도 4월 10일까지 감사원에 제출하여야 한다.

(선지분석)
① 결산보고서에는 성인지 결산서도 포함된다.
② 각 중앙관서의 장은 매 회계연도마다 소관 결산보고서를 작성하여 다음 연도 2월 말일까지 기획재정부장관에게 제출하여야 한다.
③ 한 회계연도 동안의 출납에 관한 사무가 완료되어야 하는 기한을 출납기한이라고 하며, 이는 장부정리가 마감되어야 하는 기한을 의미한다. 2월 10일까지를 출납기한으로 정하고 있다.

17 예산제도 정답 ②

예비타당성조사는 총사업비가 500억 이상이고 국가의 재정지원 규모가 300억 이상인 신규사업 중 건설공사가 포함된 사업, 지능정보화사업, 국가연구개발사업 등에 대하여 실시하며, 국회가 의결로 요구하는 사업에 대해서도 실시하여야 한다.

(선지분석)
① 주민참여예산제도는 예산운영의 효율성보다는 민주성을 추구하는 데 목적이 있다.
③ 예산성과금은 수입이 증대되거나 지출이 절약된 때에 이에 기여한 자에게 지급할 수 있으며, 절약된 예산은 다른 사업에도 사용할 수 있다.
④ 신규사업 중 총사업비가 500억 원 이상(국고지원 300억 원 이상)인 사업은 예비타당성조사 대상에 포함된다.

18 통합옹호론과 통합반대론 정답 ④

통합옹호론은 구역 통합이 이루어질 경우 구역 내 수평적 형평성(inter jurisdictional equity)에서는 유리하다. 하지만 구역의 규모가 커질 경우 시민과의 접근성은 오히려 곤란해진다.

📄 **통합옹호론과 통합반대론의 비교**

통합옹호론	통합반대론
• 분절화된 경우 구역 간의 소모적인 경쟁을 초래되며, 지역 간의 공공서비스 공급의 불평등이 초래됨	• 지방정부 간 경쟁이 공공서비스의 혁신과 효율성 증대를 가져온다고 주장함
• 통합을 통해 분절화된 구역에 비하여 규모의 경제에 따른 효율성을 확보할 수 있음	• 규모가 지나치게 과대할 경우 오히려 규모의 불경제가 초래될 수 있음
• 통합을 통해 지방자치단체의 공공서비스 제공 능력이 확대됨	• 통합의 효과는 공공서비스 유형에 따라 다름
• 광역 행정의 통합성을 확보할 수 있음	• 지방자치를 해치고, 주민들 간의 일체감 부족을 야기함
• 구역 내 수평적 형평성(inter jurisdictional equity) 확보 면에서 유리함	• 중앙정부와 지방정부, 광역정부와 기초정부 간 수직적 형평성의 확보 차원에서는 유리하다고 단정할 수 없음
• 행정의 책임 소재가 명확해짐	

19 특별지방행정기관 정답 ④

특별지방행정기관은 중앙정부나 인접지역과의 협력이 가능하고 광역행정의 수단으로 활용 가능하다.

(선지분석)
① 국가의 일선기관인 특별지방행정기관은 전국적 통일행정에 기여한다.
② 국가의 일선기관인 특별지방행정기관에 의한 행정은 중앙집권을 강화함으로써 지방자치를 저해한다.
③ 자치단체와의 기능·역할 중복 등으로 지방행정의 비효율을 초래한다.

20 티부가설(Tiebout Hypothesis) 정답 ③

피터슨(Peterson)의 도시한계론이 티부가설의 영향을 받았다.

📄 **피터슨(Peterson)의 도시한계론과 복지의 자석효과**
㉠ 티부가설은 지방정부가 제공하는 공공서비스나 정책의 차이가 주민 이동의 원인이 될 수 있다고 보는 것이며, 복지자석가설은 재분배정책 수준의 차이에 따른 주민 이동을 설명함
㉡ 도시한계론에 따르면 재분배정책은 복지수요인구의 유입을 촉진시키고 생산능력인구의 유출을 촉진시키지만, 개발정책은 생산능력인구의 유입을 촉진시키므로 지방정부는 재분배정책보다 개발정책에 우선순위를 둔다고 보았음. 즉, 지방정부의 재분배정책 시행에는 한계가 있다고 보았음

❯ 정답

p. 58

01	④	PART 4	06	④	PART 2	11	①	PART 7	16	④ PART 5
02	②	PART 3	07	②	PART 5	12	④	PART 3	17	① PART 4
03	④	PART 1	08	②	PART 2	13	②	PART 5	18	② PART 5
04	①	PART 6	09	②	PART 1	14	①	PART 4	19	① PART 1
05	④	PART 5	10	④	PART 6	15	②	PART 4	20	③ PART 7

❯ 취약 단원 분석표

단원	맞힌 답의 개수
PART 1	/ 3
PART 2	/ 2
PART 3	/ 2
PART 4	/ 4
PART 5	/ 5
PART 6	/ 2
PART 7	/ 2
TOTAL	/ 20

PART 1 행정학 총설 / PART 2 정책학 / PART 3 행정조직론 / PART 4 인사행정론 / PART 5 재무행정론 / PART 6 지식정보화 사회와 환류론 / PART 7 지방행정론

---

01 특수경력직공무원 　　정답 ④

ㄴ, ㄷ, ㅁ이 특수경력직에 해당한다.
ㄴ. 비서요원은 별정직으로 특수경력직이다.
ㄷ. 차관은 정무직으로 특수경력직이다.
ㅁ. 지방의회의원은 정무직으로 특수경력직이다.

(선지분석)
ㄱ. 경찰은 특정직으로 경력직이다.
ㄹ. 군인은 특정직으로 경력직이다.

02 조직효과성 측정모형 　　정답 ②

정교화 단계는 개방체제모형과 관련이 있다.

📄 조직효과성 측정모형

조직성장단계	내용	모형
창업 단계	• 조직이 창업되어 성장하는 단계 • 조직 중심으로 운영되어 매우 비공식적이고 비관료적	개방체제모형
집단공동체 단계	Owner 또는 외부에서 영입한 지도자가 조직의 목표 및 관리 방향을 적극적으로 제시하며, 강력한 리더십을 발휘하는 준관료적 성격을 띠는 단계	인간관계모형
공식화 단계	• 조직이 성장함에 따라 최고경영자는 직접통제의 한계를 느끼고, 권한위임과 아울러 규칙과 절차를 바탕으로 한 내부통제 시스템을 통해 내부의 효율성을 추구 • 관료적 성격을 갖게 되는 단계	• 내부과정 모형 • 합리목적 모형
구조의 정교화 단계	지나친 내부통제의 피해를 입은 조직이 팀제·사업부서 조직·매트릭스 조직 등 소규모 또는 정교한 구조로 조직을 재설계함으로써 다시 활력을 찾게 되는 단계	개방체계모형

03 시민사회조직 　　정답 ④

의존적 관계는 정부가 특정한 비정부조직 분야의 성장을 유도하는 관계로, 개발도상국에서 주로 나타난다. 대체적 관계는 국가가 제공에 실패한 공공재의 공급 역할을 NGO가 대신 맡게 된다.

(선지분석)
① NGO가 생산하는 공공재나 집합재의 생산비용을 정부가 지원함으로써 정부와 NGO가 긴밀한 협조관계에 있는 경우는 보완적 관계이다.
② 동반자적 관계는 서로의 존재를 인정하는 상호협력적인 관계로, 가장 바람직한 모형으로 평가받는다.
③ NGO는 ㉠ 자발성(voluntarism)에 의해 형성된 조직이므로 운영에 자율성을 가지며, ㉡ 경제적 이익 대신에 공익을 추구하는 이익의 비배분성을 특징으로 한다.

04 보편적 서비스의 준거 　　정답 ①

광역성은 보편적 서비스의 준거로 부적당하다.

📄 보편적 서비스 정책의 내용 - 정보격차 해소

㉠ 접근성: 장소, 소득, 신체조건 등에 상관없이 접근 가능
㉡ 활용 가능성: 누구든지 활용 가능(시각 장애인도 이용 가능)
㉢ 훈련과 지원: 교육으로 인터넷 활용 능력을 배양함
㉣ 유의미한 목적성: 개인적, 사회적 의미를 지님
　• 국민, 고객 ○
　• 국가, 정부 ✕
㉤ 요금의 저렴성: 경제적 이유로 인한 이용 배제를 방지함

05 예비타당성조사 　　정답 ④

「지능정보화 기본법」 제14조의 규정으로, 예비타당성조사 대상 사업이다. 지능정보화 사업은 예비타당성조사 대상 사업이다.

①, ②, ③ 모두 예비타당성조사 면제 사업에 해당한다.

「**국가재정법」 제38조 【예비타당성조사】** ② 제1항에도 불구하고 다음
각 호의 어느 하나에 해당하는 사업은 대통령령으로 정하는 절차에
따라 예비타당성조사 대상에서 제외한다.
1. 공공청사, 교정시설, 초·중등 교육시설의 신·증축 사업
2. 문화재 복원사업
3. 국가안보에 관계되거나 보안이 필요한 국방 관련 사업
4. 남북교류협력과 관계되거나 국가 간 협약·조약에 따라 추진하는
   사업
5. 도로 유지보수, 노후 상수도 개량 등 기존 시설의 효용 증진을 위
   한 단순개량 및 유지보수사업
6. 「재난 및 안전관리기본법」 제3조 제1호에 따른 재난(이하 "재난"
   이라 한다)복구 지원, 시설 안전성 확보, 보건·식품 안전 문제 등
   으로 시급한 추진이 필요한 사업
7. 재난예방을 위하여 시급한 추진이 필요한 사업으로서 국회 소관
   상임위원회의 동의를 받은 사업
8. 법령에 따라 추진하여야 하는 사업
9. 출연·보조기관의 인건비 및 경상비 지원, 융자 사업 등과 같이 예
   비타당성조사의 실익이 없는 사업
10. 지역 균형발전, 긴급한 경제·사회적 상황 대응 등을 위하여 국
    가 정책적으로 추진이 필요한 사업으로서 다음 각 목의 요건을 모
    두 갖춘 사업. 이 경우, 예비타당성조사 면제 사업의 내역 및 사유
    를 지체 없이 국회 소관 상임위원회에 보고하여야 한다.
    가. 사업목적 및 규모, 추진방안 등 구체적인 사업계획이 수립된
        사업
    나. 국가 정책적으로 추진이 필요하여 국무회의를 거쳐 확정된 사업

📄 총사업비 관리제도

국가가 직접시행 또는 위탁사업 국가예산·기금의 보조를 받아 자치단
체나 공공기관이 시행하는 사업 중 2년 이상이 소요되는 다음 사업
㉠ 총사업비가 500억 이상이고 국가재정지원이 300억 이상인 토목
   및 정보화사업
㉡ 총사업비가 200억 이상인 건축사업
㉢ 총사업비가 200억 이상인 연구개발사업

06 정책집행 정답 ④

정책 대상집단의 행태 변화의 정도가 작아야 성공한다.

(선지분석)
① 정책집행의 하향식 접근방법은 공식적 정책목표를 중요한 변수로 취급
   하며, 공식 목표의 달성 여부를 정책평가의 판단기준으로 본다.
② 하그로브(Hargrove)가 잃어버린 고리라고 표현하면서, 정책집행에
   대한 독자적 연구의 필요성을 강조하였다.
③ 하향적 집행론은 정책결정과 집행은 분리되어 결정과 집행의 순차
   성·단일방향성을 강조한다.

07 재정관리 혁신 정답 ②

예비타당성조사 대상사업은 총사업비가 500억 이상이고 국가재정지원이
300억 이상인 신규사업 중 일부를 대상으로 하는 것이지, 기존사업을 대
상으로 하지 않는다.

(선지분석)
① 총사업비가 500억 원 이상이고 국가재정 지원 규모가 300억 원 이상
   인 신규사업 중 지능정보화사업이나 연구개발사업 등은 예비타당성조
   사의 대상사업이 된다.

08 혼합모형 정답 ②

혼합모형이란 근본적인 결정은 합리모형에 입각하여 거시적이고 장기적
인 안목에서 대한의 방향성을 탐색하고, 그 방향성 안에서 세부적인 결정
은 점증모형에 입각하여 심층적이고 대안적인 변화를 시도하는 것이 바람
직하다는 모형이다.

(선지분석)
① 사이먼(Simon)의 만족모형에 대한 설명이다.
③ 에치오니(A. Etzioni)에 따르면 합리모형은 전체주의 사회체제, 점증
   모형은 민주주의 사회체제에 적합하며, 혼합모형은 능동적 사회에 적
   용되어야 할 전략이라고 주장하였다.
④ 점증모형에 대한 설명이다.

09 신공공서비스론 정답 ②

ㄱ. 공무원이 반응해야 하는 대상은 고객이 아니라 시민이다.
ㄴ. 신공공서비스론의 7대 원칙 중 하나는 '전략적으로 사고하고 민주적으
   로 행동한다'이다.
ㅁ. 공무원의 동기를 유발하는 수단은 정부 규모를 축소하려는 이데올로기
   적 욕구가 아니라 시민정신에 부응하려는 사회봉사이다. 정부 규모를
   축소하려는 이데올로기적 욕구를 공무원의 동기유발수단으로 보는 이
   론은 신공공관리론이다.

(선지분석)
ㄷ. 행정의 재량의 필요성은 인정하지만, 재량에 대한 제약과 책임이 수반
   된다고 본다.
ㄹ. 공익을 공유가치에 대한 담론의 결과로 본다.

10 행정통제 정답 ④

외부통제에 해당하는 것은 ㄴ, ㄹ, ㅂ, ㅇ이다.
ㄴ. 국회의 국정조사는 외부통제이다.
ㄹ. 국민들의 행정소송에 의한 통제는 외부통제이다.
ㅂ. 시민단체에 의한 통제는 외부통제이다.
ㅇ. 언론기관에 의한 통제는 외부통제이다.

ㄱ. 국민권익위원회는 국무총리 소속이므로 내부통제에 해당한다.
ㄷ. 기획재정부에 의한 예산안 검토 및 조정은 내부통제이다.
ㅁ. 국무총리의 정부업무평가는 내부통제이다.
ㅅ. 중앙행정기관장의 자체평가는 내부통제이다.

11 지방재정조정제도 정답 ①

「지방교부세법」상 지방교부세는 보통교부세, 특별교부세, 부동산교부세 및 소방안전교부세로 구분된다.

② 지방교부세가 아니라 국고보조금에 해당한다.
③ 조정교부금은 중앙정부가 교부하는 것이 아니라 광역자치단체가 기초자치단체에 이전하는 재원이다.
④ 국고보조금은 특정재원이므로 국고보조금의 비중 증가는 지방재정에 대한 통제가 강화되고 지방재정의 자율성을 약화한다.

12 「책임운영기관의 설치·운영에 관한 법률」 정답 ④

중앙책임운영기관의 장은 고위공무원단에 속하는 공무원을 제외한 소속공무원에 대한 일체의 임용권을 가진다.

① 행정안전부장관은 5년 단위로 책임운영기관의 관리 및 운영 전반에 관한 기본계획을 수립하여야 한다.
② 중앙책임운영기관의 장의 임기는 2년으로 하되, 한 차례만 연임할 수 있다.
③ 소속책임운영기관에도 대통령령이 정하는 바에 따라 소속기관을 둘 수 있다.

13 예산 정답 ②

ㄱ, ㄴ, ㄷ, ㄹ에 들어갈 숫자는 각각 5, 3, 10, 3이다.
ㄱ. 정부는 5회계연도 이상의 기간에 대하여 재정운용계획을 수립하여야 한다.
ㄴ. 기획재정부장관(중앙예산기관장)은 매년 3월 31일까지 예산안편성지침을 국무회의 심의와 대통령의 승인을 받아 각 중앙관서의 장에게 시달하여야 한다.
ㄷ. 기획재정부장관은 다음 연도 4월 10일까지 총결산을 작성하여 국무회의 심의와 대통령 승인을 얻어 감사원에 제출한다.
ㄹ. 예산과정은 행정부의 예산 편성, 입법부의 예산 심의, 행정부의 예산 집행·결산 및 회계검사가 이루어지는 과정으로, 예산절차 또는 예산의 순기라고도 한다. 우리나라의 예산주기는 3년 과정이다.

14 도표식 평정척도법 정답 ①

도표식 평정척도법은 평정요소에 대한 등급을 정한 기준이 모호하며 자의적 해석에 의한 평가가 이루어지기 쉽다.

② 평정의 결과가 점수로 환산되기 때문에 평정대상자에 대한 상대적 비교를 확실히 할 수 있어 상벌 결정의 목적으로 사용하는 데 효과적이라고 할 수 있다.
③ 연쇄효과(halo effect), 집중화 경향, 관대화 경향 등의 오류가 일어날 수 있다.
④ 가장 많이 활용되는 근무성적평정방법으로, 평정표 작성과 평정이 용이하다.

15 직위분류제 정답 ②

ㄱ, ㄹ은 옳은 설명이다.

ㄴ. 직무종류, 곤란도와 책임도가 유사한 직위의 군은 직급에 해당한다.
ㄷ. 직위분류제는 전문적인 직무종류와 책임도에 따라 직위에 임용하게 됨에 따라 유연하고 탄력적인 수평적 이동이 어려워진다.

16 예산결정이론 정답 ④

단절균형이론은 예산이 상당 기간 점증적 변화를 보이기도 하지만, 일시적으로 급격한 변화를 보이다가 다시 점증적 변화를 보인다는 주장을 한다.

① 합리주의모형은 달성할 목표를 명확히 하고 비용·편익분석, 체제분석 등의 과학적 분석기법을 활용하여 목표를 달성하기 위한 수단을 체계적으로 분석하여 합리적인 대안을 선택한다.
② 점증주의 예산결정은 다원화된 민주사회의 예산과정과 흐름을 설명하고, 협상과 타협에 의한 정치적 합리성을 강조한다.
③ 서메이어(Thumaier)와 윌로비(Willoughby)의 다중합리성모형은 복수의 합리성 기준이 중앙예산실의 예산분석가들에게 어떤 영향을 미치는지를 미시적으로 분석하였다. 다중합리성모형에서는 중앙예산실의 예산분석가들이 예산결정에 사회적 합리성, 정치적 합리성, 경제적 합리성 등 여러 가지 합리성을 고려한다고 본다.

17 개방형·폐쇄형 인사제도 정답 ①

개방형 인사제도는 모든 계급에 외부인사를 채용할 수 있는 제도로, 새로운 지식과 기술, 아이디어를 수용해 공직사회의 침체를 막고 행정의 효율성을 높이는 데 유리하다.

② 직업공무원제는 원칙적으로 폐쇄형 충원 및 일반행정가주의에 입각하고 있다.
③ 폐쇄형이 신분보장 강화로 행정의 안정성 제고·낮은 이직률로 장기근무를 장려하여 직업공무원제 확립에 기여한다.
④ 폐쇄형은 신규채용이 최하위 계층에만 인정되며 내부승진으로 상위계층까지 올라가는 인사제도(외부인사의 동일계급 내 중간직 임용 불가)로, 내부승진과 경력발전을 위한 교육훈련의 기회가 많다.

18 예산 분류 정답 ②

조직별 분류는 예산 내용의 편성과 집행 책임을 담당하는 조직단위별로 예산을 분류한 것을 말한다. 따라서 경비 지출의 목적을 밝힐 수 없다는 한계가 있다.

(선지분석)
①, ③ 기능별 분류는 정부활동에 대한 일반적이며 총체적인 내용을 보여주어 일반납세자가 정부의 예산내용을 쉽게 이해할 수 있기 때문에 시민을 위한 분류라고도 부른다. 하지만 총체적인 분류이기 때문에 구체적 지출대상에 대한 회계책임이 확보되지 않는다.
④ 품목별 분류는 행정의 재량범위를 줄여 행정부 통제가 용이하지만 예산집행의 신축성을 저해할 가능성이 있다.

19 정부서비스의 비시장적 특성 정답 ①

비용과 수입 간의 단절을 설명하는 것이며, 편익과 비용의 절연이 아니다. 울프(Wolf)의 비시장실패이론에서 말하는 '편익과 비용의 절연(decoupling)'은 정부정책에서 정책의 비용부담집단과 편익수혜집단이 서로 다르게 되는 절연(decoupling)으로 인해, 정책수혜집단은 정치적 조직화나 로비를 통해 과도한 정부개입을 창출하려고 시도하고, 정책비용부담집단은 정부의 비개입을 창출하려고 시도한다는 것이다. 이러한 편익과 비용의 절연에는 ㉠ 미시적 절연[정책으로부터 나오는 편익은 특정집단에 집중되어 있지만, 비용은 일반대중에게 널리 퍼져 있는 경우 윌슨(Wilson)의 고객정치상황]과 ㉡ 거시적 절연[재분배정책과 같이 정책으로 인해 편익을 보게 되는 집단은 절대다수이나, 비용을 부담하야 할 집단은 소수인 경우 윌슨(Wilson)의 기업가적 정치상황]이 있다.

(선지분석)
② 정치적 보상구조의 왜곡이란, 사회문제에 대한 정부활동 과정에서 정치인이나 관료에 대한 정치적 평가와 보상이 실질적인 성과보다 상징적이고 현시적인 결과(사회문제의 해악 강조나 문제해결의 당위성 강조, 추상적인 입법화)에 의존하여 이루어지는 왜곡성을 지니고 있다. 그 결과 정치인들이나 공무원들은 소위 '한건주의'나 '인기관리'에 치중한 문제 제기와 행정수요 제기에 따라, 무책임하고 현실성 없는 정부활동이 확대되는 경향을 지닌다.

20 지방분권화 정답 ③

지역 간 평등한 행정서비스를 위해서는 중앙집권화가 요구된다. 지역 간 평등한 행정서비스는 중앙정부의 개입에 의하여 이루어질 수 있다.

(선지분석)
① 내생적 발전전략이란 자치단체별로 지역내부에서 발전의 원동력을 찾으려는 자생적·분권적인 전략을 말한다.
② 중앙집권의 한계를 지방분권의 확대로 해결하고자 하는 관점이다.
④ 신공공관리론적 정부개혁은 지방정부로의 권한이양과 정부 간 파트너십이 강조된다.

12회 실전동형모의고사

01	①	PART 1	**06**	②	PART 3	**11**	①	PART 2	**16**	②	PART 6
02	①	PART 1	**07**	③	PART 2	**12**	③	PART 7	**17**	③	PART 1
03	①	PART 3	**08**	④	PART 2	**13**	①	PART 3	**18**	②	PART 7
04	②	PART 5	**09**	②	PART 4	**14**	③	PART 4	**19**	②	PART 7
05	④	PART 2	**10**	②	PART 3	**15**	③	PART 4	**20**	②	PART 7

▶ 취약 단원 분석표

단원	맞힌 답의 개수
PART 1	/ 3
PART 2	/ 4
PART 3	/ 4
PART 4	/ 3
PART 5	/ 1
PART 6	/ 1
PART 7	/ 4
TOTAL	/ 20

PART 1 행정학 총설 / PART 2 정책학 / PART 3 행정조직론 / PART 4 인사행정론 / PART 5 재무행정론 / PART 6 지식정보화 사회와 환류론 / PART 7 지방행정론

01 사회적 기업 정답 ①

사회적 기업은 취약계층에 대한 일자리 창출과 사회서비스 수요에 대한 공급확대 정책으로 시작된 사회적 목적의 기업이다.

(선지분석)
② 사회적 기업은 비영리조직만이 인증받는 것이 아니라 「민법」에 따른 법인, 「상법」에 따른 회사 또는 비영리민간단체 등 대통령령으로 정하는 일정한 조직 형태를 갖춰야 한다.
③ 기획재정부장관이 아니라 고용노동부장관의 인증을 받아야 한다.
④ 고용노동부장관은 5년마다 사회적 기업의 활동실태를 조사하고 사회적 기업 육성 기본계획을 수립하여야 한다.

02 민간위탁 정답 ①

민간위탁이란 주로 조사·검사·검정 등 국민의 권리·의무와 직접 관계되지 아니한 사무 일부를 민간부문에 위탁하는 것이다(권리·의무와 직접 관계된 사무는 민간위탁의 대상이 아님).

(선지분석)
② 소비자들은 구입증서(=바우처)를 활용하여 어느 조직으로부터 서비스를 제공받을 것인가를 스스로 선택할 수 있다는 점이 바우처의 장점이다.
③ 면허 방식에서는 시민 또는 이용자는 서비스 제공자에게 비용을 지불하며, 서비스 수준과 질은 정부가 규제한다.
④ 계약 방식은 정부가 민간부문과 위탁계약을 맺은 후 비용을 지불하고 민간부문으로 하여금 공공서비스를 생산하게 하는 방식으로, 정부가 민간과의 계약을 통해 국민들에게 서비스를 전달하는 것이다.

03 프렌치와 레이븐(French & Raven)의 권력유형 정답 ①

준거적 권력은 어떤 사람이 자신보다 뛰어나다고 생각하는 사람을 닮고자 할 때 발생한다. 준거적 권력은 공식적 직위와 항상 일치하지는 않는다.

📋 **프렌치(French, Jr.)와 레이븐(Raven)의 권력유형**

합법적 권력	조직이나 계층상의 위계에 의하여 행사되는 권력
강제적 권력	공포에 기반을 두고 권력으로서 처벌할 수 있는 능력에 의하여 야기되는 권력
보상적 권력	복종의 대가로서 승진이나 봉급의 인상 등 보상을 제공할 수 있는 능력에 기반을 둔 권력
전문적 권력	전문적 지식이나 기술에 의하여 전개되는 권력
준거적 권력	어떤 사람의 능력이나 매력에 존경과 호감을 느낌으로써 그를 자기의 역할모델로 삼으며 일체감과 신뢰를 바탕으로 하는 권력

04 재정준칙 정답 ②

재정준칙은 행정부의 재량권을 제약하고 재정규율을 확립하여 재정건전화를 도모할 수 있다.

05 타당성 저해요인 정답 ④

실험대상의 사람들이 실험이 진행되는 동안 원래의 상태로 돌아가게 되면 측정이 왜곡되는 현상은 회귀인공요소이다. 측정요소는 프로그램을 도입하기에 앞서 측정을 받은 것의 효과가 개개인들의 신경을 자극함으로써 프로그램을 집행한 후의 그들의 측정점수를 높이도록 할 수도 있다. 그러므로 프로그램을 집행하기 전후의 측정점수의 차이가 반드시 프로그램에서 결과한 것이라고 할 수 없으며, 오히려 프로그램을 집행하기 전에 개인들이 측정경험을 통해 얻어진 것이라고도 할 수 있다. 이와 같이 측정요소가 측정에 영향을 주는 것을 말한다.

(선지분석)

① 역사요인은 실험기간 동안에 실험자의 의도와는 관계없이 일어난 역사적 사건을 말한다. 이러한 역사요인이 작용할 경우 정책이나 실험의 정확한 효과추정이 어려워진다.

② 실험조작과 측정의 상호작용은 ㉠ 실험 전 측정(pretest)이 피조사자의 실험조작에 대한 감각에 영향을 줄 수 있다. ㉡ 이렇게 하여 얻은 결과를 일반적인 모집단에도 일반화할 수 있는가가 문제될 수 있다는 외적 타당도의 저해요인이다.

③ 실험조작의 반응효과는 호손효과를 말하는 것으로 옳은 지문이다.

06 　행정문화　　　　　　　정답 ②

온정주의에 대한 설명으로 옳은 지문이다.

(선지분석)

①은 일반주의, ③은 형식주의, ④는 운명주의에 대한 설명이다.

📄 행정문화

가족주의 (온정주의)	• 행정이라는 공적 세계를 가족의 한 형태로 파악하는 의식구조를 말함 • 이러한 사회에서는 조직구성원 간의 화합과 계서적 질서가 강조되지만, 공(公)·사(私)의 구별이 불분명해지는 사인주의(私人主義)나 관직을 국민에 대한 봉사 수단이나 하나의 직업으로 생각하지 않고, 출세와 이권의 수단이나 사유물로 생각하는 관직사유관(관직이권주의)이 나타남
권위주의	• 조직 내·외의 관계를 평등한 관계보다는 수직적인 관계로 보고 지배·복종의 위계질서를 강조하는 태도 • 그 예로는 관지배주의나 관우월주의 또는 관존민비사상이 있음 • 권위주의는 내부적으로 집권화를 초래하고 대외적으로는 비민주화를 초래함
형식주의	• 내용이나 실리보다 형식이나 모양새, 절차·선례에 집착하는 태도 • 형식주의는 외형적 구조나 제도가 실제(기능)와는 불일치하는 현상임
연고주의	• 혈연·지연·학연 등 배타적이면서도 특수한 관계를 강조하는 연고주의가 지배함 • 개인보다는 귀속적 요인이나 집단 중심의 사고방식이 우선함
운명주의	• 성공 여부나 인간생활이 초자연적인 힘에 의해 숙명적으로 결정된다는 사고방식 • 외부 여건에 맹종하는 순응주의(맹종주의)와 관련됨
정실주의 (情實主義)	• 객관적인 사실보다는 명예·위신·의리·도덕 등과 같은 무형적이고 정신적인 가치를 중시하는 의식구조 • 온정이나 주관에 사로잡히는 '인격적 행정'이나 '정적(情的) 인간주의(personalism)'와도 같음
일반주의 (generalism)	• 상식으로 혼자 모든 것을 다 할 수 있다고 생각하는 만능적 의식구조를 말함. 즉, 과대망상적으로 자기를 전지전능한 인간이라고 평가하는 사고방식 • 이러한 사회에서는 행정의 깊이가 없고 전문주의가 좀처럼 형성되지 않음

07 　정책델파이기법　　　　　　　정답 ③

정책대안에 대한 주장들이 표면화된 후에는 참가자들로 하여금 공개적으로 토론을 벌이게 한다.

(선지분석)

① 정책델파이에는 전문가와 이해관계인이 참여한다.

②, ④ 델파이기법과 달리 정책문제 해결을 둘러싸고 발생할 수 있는 대립된 의견을 드러내고자 하는 의도에서 개발된 것이다.

08 　로위(Lowi)의 정책유형　　　　　　　정답 ④

로위(Lowi)는 강제력의 행사방법과 강제력의 적용대상을 기준으로 정책을 4가지로 나누었다. 수직적 차원에서 강제력의 적용이 직접적(imme-diate)인가, 간접적(remote)인가에 따라 나누고, 수평적 차원에서 강제력의 적용대상이 개인의 행위인가, 행위의 환경(사회 전체)에 따라서 나누었다.

(선지분석)

① 일부 정책들은 로위(Lowi)가 분류한 배분, 규제, 재분배정책 어디에도 속하기 어려운 상황이 발생하여 1972년에 발표된 논문에서 구성정책을 추가하였다.

② 재분배정책에 대한 설명으로 옳은 지문이다.

③ 분배정책에서 수혜집단은 개인·집단 등으로 특정적이나, 비용부담집단은 일반국민으로 불특정하므로 집단 간의 갈등이나 대립이 미미하며, 이념적 논쟁 또한 재분배정책에 비해 미약하다. 따라서 수혜집단들 간의 갈라먹기식 정치(pork-barrel politics)나 서로 후원 및 상부상조(log-rolling)의 행태에 의해 원만한 정책과정이 진행된다.

09 　공직윤리　　　　　　　정답 ②

취업심사대상자는 퇴직일부터 3년간, 퇴직 전 5년간 소속하였던 부서의 직무와 관련이 있는 사기업체 등에 취업할 수 없다 단, 퇴직 전 5년 동안 소속하였던 부서의 업무와 밀접한 관련성이 없다는 확인을 받거나 승인을 받으면 취업이 가능하다.

(선지분석)

① 국민권익위원회는 직접적으로 취소나 무효화시킬 수는 없고 간접적으로 권고나 요구가 가능하다.

③ 재직자는 퇴직공직자로부터 직무와 관련한 청탁 또는 알선을 받은 경우 이를 소속 기관의 장에게 신고하여야 한다.

④ 국민권익위원회는 접수된 부패행위 신고사항을 그 접수일부터 60일 이내에 처리하여야 한다. 단, 신고내용의 특정에 필요한 사항을 확인하기 위한 보완 등이 필요하다고 인정되는 경우에는 그 기간을 30일 이내에서 연장할 수 있다.

10 조직구조 정답 ②

조직의 구조변수 중 집권화란 의사결정권이 상층부로 집중되어 있는 현상을 말한다. 분화되어 있는 정도는 복잡성을 말한다.

📄 집권화와 분권화

집권화 (centralization)	• 조직 내 의사결정권이 어디에 있는가와 관련된 변수 • 조직의 의사결정권이 조직의 상위층에 비교적 집중되어 있는 경우
분권화 (decentralization)	의사결정권이 상대적으로 조직의 하위층에 분산되어 있는 경우

(선지분석)

① 일반적으로 단순하고 반복적인 직무일수록, 조직의 규모가 클수록 그리고 안정적인 조직환경일수록 공식화가 높아진다.

③ 지나친 전문화는 조직구성원을 기계화하고 비인간화시키며, 조직구성원 간의 조정을 어렵게 한다.

④ 공식화가 높을수록 불확실한 환경에서는 탄력적 대응성이 저하된다.

📄 공식화(formalization)

㉠ 공식화란 조직을 구성하는 여러 단위나 개인의 지위·역할 및 권한이 명시적으로 성문화되고, 업무수행에 관한 규칙과 절차가 표준화·정형화되는 현상을 의미

㉡ 일반적으로 공식화가 높을수록 일종의 기계적 조직구조를 갖게 되고, 공식화가 낮은 경우 느슨하고 산만한 구조를 갖게 됨

11 결정모형 정답 ①

혼합탐사모형 중 세부적 결정에서는 소수의 대안에 대해 결과 예측을 세밀하게 분석한다.

📄 혼합탐사모형

결정의 유형	예시	대안의 고려	대안의 결과 예측
근본적 결정	넓게 개괄적으로 볼 수 있는 렌즈	• 중요한 대안을 포괄적으로 모두 고려(포괄적 합리모형) • 범사회적 지도체계라 부름	• 중요한 결과만 개괄적 예측 • 미세한 과목은 무시 (합리모형의 지나친 엄밀성을 극복)
세부적 결정	좁고 정밀하게 보는 렌즈	근본적 결정의 테두리 내에서 소수의 대안만 고려	여러 가지 결과 예측의 세밀한 분석 (포괄적 합리모형)

(선지분석)

② 앨리슨(Allison) Ⅱ 조직과정모형에서 정부의 행동은 목표에 부합되는 합리적 선택보다는 정부를 구성하는 다양한 조직의 표준운영절차에 따르는 정형적 행동의 표출로 본다.

③ 쓰레기통모형은 문제(problem), 해결책(solution), 참여자(participant), 의사결정의 기회(chance)가 구비되어야 하는데, 이 네 가지 요소들이 아무 관계없이 독자적으로 움직이다가 어떤 계기로 우연히 만나게 될 때 의사결정이 이루어진다고 본다.

④ 최적모형은 정책은 경제적 합리성과 정치적 합리성의 양자택일의 문제가 아니라고 보고, 합리적 요인과 초합리적 요인을 동시에 다루므로 양적인 동시에 질적인 모형(이종수 외)이라고 할 수 있다.

12 지방자치단체조합 정답 ③

우리나라의 경우 '하나 또는 둘 이상의 사무'에 관한 조합을 규정함으로써 일부사무조합과 복합사무조합만 인정하고 전부사무조합은 인정하고 있지 않다.

> 「지방자치법」 제176조【지방자치단체조합의 설립】① 2개 이상의 지방자치단체가 하나 또는 둘 이상의 사무를 공동으로 처리할 필요가 있을 때에는 규약을 정하여 지방의회의 의결을 거쳐 시·도는 행정안전부장관의 승인, 시·군 및 자치구는 시·도지사의 승인을 받아 지방자치단체조합을 설립할 수 있다. 다만, 지방자치단체조합의 구성원인 시·군 및 자치구가 2개 이상의 시·도에 걸쳐 있는 지방자치단체조합은 행정안전부장관의 승인을 받아야 한다.

(선지분석)

① 지방자치단체조합은 법인격을 갖는 특별지방자치단체이므로, 조합의 사무처리 효과는 당해 조합에 귀속된다.

② 특별지방자치단체인 지방자치단체조합은 법률로 정하는 바에 따라 지방채를 발행할 수 있다. 이 경우 행정안전부장관의 사전 승인을 얻어야 한다.

④ 공동처리하는 업무는 고유사무, 단체위임사무, 기관위임사무가 모두 포함된다.

13 동기부여이론 정답 ①

인간을 어떤 성질을 가진 존재로 파악하느냐에 따라 행위 유발을 위한 동기가 결정되기 때문에 인간관은 동기부여에 관한 내용이론과 밀접히 관계된다. 샤인(Schein)은 인간관을 합리적·경제적 인간관, 사회적 인간관, 자아실현적 인간관, 복잡한 인간관으로 구분하였다.

(선지분석)

② 내용이론은 사람의 동기를 유발하는 요인의 내용(What)에 초점을 두는 이론으로, 사람들은 일정한 기본적 욕구를 지녔으며 이러한 욕구의 충족을 가져올 행동을 하려는 동기를 가진 존재라고 보기 때문에 욕구이론이라고도 부른다.

③ 과정이론은 동기의 내용보다 어떤 과정을 거쳐서(How) 동기가 유발되는가에 초점을 두는 이론이다. 동기유발에 관한 다양한 변수들이 어떻게 상호작용하여 조직구성원의 행동을 일으키게 되는가에 대한 설명을 시도한다.

④ 내용이론의 예시로 옳은 지문이다.

14 근무성적평정 정답 ③

현행 평가제도는 고위공무원단, 4급 이상, 5급 이하로 나누어 평가를 실시하고 있다.

(선지분석)

① 근무성적평정의 평정대상은 5급 이하 공무원이며, 4급 이상 공무원은 성과계약평가를 실시한다.

② 평가자는 근무성적평정의 공정하고 타당성 있는 실시를 위해 근무성적평정대상 공무원과 성과면담을 실시해야 한다.

④ 반대이다. 성과계약평가는 연 1회, 근무성적평가는 연 2회 실시하는 것이 원칙이다.

15 공직의 분류 정답 ③

「국가공무원법」 제2조 제3항에 따르면 고도의 정책결정 업무를 담당하거나 이러한 업무를 보조하는 공무원은 정무직공무원에 대한 설명이다.

> **「국가공무원법」 제2조【공무원의 구분】** ① 국가공무원(이하 "공무원"이라 한다)은 경력직공무원과 특수경력직공무원으로 구분한다.
> ② "경력직공무원"이란 실적과 자격에 따라 임용되고 그 신분이 보장되며 평생 동안(근무기간을 정하여 임용하는 공무원의 경우에는 그 기간 동안을 말한다) 공무원으로 근무할 것이 예정되는 공무원을 말하며, 그 종류는 다음 각 호와 같다.
> 1. 일반직공무원: 기술·연구 또는 행정 일반에 대한 업무를 담당하는 공무원
> 2. 특정직공무원: 법관, 검사, 외무공무원, 경찰공무원, 소방공무원, 교육공무원, 군인, 군무원, 헌법재판소 헌법연구관, 국가정보원의 직원, 경호공무원과 특수 분야의 업무를 담당하는 공무원으로서 다른 법률에서 특정직공무원으로 지정하는 공무원
> ③ "특수경력직공무원"이란 경력직공무원 외의 공무원을 말하며, 그 종류는 다음 각 호와 같다.
> 1. 정무직공무원
>   가. 선거로 취임하거나 임명할 때 국회의 동의가 필요한 공무원
>   나. 고도의 정책결정 업무를 담당하거나 이러한 업무를 보조하는 공무원으로서 법률이나 대통령령(대통령비서실 및 국가안보실의 조직에 관한 대통령령만 해당한다)에서 정무직으로 지정하는 공무원
> 2. 별정직공무원: 비서관·비서 등 보좌업무 등을 수행하거나 특정한 업무 수행을 위하여 법령에서 별정직으로 지정하는 공무원

16 4차 산업혁명 정답 ②

4차 산업혁명에서는 대량생산 및 규모의 경제보다는 다품종·소량생산이나 속도의 경제를 중시한다.

(선지분석)

① 초연결성·초지능성을 토대로 미래를 정확히 예측하는 것을 초예측성이라 한다.

③ 물리적·가상적·생물학적 영역의 융합을 통해 사이버 물리시스템(Cyber-Physical System)을 구축하는 것이다.

④ 빅데이터를 활용한 맞춤형 공공서비스 제공이 가능하다.

> **📄 4차 산업혁명**
>
> | 의의 | • 3차 산업혁명(지식·정보혁명)을 기반으로 물리적·가상적·생물학적 영역의 융합을 통해 사이버 물리시스템(Cyber-Physical System)을 구축하는 것
• 2016년 1월 다보스포럼에서 클라우스 슈밥(K. Schwab)에 의하여 처음 사용함 |
> | --- | --- |
> | 특징 | • 초연결성: 사람-사람, 사물-사물, 사람-사물 등 인간생활의 모든 영역을 연결(사물인터넷: IoT)
• 초지능성: 방대한 빅데이터 분석으로 인간생활의 패턴 파악
• 초예측성: 초연결성·초지능성을 토대로 미래를 정확히 예측 |
> | 3차
산업혁명과의
차이 | 3차 산업혁명의 연장선상에 있지만, 기술발전의 속도와 범위, 시스템적 충격이라는 측면에서 3차 산업혁명과는 비교할 수 없는 전반적인 문화혁명 |

17 사회보험 정답 ③

민영보험의 경우 정보를 정확히 나타내는 자기선택을 유도하지만, 사회보험이 강제가입을 채택하는 것은 역선택을 방지하기 위한 것이다.

(선지분석)

① 무분별한 경쟁, ② 안정적이고 적절한 서비스 제공, ④ 운영의 효율성은 사회보험의 강제가입을 원칙과는 관련이 없다.

18 지방자치와 민주주의의 관계 정답 ②

관계긴밀설은 민주주의를 지방자치의 본질적 요소로 간주하면서 양자 간의 상호보완성을 주장하는 입장이다. 이 견해는 고유권설에 입각한 영미계의 자치(주민자치)에 근거를 두고 있다.

> **📄 지방자치와 민주주의의 관계**
>
> ㉠ 관계긍정설
> • 민주주의를 지방자치의 본질적 요소로 간주하면서 양자 간의 상호 보완성을 주장하는 입장
> • 고유권설에 입각한 영미계의 자치에 근거를 두고 있으며, 대표적인 학자로는 팬터-브릭(K. Panter-Brick), 토크빌(Alexis de Tocqueville), 밀(J. S. Mill), 브라이스(J. Bryce), 라스키(H. J. Laski) 등이 있음
> • 보장받을 수 있는 가장 확실한 보증이라고 하였음
> ㉡ 관계부정설
> • 지역사회의 정치적 모순을 인지하고, 이의 타파를 위하여 민주적 중앙정부의 적극적 역할을 강조함
> • 즉, 민주화된 정치체제에 있어서 지방자치란 무가치하며, 오히려 능률을 해친다고 주장함
> • 주로 국권설에 입각한 대륙계의 자치에 근거하고 있으며, 랭그로드(G. Langrod), 켈슨(H. Kelsen), 물랭(Leo Moulin), 벤슨(G. C. S. Benson) 등이 대표적인 학자임

19 자본예산제도 정답 ②

예산이란 특정 시점이 아닌 경기순환 주기 전체를 중심으로 균형이 이루어
지면 된다는 논리이다.

선지분석

① 1937년 스웨덴에서 실시한 것이 그 효시이다.
③ 경기침체 시에는 공채 발행 등 적자예산을, 경기과열 시에는 흑자예산
  을 편성하여 경기변동의 조절에 도움을 준다.
④ 자본예산은 투자재원의 조달에 대한 현세대와 다음 세대 간의 비용부
  담을 공평하게 할 수 있다는 장점이 있다.

20 지방자치의 정치적·행정적 기능 정답 ②

인적·물적 자원의 집중화 방지는 사회·경제적 가치이다.

지방자치의 기능

정치적 가치	• 민주주의의 실천 원리: 주민들의 참여와 토론을 통해 지역 문제를 해결함 • 민주주의의 훈련장 • 쿠데타, 혁명의 방지: 행정권의 강화에 따른 국정의 독재화 및 관료화의 위험에 대한 방파제의 역할을 함 • 평화적 사회개혁: 권력의 지방 분산에 따른 점진적·평화적 사회 개혁이 가능함 • 정국 혼란의 방지: 일시적인 정치·사회 혼란과 마비를 극복하고 지방행정의 안정성과 일관성을 도모할 수 있음
행정적 가치	• 지역 특성에 적합한 행정의 실현: 다양한 지방적 특성에 부합하고 주민들의 개별적·집단적 요구에 부응할 수 있는 행정구현이 가능함 • 지역적인 종합행정의 구현 • 행정의 기능적 분화를 통한 효율행정의 촉진: 중앙정부는 국가적·전국적 사항에만 전념함으로써 중앙정부의 과중한 업무부담 완화 및 행정능률 향상을 도모함 • 주민참여를 통한 행정통제와 민주화를 구현함 • 지역적 실험을 통한 다양한 정책 경험이 가능함 • 지방공무원의 사기진작과 능력 발전이 가능함
사회·경제적 가치	• 지역 주민의 주체의식 함양 • 사회계층 간의 갈등 해소 • 실질적인 사회·경제 개발의 촉진: 지역 주민의 이익도모와 그 지역의 개발에 중점을 둠 • 지역문화의 육성: 지방의 고유한 생활양식을 발전시키고 문화생활의 질을 고양시킴 • 인적·물적 자원의 집중화 방지

정답

p. 68

01	③	PART 4	**06**	④	PART 2	**11**	④	PART 5	**16**	④	PART 4
02	④	PART 6	**07**	③	PART 4	**12**	②	PART 3	**17**	④	PART 4
03	①	PART 1	**08**	②	PART 6	**13**	④	PART 2	**18**	③	PART 7
04	④	PART 1	**09**	③	PART 3	**14**	③	PART 1	**19**	②	PART 3
05	③	PART 1	**10**	③	PART 3	**15**	④	PART 7	**20**	③	PART 7

취약 단원 분석표

단원	맞힌 답의 개수
PART 1	/ 4
PART 2	/ 2
PART 3	/ 4
PART 4	/ 4
PART 5	/ 1
PART 6	/ 2
PART 7	/ 3
TOTAL	/ 20

PART 1 행정학 총설 / PART 2 정책학 / PART 3 행정조직론 / PART 4 인사행정론 / PART 5 재무행정론 / PART 6 지식정보화 사회와 환류론 / PART 7 지방행정론

---

01   직위분류제   정답 ③

ㄴ, ㄹ만 옳다.

ㄴ. 계급제는 직류, 직렬, 직군 등 수평적 분류가 없어 인적자원의 수평적 융통성은 높으나, 계급의 수가 적고 계급이 사회출신 성분과 교육제도상 계층과 연관되어 있어 계급 간 승진이나 이동이 용이하지 않아 수직적 융통성은 낮은 편이다.

ㄹ. 직위분류제는 엄격한 수직적·수평적 분류체계 때문에 직무변화 상황에 신속히 대처할 수 없다.

(선지분석)

ㄱ. 직급은 직무의 종류가 유사하고 곤란도 및 책임도도 유사하여 인사행정상 동일한 대우를 해줄 수 있는 직위의 군을 말한다. 직무의 종류가 유사하고 곤란도 및 책임도가 서로 다른 직급의 군은 직렬이다.

ㄷ. 직위분류제는 직무 중심으로 특정 직위에 사람을 배치하여 전문행정가를 양성하기 때문에 일반행정가 양성이 어렵고, 상위 직급에서의 업무 통합이 어렵다.

---

02   지능형 정부   정답 ④

지능형 정부의 서비스 전달방식은 온라인+모바일 채널이 아니라, 수요 기반 온·오프라인 멀티채널이다.

📋 **전자정부와 지능형 정부 비교**

구분	전자정부	지능형 정부
정책결정	정부 주도	국민 주도
행정업무	행정 현장: 단순업무 처리 중심	행정 현장: 복합문제 해결 가능
서비스 내용	생애주기별 맞춤형	일상틈새+생애주기별 비서형
서비스 전달방식	온라인+모바일 채널	수요 기반 온·오프라인 멀티채널

---

03   동형화   정답 ①

동형화는 조직이 동질화되는 과정을 나타내는 개념이다. 즉, 조직의 장(organizational field) 안에 있는 한 조직단위가 동일한 환경조건에 직면한 다른 조직단위들을 닮도록 하는 과정이다. 여기서 조직의 장은 동질적인(상이한 ✕) 환경과 제도가 인지될 수 있는 분석단위이다.

(선지분석)

② 서구의 신공공관리론에 따른 후진국의 정부개혁도 동형화의 일환으로 볼 수 있다.

③ 제도적 동형화 중 모방적 동형화에 대한 설명이다.

④ 조직이 특정 분야의 전문가나 전문가 집단의 기준(standards)을 수용하면서 제도적 동형화가 나타나기도 한다. 전문직업분야에서의 동형화는 규범적 동형화의 예이다.

📋 **제도적 동형화의 3가지 차원**

강압적 동형화	외부의 강압에 순응하는 과정에서 발생
모방적 동형화	• 자발적으로 성공사례를 벤치마킹하여 모방하는 과정에서 발생 • 능률성 제고를 직접적인 목표로 하기보다는 '성과를 향상시키기 위하여 노력하고 있다'는 인상을 환경에 심는 것을 목표로 함
규범적 동형화	• 주로 직업적 전문화 과정에서 발생 • 내부적인 조직 효율성 증대와는 무관하게 발생

---

04   신제도주의 행정학   정답 ④

사회학적 신제도주의에서의 접근방법은 귀납적 접근방법이 사용된다.

(선지분석)

① 역사적 신제도주의는 제도가 역사적 경로에 의존한다고 보았다.

② 역사적 신제도주의는 선호는 내생적으로 보며, 방법론상 총체주의(전체주의)를 택한다.

③ 사회학적 신제도주의에서 조직 변화는 합리성이나 효율성 증진과는 무관하며, 조직을 사회적 정당성과 더 유사해지도록 하는 과정, 즉 동형화(Isomorphism)의 결과로 나타난다고 본다.

05 뉴거버넌스(New Governance) 정답 ③

거버넌스 체제가 적절히 작동하기 위해서는 특정 집단의 주도가 아니라 네트워크 참여자들 간의 협력에 의한 룰이 정립되어야 한다.

〔선지분석〕

① 뉴거버넌스는 민관협치, 즉 공동생산을 중시한다.

② 뉴거버넌스는 신공공관리접근법의 한계(지나친 시장주의 행정운영으로 인한 공무원의 사기 저하, 행정문화와의 괴리문제, 책임성, 민주성 측면에서 문제)에 대해서 비판적으로 접근한다.

④ 신공공관리론은 경쟁의 원리를 중시하지만, 뉴거버넌스는 경쟁보다는 신뢰를 기반으로 파트너십과 유기적 결합관계를 중시한다.

06 살라몬(Salamon)의 정책수단유형 정답 ④

공기업은 정부가 설립한 공기업에 의하여 정책을 직접 집행하는 방식으로, 직접적 정책수단에 해당한다.

〔선지분석〕

①, ②, ③ 모두 간접적 정책수단에 해당한다.

📄 **직접성의 정도에 따른 정책수단**

낮음	중간	높음
손해책임법, 보조금, 대출보증, 정부출자기업, 바우처 등	조세지출, 계약, 사회적 규제, 벌금 등	보험, 국민연금, 산재보험, 직접 대출, 경제적 규제, 정보 제공, 공기업, 정부 소비 등

07 지방의회의원 정답 ③

지방의회의원은 정무직공무원으로서 재산등록대상자이자 공개대상이다.

「공직자윤리법」 제3조【등록의무자】① 다음 각 호의 어느 하나에 해당하는 공직자(이하 "등록의무자"라 한다)는 이 법에서 정하는 바에 따라 재산을 등록하여야 한다.
2. 지방자치단체의 장, 지방의회의원 등 지방자치단체의 정무직공무원
제10조【등록재산의 공개】① 공직자윤리위원회는 관할 등록의무자 중 다음 각 호의 어느 하나에 해당하는 공직자 본인과 배우자 및 본인의 직계존속·직계비속의 재산에 관한 등록사항과 제6조에 따른 변동사항 신고내용을 등록기간 또는 신고기간 만료 후 1개월 이내에 관보 또는 공보에 게재하여 공개하여야 한다.
2. 지방자치단체의 장, 지방의회의원 등 지방자치단체의 정무직공무원

〔선지분석〕

① 지방의회는 지방자치단체의 예산의 심의·확정권과 결산의 승인권을 모두 가진다.

② 지방의회의 의원은 다른 의원의 자격에 대하여 이의가 있으면 재적의원 4분의 1 이상의 찬성으로 의장에게 자격심사를 청구할 수 있다(「지방자치법」 제91조).

④ 지방의회는 그 의결로 소속 의원의 사직을 허가할 수 있다. 다만, 폐회 중에는 의장이 허가할 수 있다(「지방자치법」 제89조).

08 행정서비스헌장제도 정답 ②

제시문은 행정서비스헌장제도를 설명하고 있다. 행정서비스헌장제도는 영국의 시민헌장에서 유래된 것으로, 시민헌장제도(citizen's charter)는 각 공공기관에 대하여 의무조항을 명시하고 일반국민이 당연히 누려야 할 권리를 천명하여 서비스의 기준(표준)을 설정해 불이행 시 국민들이 시정조치와 보상을 요구할 수 있도록 한 고객중심적 서비스 관리제도를 말한다.

09 프로젝트 매니저 정답 ③

부서 밖에 위치해 조정을 담당하는 정규직위는 사업관리자, 산출물관리자, 브랜드관리자로 불리는 프로젝트 매니저이다.

〔선지분석〕

④ 임시작업단(TF: Task Force)은 특정 문제에 관련된 각 부서들의 대표로 구성된 임시위원회로서, 일시적 문제에 대한 부서 간의 직접 조정에 효과적이다.

📄 **프로젝트 매니저**

㉠ 좀 더 강한 수평연결 장치로서 수평적 조정을 담당할 정규직위를 두는 방식. 이 직위는 사업관리자, 산출물관리자, 브랜드관리자라고 불림

㉡ 부서 내에 위치하는 연락담당자와는 달리, 부서들 밖에 위치하여 여러 부서 간의 조정을 책임짐

㉢ 이 조정자는 특별한 인간관계 기술이 요구되며, 상호조정을 위해서 전문지식과 설득력이 요구됨. 보통 조직에서 사업관리자의 책임은 많지만, 그에 상응한 권한은 부족한 경우가 많음

10 관료제 정답 ③

관료들은 개인별 특별한 사정을 고려하지 않는 중립적이고 비정의적인 행정을 수행하여야 한다.

〔선지분석〕

① 책임의 한계를 명확히 하기 위한 문서에 의한 업무처리는 문서다작주의(Red Tape)·형식주의를 초래할 수 있다.

② 베버(M. Weber)의 관료제는 법규에 의한 합법적 지배를 특징으로 한다. 따라서 공식적인 법규나 직위·권한을 중시하며, 직위의 권한과 관할범위는 법규에 의하여 규정된다.

④ 관료의 채용기준은 전문적 능력이며, 신분은 평생 동안 종사하는 항구적인 생애의 직업이다.

11 중앙정부의 예산과 기금 정답 ④

「국가재정법」 제70조(기금운용계획의 변경)에 따르면 금융성 기금 외의 기금은 주요항목 지출금액의 변경범위가 20%(30% ✕) 이하인 경우에는 기금운용계획변경안을 국회에 제출하지 않고 변경할 수 있다. 금융성 기금은 주요항목 지출금액의 변경범위가 30% 이하인 경우이다.

(선지분석)
① 「국가재정법」은 2006년에 제정되었고 예산과 기금을 함께 규율하고 있다.
② 특별회계와 기금 모두 법률에 의해 설치되며, 특정수입과 특정지출의 연계되어 있다.
③ 일반회계와 특별회계, 기금 상호 간에는 전출입(교류)이 허용된다.

12 조합주의 정답 ②

조합주의는 정부의 역할이 적극적이고 주도적이다.

(선지분석)
① 조합주의는 경제적 자본주의를 인정하면서도 노동자들의 권리도 인정하는 입장으로서, 노사정합의체, 즉 경제사회노동위원회가 대표적인 기관이다.
③ 정부는 사회적 공동선을 달성하기 위해 중요 이익집단과 우호적 협력관계를 유지하고, 이익집단은 상호 경쟁보다 국가에 협조함으로써 특정 영역에서 사신들의 요구를 정책과정에 투입한다.
④ 국가조합주의는 국가로부터 주도하는 강제적 이익대표체제로서 이익집단이 국가에 의존하며, 국가는 강력한 권력을 가지고 있다고 보는 이론이다.

13 정책의 유형 정답 ④

재분배정책은 갈등이 가장 심한 정책의 유형이다. 분배정책에 비하여 안정적 정책을 위한 루틴화의 가능성이 낮고, 집행을 둘러싼 논란이 많으며 이데올로기의 논쟁 강도도 높다.

(선지분석)
① 벤처기업 창업지원금 제공은 보조금의 일종으로 분배정책에 해당한다.
② 재분배정책에는 가진 자의 부를 거두어 가지지 못한 자에게 이전하는 이전정책으로 임대주택 건설사업, 누진소득세, 실업수당 등 복지정책이 포함된다.
③ 알몬드와 포웰(Almond & Powell)의 추출정책의 예로 옳은 지문이다.

14 제3섹터 정답 ③

NGO는 공식성과 지속성을 지닌다. 즉, 비공식적이고 비제도적이 아니라 공식조직이며 제도적인 조직이다.

(선지분석)
① 결사체 민주주의는 NGO 등 자원조직이 많이 생겨서 효과적으로 활동하며, 사회적 의미를 부여하는 형태가 이상적 사회라고 정의한다.
② 중간조직의 형성배경을 설명하는 모형 중 하나인 시장실패 – 정부실패모형(자원부문실패모형)에 대한 설명이다.
④ NGO는 시민들의 자발적이고 능동적인 참여로 이루어진다.

시민단체 해석의 관점

결사체 민주주의	NGO 등 자원조직이 많이 생겨서 효과적으로 활동하며, 사회적 의미를 부여하는 형태가 이상적 사회라고 정의
공동체주의	공동체를 위한 책임 있는 개인의 자원봉사정신을 강조하며, 개인의 자유를 중시하는 전통적 자유주의와 개인의 책임을 강조하는 보수주의를 절충한 입장
다원주의	사회적 다원성을 전제로 하는 시민사회와 시민단체의 등장을 효과적으로 설명
사회자본론	시민사회와 시민단체에 대해 의미있는 해석을 강화하며, 사회자본을 시민의 자발적 참여에 의해 생산되는 무형의 자본으로 정의

15 지방의회의 의결에 대한 조치 정답 ④

ㄱ. 지방의회의 의결이 법령에 위반되거나 공익을 현저히 해친다고 판단되면 시·도에 대하여는 주무부장관이, 시·군 및 자치구에 대하여는 시·도지사가 재의를 요구하게 할 수 있고, 재의요구를 받은 지방자치단체의 장은 의결사항을 이송받은 날부터 20일 이내에 지방의회에 이유를 붙여 재의를 요구하여야 한다.
ㄴ. 지방자치단체 장의 재의요구에 대하여 재의의 결과 재적의원 과반수의 출석과 출석의원 3분의 2 이상의 찬성으로 전과 같은 의결을 하면 그 의결사항은 확정된다.
ㄷ. 지방자치단체의 장은 재의결된 사항이 법령에 위반된다고 판단되면 재의결된 날부터 20일 이내에 대법원에 소(訴)를 제기할 수 있다. 이 경우 필요하다고 인정되면 그 의결의 집행을 정지하게 하는 집행정지결정을 신청할 수 있다.
ㄹ. 주무부장관이나 시·도지사는 재의결된 사항이 법령에 위반된다고 판단됨에도 불구하고 해당 지방자치단체의 장이 소(訴)를 제기하지 아니하면 그 지방자치단체의 장에게 제소를 지시하거나 직접 제소 및 집행정지결정을 신청할 수 있다.

16 적극적 인사행정 정답 ④

실적주의는 공무원단체(공무원 노동조합)가 공무원의 신분보장을 지나치게 강조하여 선임 위주의 인사원칙을 내세워 실적주의 인사원칙을 저해할 가능성이 있다고 여겨 일반적으로 공무원단체를 인정하지 않았다. 반면, 적극적 인사행정은 공무원단체 활동을 허용한다.

(선지분석)
① 실적주의의 소극적 모집방식에서 벗어나 공직에 유능한 인재를 채용하기 위하여 다양한 방식과 고객지향적인 모집방식을 고려하는 것과 관련된다.

② 중앙인사기관의 집권적인 인사행정체제에서 행정수요에 부응할 수 있도록 인사권을 하위기관에 권한을 나누어 주어야 한다.
③ 정책추진력의 확보를 위해서 정치적 임용을 일정부분 허용한다.

17 근무성적평정 방법 　　　정답 ④

④가 옳게 연결된 지문이다.
ㄱ. 도표식 평정척도법에 대한 설명이다.
ㄴ. 목표관리(MBO)평정법에 대한 설명이다.
ㄷ. 체크리스트법에 대한 설명이다.

📄 근무성적평정 방법

도표식 평정척도법	가장 많이 활용되는 근무성적평정 방법으로 한편에 실적·능력·태도 등의 평정요소를 나열하고, 다른 한편에는 각 평정요소마다 그 우열을 나타내는 척도인 등급을 표시하는 것
체크리스트법 (프로브스트식 평정법)	공무원을 평가하는 데 적절하다고 판단되는 표준행동 목록을 미리 작성해두고, 이 목록에 단순히 가부를 표시하게 하는 방법
강제배분법	근무성적을 평정한 결과 피평정자들의 성적 분포가 과도하게 집중되거나 관대화되는 것을 막기 위해, 즉 평정상의 오류를 방지하기 위해 평정점수의 분포 비율을 획일적으로 미리 정해 놓는 방법
사실기록법	공무원의 근무성적을 객관적인 사실에 기초를 두고 평가하는 것으로 산출기록법, 주기검사법, 근태기록법, 가감점수법 등이 있음
서열법	피평정자 간의 근무성적을 서로 비교해서 서열을 정하는 방법으로 쌍쌍비교법, 대인비교법 등이 있음
강제선택법	4~5개의 항목으로 구성된 각 기술항목 중에서 피평정자의 특성에 가까운 것을 강제적으로 골라 표시하도록 하는 비계량적 방법
중요사건기록법	피평정자의 근무실적에 큰 영향을 주는 중요 사건들을 평정자로 하여금 기술하게 하거나 또는 중요 사건들에 대한 설명문을 미리 만들어 평정자로 하여금 해당되는 사건에 표시하게 하는 방법
행태기준척도법 (도표식 평정척도법 + 중요사건기록법)	도표식 평정의 임의성과 주관성을 배제하기 위하여 도표식 평정척도법에 중요사건기록법을 가미한 방식으로, 실제로 관찰될 수 있는 행태를 서술적 문장으로 평정척도를 표시한 평정도표를 사용함
행태관찰척도법 (행태기준척도법 + 도표식 평정척도법)	행태기준척도법과 마찬가지로 구체적인 행태의 사례를 기준으로 평정하나, 행태기준척도법의 단점인 바람직한 행동과 바람직하지 않은 행동과의 상호배타성을 극복하기 위해 도표식 평정척도법과 같이 행태별 척도를 제시한 점이 다름

18 지방자치에 관한 이론 　　　정답 ③

로즈(Rhodes)의 전략적 협상 관계모형에서 중앙정부는 재정적 자원과 법적 자원을 가지고 있고, 지방정부는 정보와 조직자원을 가지고 있다고 본다.

선지분석
① 피터슨(Peterson)이 도시한계론에서 주장했던 복지의 자석효과에 따르면 복지서비스가 좋은 지역에 저소득자가 많이 유입되고, 편익보다 부담이 커지는 고소득자는 다른 지역으로 이동하게 되면서 지방정부가 복지서비스를 제대로 공급할 수 없게 된다.
② 라이트(Wright)의 정부 간 관계모형은 분리형, 내포형, 중첩형으로 나누어 설명하고 있다.
④ 티부(Tiebout)모형의 전제는 외부효과의 부존재이다.

19 기대이론 　　　정답 ②

기대감이란 개인의 노력이 어떠한 성과를 가져다 줄 것이라는 주관적인 믿음이다.

선지분석
① 기대이론은 과정이론이다.
③ 수단성이란 성과가 보상으로 이어질 수 있는지에 대한 주관적 믿음이다.
④ 유의성은 특정 결과에 대해 개인이 갖는 선호의 강도를 말한다.

20 주민소송제도 　　　정답 ③

주민소송의 대상은 위법한 재무회계행위이다.

선지분석
① 소송수계제도(6개월 이내)를 도입하고 있다.
② 주민감사청구를 한 주민에 한하여 주민소송을 제기할 수 있도록 하였다(주민감사청구 전치주의).
④ 주민소송이 진행 중이면 다른 주민은 같은 사항에 대하여 별도의 소송을 제기할 수 없다.

> **「지방자치법」 제22조【주민소송】** ① 제21조 제1항에 따라 공금의 지출에 관한 사항, 재산의 취득·관리·처분에 관한 사항, 해당 지방자치단체를 당사자로 하는 매매·임차·도급 계약이나 그 밖의 계약의 체결·이행에 관한 사항 또는 지방세·사용료·수수료·과태료 등 공금의 부과·징수를 게을리한 사항을 감사 청구한 주민은 다음 각 호의 어느 하나에 해당하는 경우에 그 감사 청구한 사항과 관련이 있는 위법한 행위나 업무를 게을리한 사실에 대하여 해당 지방자치단체의 장(해당 사항의 사무처리에 관한 권한을 소속 기관의 장에게 위임한 경우에는 그 소속 기관의 장을 말한다)을 상대방으로 하여 소송을 제기할 수 있다.

최종점검
기출모의고사

정답

p. 78

01	②	PART 1	06	④	PART 2	11	①	PART 3	16	③	PART 5
02	②	PART 1	07	①	PART 2	12	④	PART 4	17	①	PART 5
03	②	PART 1	08	④	PART 1	13	①	PART 4	18	①	PART 6
04	③	PART 1	09	③	PART 3	14	④	PART 6	19	③	PART 5
05	②	PART 2	10	①	PART 3	15	③	PART 5	20	②	PART 7

취약 단원 분석표

단원	맞힌 답의 개수
PART 1	/ 5
PART 2	/ 3
PART 3	/ 3
PART 4	/ 2
PART 5	/ 4
PART 6	/ 2
PART 7	/ 1
TOTAL	/ 20

PART 1 행정학 총설 / PART 2 정책학 / PART 3 행정조직론 / PART 4 인사행정론 / PART 5 재무행정론 / PART 6 지식정보화 사회와 환류론 / PART 7 지방행정론

22' 지방직 7급

01 정치행정일원론   정답 ②

애플비(Appleby)는 '거대한 민주주의'에서 행정은 정책형성이라고 보면서 정치와 행정은 연속적·순환적 관계임을 강조하고 양자를 구별하는 것은 부적합하다는 입장이다.

(선지분석)

① 행정이 효율성을 추구하는 관리에 중점을 두는 것은 정치행정이원론에 대한 설명이다.
③ 시간과 동작연구는 테일러에 대한 설명이다. 테일러는 정치행정이원론자이다.
④ 귤릭은 능률적인 구조설계로서 POSDCoRB를 강조하였다.

21' 국가직 9급

02 과학적 관리론   정답 ②

사회적 욕구는 인간관계론에서 중시하는 동기요인이다. 테일러(Taylor)의 과학적 관리론은 합리적·경제적 욕구에 의하여 동기가 유발된다고 본다.

(선지분석)

① 관리자는 노·사 모두를 이롭게 하기 위하여 생산증진을 도모해야 한다. 교환을 통하여 노·사의 목표가 양립될 수 있다고 본다.
③ 과학적 관리론은 관리자가 작업층을 관리하는 데 초점을 둔 이론이다.
④ 유일 최선의 방법(the best one way)을 찾기 위해 시간연구(time study)와 동작연구(motion study)를 사용한다.

20' 지방직 7급

03 사회학적 신제도주의   정답 ②

조직들이 시장의 압력 속에서 생존하기 위해 경쟁력 있는 조직형태나 조직 관리기법을 합리적으로 선택하는 것으로 보는 것은 합리적 선택 신제도주의 예이다. 사회학적 신제도주의는 동형화의 과정을 통하여 제도가 형성되고 변화된다고 설명하는데, 동형화의 유형에는 규범적 동형화, 강압적 동형화, 모방적 동형화가 있다. 규범적 동형화는 주로 직업적 전문화 과정에서 발생한다.

(선지분석)

① 배태성이란 구성원들이 자신의 개인적 선호나 경제적 이익의 추구보다는 사회적 정당성에 따라 행동하려는 것을 의미한다.

📄 제도적 동형화의 3가지 차원

강압적 동형화	외부의 강압에 순응하는 과정에서 발생
모방적 동형화	• 자발적으로 성공사례를 벤치마킹하여 모방하는 과정에서 발생 • 능률성 제고를 직접적인 목표로 하기보다는 '성과를 향상시키기 위하여 노력하고 있다'는 인상을 환경에 심는 것을 목표로 함
규범적 동형화	• 주로 직업적 전문화 과정에서 발생 • 내부적인 조직 효율성 증대와는 무관하게 발생

21' 군무원 7급

04 정부개혁모형   정답 ③

신축적 정부모형이 관리의 개혁 방안으로 가변적 인사관리를 제안한다. 참여정부모형의 관리개혁 방안은 팀제나 TQM이다.

(선지분석)

① 참여정부모형의 진단 기준은 계층제이다.
② 참여정부모형은 계층제가 축소된 평면조직이다.
④ 정책결정의 개혁 방안으로서 협의와 협상을 제안한다.

21' 국가직 9급

05 로위(Lowi)의 정책유형   정답 ②

로위(Lowi)의 정책유형에 대한 설명으로 옳은 것은 ㄱ, ㄷ, ㅁ이다.
ㄱ. 규제정책은 강제력이 개별행위에 직접적으로 미치는 정책이다.
ㄷ. 재분배정책은 계급투쟁과 이념투쟁이 발생한다.
ㅁ. 로위(Lowi)의 구성정책에 해당하는 옳은 설명이다.

ㄴ. 정책자금지원은 보조금적 성격으로 보면 배분정책적 관점도 있고, 중소기업에 초점을 두면 재분배정책적 성격도 일부가 있다. 그러나 사회보장정책 등은 명확히 재분배정책이므로 옳지 않은 지문이다.

ㄹ. 저소득층 근로장려금, 영세민 임대주택 등은 재분배정책이지만 대덕연구개발특구 지원 등은 분배정책에 해당한다.

20' 지방직 9급

06   정책집행의 하향식 접근   정답 ④

ㄱ, ㄴ은 정책집행의 상향식 접근에 대한 설명이고 ㄷ, ㄹ은 하향식 접근에 해당하는 설명이다.

ㄷ. 하향식 접근은 정책을 집행하는 일선하위직보다는 정책을 결정하는 고위직이 정책과정을 주도한다.

ㄹ. 하향식 접근은 정책결정자가 정책의 모든 과정을 전반적으로 장악하고 충분히 통제할 수 있다고 가정한다.

(선지분석)

ㄱ. 집행현장에 초점을 맞추는 것은 상향식 접근에 해당한다.

ㄴ. 일선공무원의 전문지식과 문제해결능력을 중시하는 것은 상향식 접근에 해당한다.

21' 국가직 9급

07   외적 타당성 저해요인   정답 ①

측정도구요인으로 외적 타당성이 아니라 내적 타당성을 저해하는 요인이다.

📄 외적 타당성 저해요인	
표본의 대표성 부족	실험집단과 통제집단 간에 동질성이 있더라도 그 구성원들이 사회적 대표성이 없을 경우 일반화가 곤란함
실험조작의 반응효과(호손효과)	• 인위적인 실험환경에서 얻은 실험적 변수의 결과를 일반화하기 어려운 점이 있는데 이는 호손효과 때문임 • 호손효과(Hawthorne Effect)란, 실험집단의 구성원들이 실험의 대상이라는 사실을 인식하고 있는 경우, 심리적 긴장감으로 인하여 평소와는 다른 행동을 보이는 현상
다수적 처리에 의한 간섭	• 동일집단에 여러 번의 실험적 처리(treatment)를 실시하는 경우, 대상자들이 실험조작에 익숙해져서 측정값이 영향을 받을 수 있음 • 실험조작에 익숙해진 실험집단으로부터 얻은 결과를 그러한 처치를 전혀 받지 않은 일반적인 모집단에 일반화하기가 곤란한 경우가 생길 수 있음
실험조작과 측정의 상호작용	• 실험 전 측정(pretest)이 피조사자의 실험조작에 대한 감각에 영향을 줄 수 있음 • 이렇게 하여 얻은 결과를 일반적인 모집단에도 일반화할 수 있는가가 문제될 수 있음
크리밍(Creaming) 효과	• 효과가 크게 나타날 대상만 실험집단에 배정하는 것 • 이러한 경우 그 결과를 일반화하기 어려운 점이 있음

22' 지방직 7급

08   넛지(nudge)   정답 ④

ㄱ. 넛지는 행동경제학이 발견한 인간의 행동 메커니즘을 정책에 응용한 것이다. 넛지 방식으로 정책을 설계하는 것을 선택설계라고 하며, 바람직한 결과를 위한 선택설계가 필요하다고 주장한다.

ㄴ. 넛지는 원래 '팔꿈치로 슬쩍 찌르다'라는 뜻으로, 이를 선택을 유도하는 부드러운 개입이라는 행동경제학의 용어로 만들었다. 따라서 정책대상집단의 행동에 개입하지만 개인의 자유로운 선택을 허용한다.

ㄷ. 넛지의 핵심은 자동적으로 설정되는 기본값인 '디폴트 옵션'에 있다. 예를 들어 장기 기증의 디폴트 옵션을 동의로 정한다면, 이에 대한 거절의 의사표시 전까지는 장기 이식에 동의하는 것으로 간주하게 된다.

21' 군무원 7급

09   현대의 행정조직   정답 ③

행정조직은 사회적·경제적 조건의 변동에 따라 달라질 수밖에 없다. 예컨대 안정된 환경에서는 기계적 구조가, 불확실한 환경에서는 유기적 구조가 적합하다.

(선지분석)

① 단독제 조직이 위원회 조직에 비해 신속하고 책임한계가 명확하다.

② 합의제 조직인 위원회 조직과 단독제 조직이 공존하고 있다.

④ 행정조직은 급변하는 환경에 적응하는 탄력성을 가져야 한다.

23' 군무원 9급

10   임파워먼트(empowerment)   정답 ①

조직개혁에 있어서 임파워먼트(empowerment)는 업무 담당자들에게 필요한 권력과 업무 추진 수단들을 부여함으로써 그들의 창의적이고 효율적인 업무 수행을 촉진하는 과정이다. 오스번과 게블러의 정부재창조론 중에서는 서비스를 직접 제공해 주는 게 아니라 할 수 있도록 권한을 부여하는 것으로 사용되고 있다. 창의적인 업무로 변화에 대응할 수 있게 하는 것이므로 "변화의 장애가 되는 요소는 그대로 두지만" 부분이 틀린 지문에 해당한다.

21' 군무원 7급

11   관료제 조직의 폐단   정답 ①

업무의 명확한 구분, 즉 지나친 분업에서 야기되는 문제점은 분업보다 협업(팀워크)을 중시하는 유기적 구조(organic structure)로 처방해야 한다.

(선지분석)

② 집권화의 문제점은 분권화를 통한 참여관리와 조직민주주의로 처방한다.

③ 공식화로 인한 경직성의 문제점은 임시조직인 태스크 포스(task force) 구조로 처방할 수 있다.

④ 수직적인 계층제 조직의 문제점을 극복하기 위한 방법에는 계층제를 완화한 위원회 조직을 고려할 수 있다.

21' 지방직 9급

12   엽관주의와 실적주의   정답 ④

실적주의는 공직임용에 있어 기회균등을 보장한다.

(선지분석)
① 실적주의에 대한 설명이다.
② 엽관주의는 정치지도자들의 국정지도력을 강화시킨다.
③ 실적주의는 엽관주의에 비해 신분보장이 강하므로 국민에 대한 관료의 대응성을 약화시킨다.

20' 지방직 7급

13   공무원의 보수 및 연금제도   정답 ①

호봉 간 승급에 필요한 기간은 1년이지만, 공무원봉급표는 하나의 봉급표가 일률적으로 적용되는 것이 아니라 직종에 따라 일반직, 연구직, 지도직, 우정직, 군인, 경찰직, 헌법연구관 등 다양하게 적용된다.

(선지분석)
② 「공무원보수규정」 제63조에 명시되어 있다.

> 「공무원보수규정」 제63조【고위공무원의 보수】① 고위공무원에 대해서는 별표 31에 따라 직무성과급적 연봉제를 적용한다. 다만, 대통령경호처 직원 중 고위공무원단에 속하는 별정직공무원에 대해서는 호봉제를 적용한다.

③ 「공무원연금법」상 퇴직급여에는 퇴직연금, 퇴직연금일시금, 퇴직연금공제일시금, 퇴직일시금 4종류가 있다.
④ 군인과 선거로 취임하는 공무원은 「공무원연금법」 비적용 대상이다.

21' 국가직 9급

14   외부통제   정답 ④

외부통제에 해당하는 것은 ㄴ, ㄹ, ㅂ, ㅇ이다.
ㄴ. 국회의 국정조사는 외부통제이다.
ㄹ. 국민들의 행정소송에 의한 통제는 외부통제이다.
ㅂ. 시민단체에 의한 통제는 외부통제이다.
ㅇ. 언론기관에 의한 통제는 외부통제이다.

(선지분석)
ㄱ. 행정안전부의 조직과 정원 통제는 내부통제이다.
ㄷ. 기획재정부에 의한 예산안 검토 및 조정은 내부통제이다.
ㅁ. 국무총리의 정부업무평가는 내부통제이다.
ㅅ. 중앙행정기관장의 자체평가는 내부통제이다.

22' 국가직 7급

15   의무지출   정답 ③

• 의무적 지출항목의 경비에는 ⓐ 공무원 인건비, ⓑ 방위비, ⓒ 국채이자, ⓓ 지방교부금, ⓔ 국민기초생활보장비와 같은 사회보장 관련 경비 등이 포함된다.
• 우리나라는 2013년 예산안부터 재정지출 사업을 의무지출과 재량지출로 구분하며, 국가재정운용계획에 포함하여 국회에 제출하고 있다. 의무지출은 법령에 따라 지출의무와 지출규모가 명시되는 법정지출과 이자지출로 구분되며, 재량지출은 재정지출에서 의무지출을 제외한 지출을 말한다.
ㄱ. 지방교부세, ㄴ. 유엔 평화유지활동(PKO) 예산 분담금, ㄹ. 지방교육재정교부금, ㅁ. 국채에 대한 이자지출은 의무적으로 지출해야 하는 의무지출 항목이다.

(선지분석)
ㄷ. 정부부처 운영비는 재량지출에 해당한다. 공무원 인건비는 의무지출에 해당하지만, 정부부처 운영비는 재량지출에 해당한다.

21' 지방직 9급

16   특별회계예산과 기금   정답 ③

특별회계예산은 기금에 비하여 합법성 차원의 통제가 강하므로 기금에 비하여 자율성과 탄력성이 약하다.

(선지분석)
① 기금은 특정수입과 지출이 연계된 통일성 원칙의 예외이다.
② 특별회계예산도 예산이므로 세입과 세출이라는 운영체계를 갖는다.
④ 일반회계, 특별회계, 기금도 모두 결산서를 국회에 제출하여 심의·의결을 받아야 한다.

22' 군무원 7급

17   예산이론   정답 ①

계획예산제도는 영기준예산제도와 함께 대표적인 합리주의예산이다.

(선지분석)
② 총체주의예산이란 자원배분의 최적화를 추구하는 합리주의예산을 말한다.
③ 합리모형예산은 점증모형과 달리 분석적 도구를 활용하여 재정정책적 기능을 수행한다.
④ 점증주의예산은 타협과 협상에 의한 정치적 합리성을 중시한다.

21' 지방직 7급

18   전자정부 추진   정답 ①

「전자정부법」상 전자정부의 대상 범위에는 행정기관뿐 아니라 공공기관도 포함되며, 공공기관의 범주에는 「초·중등교육법」, 「고등교육법」 및 그 밖의 다른 법률에 따라 설치된 각급 공·사립학교가 포함된다.

「전자정부법」 제2조 【정의】 이 법에서 사용하는 용어의 뜻은 다음과 같다.
  3. "공공기관"이란 다음 각 목의 기관을 말한다.
      가. 「공공기관의 운영에 관한 법률」 제4조에 따른 법인·단체 또는 기관
      나. 「지방공기업법」에 따른 지방공사 및 지방공단
      다. 특별법에 따라 설립된 특수법인
      라. 「초·중등교육법」, 「고등교육법」 및 그 밖의 다른 법률에 따라 설치된 각급 학교
      마. 그 밖에 대통령령으로 정하는 법인·단체 또는 기관

(선지분석)
② 행정기관 등의 장은 해당기관의 전자정부의 구현·운영 및 발전을 위한 기본계획을 5년마다 수립하여야 한다.
③ 전자정부의 날이 지정되어 있다(6월 24일).
④ 필요한 경우 둘 이상의 지방자치단체가 공동으로 지역정보통합센터를 설립·운영할 수 있다.

21' 군무원 9급

19 재정자주도 정답 ③

재정자주도란 총세입 중 특정 목적이 정해지지 않는 일반재원의 비중을 말한다. 특정 목적이 정해져있지 않기 때문에 지방자치단체가 자율적으로 사용가능한 재원의 비율이다.

(선지분석)
① 지방재정자립도란 지방자치단체의 일반회계예산(=총세입)에서 자주재원이 차지하는 비율이다.
④ 재정력지수란 '기준재정수입액/기준재정수요액'으로, 지수가 클수록 재정력이 좋다.

21' 군무원 9급

20 지방분권의 장점 정답 ②

지역 간 행정·재정력의 격차 조정은 중앙집권의 장점이다. 발생한 지역 간 격차는 중앙정부의 개입에 의하여 완화할 수 있다.

📄 **중앙집권과 지방분권의 장점**

중앙집권의 장점	지방분권의 장점
• 행정의 통일성·일관성·안정성 확보 • 행정관리의 전문화 • 비상사태나 위기 발생 시 신속한 대처 • 경제적 능률성 제고 • 전국적·광역적인 대규모 사업의 추진 • 지역 간 행정·재정력의 격차 조정 및 균형적인 지역발전 도모 • 인적·물적 자원의 최적 활용과 예산의 절약 • 공공서비스 공급의 형평성과 균질성 확보	• 지역실정과 특수성에 적합한 행정 수행 • 다양한 정책 경험 • 행정에 대한 주민통제의 강화 • 행정의 책임성 제고 • 지역경제 및 문화의 활성화 • 신속한 행정처리 • 주민 참여의 확대와 행정의 민주화 구현 • 사회적 능률성 제고 • 지방공무원의 능력배양 및 사기진작

정답

p. 84

01	④	PART 1	**06**	①	PART 2	**11**	①	PART 3	**16**	①	PART 5
02	①	PART 3	**07**	④	PART 2	**12**	②	PART 4	**17**	①	PART 5
03	④	PART 1	**08**	②	PART 2	**13**	②	PART 4	**18**	③	PART 6
04	③	PART 1	**09**	④	PART 3	**14**	①	PART 4	**19**	④	PART 7
05	①	PART 2	**10**	①	PART 3	**15**	①	PART 5	**20**	③	PART 7

취약 단원 분석표

단원	맞힌 답의 개수
PART 1	/ 3
PART 2	/ 4
PART 3	/ 4
PART 4	/ 3
PART 5	/ 3
PART 6	/ 1
PART 7	/ 2
TOTAL	/ 20

PART 1 행정학 총설 / PART 2 정책학 / PART 3 행정조직론 / PART 4 인사행정론 / PART 5 재무행정론 / PART 6 지식정보화 사회와 환류론 / PART 7 지방행정론

20' 지방직 9급

01 작은 정부 정답 ④

정부실패 이후 신자유주의적 관점에서 작은 정부를 지향하는 것은 신공공관리론이다.

(선지분석)
① 정치행정일원론은 경제대공황 이후 행정이 적극적으로 시장에 개입하는 행정국가 시기의 큰 정부를 설명하는 것에 해당한다.
② 경제대공황을 극복하기 위한 루즈벨트(Roosevelt)의 뉴딜정책은 작은 정부에서 큰 정부로의 전환이었다.
③ 사회복지 정책으로 대표되는 복지국가는 행정권의 확대를 가져왔으며 행정국가와 직결된다.

21' 지방직 9급

02 조직이론 정답 ①

인간관계론은 사회심리적 욕구충족을 통한 동기유발을 중시한다.

(선지분석)
② 시간 - 동작연구는 테일러(Taylor)의 이론이다.
③ 고전적 조직이론은 기계적 능률을 중시하고 조직 내 인간을 합리적 경제인으로 간주한다.
④ 상황이론은 모든 상황에 적용되는 유일·최선의 구조를 비판하고 상황에 맞는 구조를 중시한다.

20' 국가직 7급

03 예산극대화이론과 관청형성이론 정답 ④

니스카넨(Niskanen)이 아니라 던리비(Dunleavy)의 주장이다. 던리비(Dunleavy)는 니스카넨(Niskanen)의 예산극대화모형을 비판하면서 예산극대화의 동기는 기관의 성격과 예산의 유형에 따라 달라진다고 주장하였다. 즉, 통제기관과 사업예산은 예산극대화 동기가 발생하지 않는다고 주장한다.

(선지분석)
① 니스카넨(Niskanen)에 따르면 최적의 서비스 공급 수준은 한계편익(marginal benefit)과 한계비용(marginal cost)이 일치하는 수준에서 총효용이 극대화되도록 결정되어야 한다.
② 두 이론 모두 관료를 자신의 이익과 효용을 추구하는 이기적인 인간으로 본다.
③ 던리비(Dunleavy)에 따르면 관청형성전략이 이루어짐에 따라 일상적인 기능은 준정부조직이나 외부계약 등으로 넘기고 결정기능이나 참모기능만을 수행하려 한다.

20' 지방직 9급

04 행정가치 정답 ③

파레토 최적과 칼도 - 힉스(Kaldo - Hicks) 보상기준은 경제적 능률성의 기준이며, 형평성이나 민주성을 고려할 수 없다는 한계가 있다.

(선지분석)
① 과정설은 개인주의·자유주의·다원주의에 입각한 공익관이다. 공익이란 사익의 총합이거나 사익 간의 타협의 산물이며, 사익을 초월한 별도의 공익이란 존재할 수 없다고 본다.
② 롤스(Rawls)는 정의의 제1원리와 제2원리가 충돌할 때 제1원리가 우선하고, 제2원리 중에서도 기회균등의 원리와 차등의 원리가 충돌할 때는 기회균등의 원리가 우선한다는 입장이다.
④ 근대 이후, 합리성은 대체로 목표에 대한 수단의 적합성을 의미한다.

20' 국가직 7급

05 델파이기법의 기본원칙 정답 ①

제시문은 델파이기법에 대한 설명이다. 델파이기법은 전문가들을 응답자로 선정하고, 익명의 격리된 상태에서 반복적 설문조사를 통하여 의견을 수렴하는 미래예측기법이다. 조건부확률과 교차영향행렬의 적용은 델파이기법이 아니라 교차영향분석의 특성에 해당한다.

22' 지방직 9급

06 정책변동의 유형 정답 ①

정책혁신은 정부가 과거에 관여하지 않았던 분야에 개입하고자 새로운 정책을 결정하는 것이다. 즉, 무에서 유를 창조하는 정책이다.

(선지분석)

② 정책승계는 기존 정책의 목표는 변경시키지 않고 내용의 일부 또는 전부를 변경시키는 것이며, 정책변동 중에서 가장 중요한 유형이다.

③ 정책유지는 본래의 정책목표를 달성하기 위해 정책의 기본적 특징을 그대로 유지하면서 상황의 변화에 능동적으로 적응하는 것을 말한다.

④ 정책종결은 정책을 비롯하여 정책관련 조직과 예산이 소멸되고 다른 정책으로 대체되지 않는 것을 의미하며, 정책당국의 개입은 전면적으로 중단된다.

22' 군무원 9급

07 양적 평가방법 정답 ④

심층면담 및 참여관찰의 자료수집은 질적 자료수집방법이다. 양적 자료수집방법의 대표적인 예는 질문지법이다.

(선지분석)

① 정량평가는 계량적 기법을 응용하여 수치화된 지표를 통해 정책의 결과를 측정한다.

② 양적 평가는 정량평가라고도 하며 주로 실험적 방법을 사용하고, 실험적 방법을 사용하기 곤란할 경우에는 비실험적 방법을 사용한다.

③ 정량평가는 주로 정책대안과 정책산출 및 영향 간에 어떠한 인과관계가 있는지를 분석하는 총괄평가에서 사용된다.

20' 지방직 7급

08 권력관계모형 정답 ②

다원주의는 정책과정은 각종 이익집단 등 제3세력의 참여에 의해 이루어진다는 이론으로, 선진·민주·다원화된 사회에 적용되는 이론이다. 설문은 다원주의가 아니라 국가조합주의에 대한 설명이다.

(선지분석)

① 국가조합주의는 국가가 통치력을 강화하기 위해 강제적으로 편성한 이익대표체계이다.

③ 사회조합주의는 이익집단의 자발적 시도에 의한 것으로 서구 선진자본주의의 의회민주주의하에서 나타났다.

④ 다원주의는 이익집단 간의 영향력 차이를 인정하지만 정치체제에 대한 접근기회가 동등하다고 본다.

📄 **조합주의와 신조합주의**

조합주의	국가조합주의	제3세계 및 후진자본주의에서 국가가 일방적으로 주도하는 이익대표체계
	사회조합주의	• 서구의 선진민주국가의 의회민주주의하에서 나타나는 유형 • 국가의 통치력 약화에 대한 반작용으로 생성됨
신조합주의		국가가 이익집단을 지배하고 억압하는 것이 조합주의라면, 신조합주의는 특히 다국적 기업의 영향력을 강조함

21' 군무원 7급

09 대리인이론 정답 ④

거래대상의 자산을 다른 거래로 전용할 수 없을수록(특정성이 높을수록) 거래비용이 증가한다. 자산의 특정성(asset specificity)이란 어떤 자산이 특정한 거래관계에 고착된 정도를 의미한다.

(선지분석)

① 합리성이 제한받을수록, 남을 속이거나 계약을 위반하는 기회주의적 행태가 나올 가능성이 클수록 거래비용이 증가한다.

② 정보격차가 클수록 거래비용이 증가한다.

③ 대리인의 기회주의적 행동으로 인해 역선택과 도덕적 해이 문제가 발생할 수 있다.

22' 지방직 9급

10 서번트 리더십 정답 ①

서번트 리더십(=발전적 리더십)이란 변혁적 리더십보다 더 부하 중심적이고 리더가 부하에 대해 더 봉사적인 리더십이며, 종복정신을 강조한다. 리더십에 대한 설명으로 옳은 것은 ㄱ, ㄷ이다.

ㄱ. 서번트 리더십에서는 구성원들이 공동의 목표를 함께 이루어갈 수 있도록 환경을 조성하고 지원한다.

ㄷ. 서번트 리더십의 구성요소로서 존경, 봉사, 정의, 정직, 공동체윤리를 강조했다.

(선지분석)

ㄴ. 업적에 따른 보상과 처벌은 거래적 리더십의 내용이다.

ㄹ. 서번트 리더십은 지시가 아니라 구성원들의 자율적·잠재력을 강조한다.

20' 국가직 9급

11. 총체적 품질관리(TQM) 정답 ①

총체적 품질관리(TQM)는 산출의 질을 제고시키기 위한 과정에 대한 통계학적 통제기법이라 정의된다.

ㄱ. 행정서비스도 생산품으로 간주되며, 그 품질을 소수 전문가나 관리자가 아닌 고객이 직접 평가하는 고객지향적 품질관리기법이다.

ㄴ. 산출의 질을 제고시키기 위한 과정에 대한 통계학적 통제를 통해 지속적인 절차개선을 추구한다.

(선지분석)

ㄷ. 실책이나 변화에 대한 두려움이 없는 구성원의 적극적인 참여가 중요하므로, 의사소통에 장벽이 없는 분권적·유기적 구조를 중시한다.

ㄹ. 서비스의 질은 구성원의 개인적 노력이 아니라 체제 내에서 활동을 하는 모든 구성원(조직 또는 집단)에 의하여 좌우된다. 따라서 개인별 성과급 체계가 적절하지 않은 경우가 있다.

22' 지방직 9급

12 재산등록의무자 　　　　　정답 ②

군인의 경우 재산등록의무자는 소령 이상이 아니라 대령 이상의 장교이다.

(선지분석)

①, ③, ④ 모두 재산등록의무자로 옳은 지문이다.

📄 재산등록대상자와 공개대상자

구분	등록대상자	공개대상자
정무직	전원	전원
일반직 · 별정직	4급 이상(상당 별정직)	1급 이상(상당 별정직)
법관 · 검사	모든 법관 및 검사	고등법원 부장판사 · 대검찰청 검사급 이상
군인 등	대령 이상의 장교	중장 이상의 장교
경찰 · 소방	총경 · 소방정 이상	치안감 · 소방정감 이상

21' 지방직 9급

13 고위공무원단제도 　　　　　정답 ②

고위공무원단제도는 고위공무원에 대하여 계급을 폐지하고 부처와 소속 중심의 폐쇄적 인사관리를 개방하여 전 정부 차원에서 경쟁을 통해 최적임자를 선임하게 함으로써 적재적소 인사를 실현하고자 하는 제도이다.

(선지분석)

① 고위공무원단으로의 승진은 역량평가를 통하여 이루어지므로 역량 중심의 인사관리이다.

③ 직무성과계약에 의한 성과관리이다.

④ 인사관리를 개방하여 경쟁을 통한 적임자를 선임한다.

20' 지방직 7급

14 공무원 부패의 원인 　　　　　정답 ①

관료 개인의 윤리의식, 자질부족으로 인하여 부패가 발생한다고 보는 입장은 도덕적 접근법에 해당한다.

(선지분석)

② 체제론적 접근방법에 대한 설명이다.

③ 제도적 접근방법에 대한 설명이다.

④ 사회 · 문화의 환경적 접근방법에 대한 설명이다.

📄 부패에 대한 접근법

관점	원인	대책
㉠ 개인적, 도덕적	윤리성 부재	행정윤리 강화
㉡ 제도적	• 행정통제 장치 미비 • 법과 제도의 미비	• 행정통제 강화 • 법과 제도의 정비
㉢ 사회 · 문화적	지배적 인습(인사문화)	문화의 선진화
㉣ 체제적	㉠ + ㉡ + ㉢	㉠ + ㉡ + ㉢

20' 국가직 9급

15 세계잉여금 　　　　　정답 ①

ㄱ. 세계잉여금은 기금을 제외한 세입 · 세출의 예산결산상 생긴 잉여금이다.

(선지분석)

ㄴ. 세계잉여금과 적자부채발행 규모가 언제나 부(-)의 관계라고 볼 수는 없다. 우리나라도 세계잉여금이 있지만 최근 재정수요의 급증으로 정부가 적자성 국채 발행을 하고 있다(예 코로나19 추경 등).

ㄷ. 세계잉여금은 국가재정법 규정에 따라 지방교부세 정산 ⇨ 공적자금 상환 ⇨ 국가채무 상환 이후에 추가경정예산 지원으로 활용할 수 있다.

21' 국가직 7급

16 성인지예산제도 　　　　　정답 ①

우리나라의 경우 성인지예산제도가 중앙정부에는 2010회계연도부터, 지방정부에는 2013회계연도부터 도입되었다.

(선지분석)

② 싱인지예산제도는 예산과정에 있어서 남녀평등을 구현하고자 하는 예산제도로, 여성성을 지원하는 제도가 아니다.

③ 성인지예산제도는 호주에서 세계 최초로 도입되었다.

④ 우리나라의 성인지예산제도는 예산과 기금 모두 적용이 되고 있다.

23' 군무원 9급

17 성과주의 예산제도의 장단점 　　　　　정답 ①

프로그램을 이용하여 장기적인 계획과 연차별 예산이 유기적으로 연계하는 예산제도는 계획예산(PPBS)이다.

(선지분석)

② 행정부는 사업성과의 달성에 대한 책임만 질 뿐 지출대상에 대한 책임은 지지 않기 때문에 행정부가 신축적으로 예산을 운영할 수 있다.

③ 성과주의 예산(PBS, PerformanceBudgeting System)은 투입과 산출을 비교 · 평가하여 성과관리가 가능하고 환류 기능을 강화시킨다.

④ 업무단위의 선정과 단위원가의 과학적 계산에 의해 합리적이고 효율적인 자원배분을 도모할 수 있으므로 행정기관의 관리층에게 효과적인 관리수단을 제공할 수 있다.

20' 지방직 7급

18 행정책임과 행정통제 　　　　　정답 ③

관료들이 국민에 대한 수임자 · 공복으로서 스스로 내면의 가치와 기준에 따라 자발적으로 내부적인 유도에 의해 책임감을 느끼고 행동하는 것이 내재적 책임이며, 내재적 책임을 확보하는 것이 내부통제이다.

① 기능적 책임 등 내재적 책임을 강조한 학자는 프리드리히(Friedrich)
   이다.
② 파이너(Finer)는 외재적 책임의 중요성을 강조하였다.
④ 우리나라의 국민권익위원회의 고충민원처리제도는 행정부형 옴부즈만
   제도에 속한다. 국민권익위원회는 국무총리 소속이다.

22' 군무원 7급

19   주민감사청구   정답 ④

「**지방자치법」 제21조【주민의 감사청구】** ① 지방자치단체의 18세 이
상의 주민으로서 다음 각 호의 어느 하나에 해당하는 사람은 시·도
는 300명, 제198조에 따른 인구 50만 이상 대도시는 200명, 그 밖
의 시·군 및 자치구는 150명 이내에서 그 지방자치단체의 조례로
정하는 수 이상의 18세 이상의 주민이 연대 서명하여 그 지방자치
단체와 그 장의 권한에 속하는 사무의 처리가 법령에 위반되거나 공
익을 현저히 해친다고 인정되면 시·도의 경우에는 주무부장관에게,
시·군 및 자치구의 경우에는 시·도지사에게 감사를 청구할 수 있다.

21' 국가직 9급

20   지방자치단체의 권한   정답 ③

지방자치단체는 조례를 위반한 행위에 대하여 조례로써 1,000만 원 이하
의 과태료를 정할 수 있다.

① 주민의 권리 제한 또는 의무 부과에 관한 사항이나 벌칙을 조례로 정할
   때에는 법률의 위임이 있어야 한다.
② 자치단체는 주민의 복지 증진과 사업의 효율적인 수행을 위하여 지방
   공기업을 설치·운영할 수 있다.
④ 특별지방자치단체인 자치단체의 조합은 법률로 정하는 바에 따라 지
   방채를 발행할 수 있다. 이 경우 행정안전부장관의 사전승인을 얻어야
   한다.

❯ 취약 단원 분석표

단원	맞힌 답의 개수
PART 1	/ 4
PART 2	/ 4
PART 3	/ 3
PART 4	/ 3
PART 5	/ 3
PART 6	/ 1
PART 7	/ 2
TOTAL	/ 20

PART 1 행정학 총설 / PART 2 정책학 / PART 3 행정조직론 / PART 4 인사행정론 / PART 5 재무행정론 / PART 6 지식정보화 사회와 환류론 / PART 7 지방행정론

20' 국가직 9급

01 공리주의적 관점에서의 공익 정답 ③

공리주의는 절대적 가치나 동기보다는 목적 달성 등 결과만을 중시하는 상대주의적 또는 목적론적 윤리관으로 분배의 공평보다는 사회 전체의 효용만 증가하면 공익이 향상되는 것으로 보는 관점이다.

ㄱ. 최대다수 최대행복으로 대표되는 벤담(Bentham)의 공리주의는 사회 전체의 효용이 증가하면 공익이 향상된 것으로 본다.

ㄴ. 결과보다는 절대적 가치나 동기를 중시하는 것이 절대론(의무론)에 해당하고 공리주의는 목적달성이라는 결과만 중시하는 상대론(목적론)적 윤리관이다.

(선지분석)

ㄷ. 분배를 강조하는 형평성이나 절차적 합법성보다 공리주의는 효율성이나 성과 등 결과적 가치를 중시한다.

21' 군무원 9급

02 공공선택론 정답 ①

공공선택론은 방법론상 개체주의다. 개인의 행동을 기본적 분석단위로 하여, 정치 · 경제 및 행정현상을 분석하려 한다.

(선지분석)

② 공공선택론은 '비시장적 의사결정(non-market decisionmaking)에 대한 경제학적 연구 또는 정치학에 경제학을 응용하는 것'이다.

③ 개인의 선호에 따른 선택을 중시하며, 주민복지와 급변하는 환경에 적응할 수 있기 위해서는 의사결정센터를 다원화시키는 권한의 분산과 관할권의 중첩이 필요하다고 본다.

④ 양대 정당하에서 두 정당이 집권에 필요한 과반수의 득표를 획득을 위하여 중위투표자의 선호에 맞춘 정강정책을 제시한다고 보는 중위투표자정리도 공공선택론의 이론이다.

21' 군무원 7급

03 신행정학 정답 ③

월도(Waldo)의 전문직업주의는 행정학의 정체성과 관련된 것이며, 신행정학과는 직접적 관련성이 없다.

(선지분석)

① 신행정학은 후기행태주의 계열의 이론으로, 과학성보다는 현실문제의 해결에 중점을 두는 적실성을 주장한다.

② 고객지향적 행정을 강조하며, 시민참여 등 고객에 의한 통제를 중시한다.

④ 행정이념으로서 사회적 형평을 강조한다.

23' 지방직 9급

04 블랙스버그 선언과 행정재정립 운동 정답 ④

블랙스버그 선언은 1980년대 중반에 선언되었던 것으로 1968년 미노브룩회의에서 태동된 신행정학의 태동을 가져왔다는 지문은 성립이 되지 않는다.

(선지분석)

① 블랙스버그 선언은 웜슬리(Wamsley) 등이 주장하였으며, 미국 사회에서 일어나고 있는 필요 이상의 관료에 대한 공격 등 행정의 정당성(正當性)을 침해하는 정치 · 사회적 문제점을 지적한 선언이다.

② 행정재정립운동은 정치행정이원론을 재해석하여 블랙스버그 선언의 연장선상에서 직업공무원제를 적극 옹호하였다.

③ 행정재정립운동은 신공공관리론을 비판하며 정부를 재창조하기보다는 재발견해야 한다고 주장한다.

20' 국가직 9급

05 정책변동 정답 ③

정책의 승계는 기존 정책의 목표는 변경시키지 않고 내용의 일부 또는 전부를 변경시키는 것으로, 정책변동 중 가장 중요한 유형이다.
정책 유지는 본래의 정책목표를 달성하기 위해 정책의 기본적 특징을 그대로 유지하면서 상황의 변화에 능동적으로 적응하는 것을 말한다.

(선지분석)

① 킹던(Kingdon)이 주장한 정책의 창모형에 따르면 정책변동은 문제의 흐름, 정치의 흐름, 정책의 흐름이 결합되어 이루어진다. 정책대안의 흐름은 정책흐름을 의미한다.
② 이슈맥락은 정책의 유지 또는 변동에 영향을 미치는 정책요인을 말한다. 이는 이념·경험·환경적 요인을 망라한 것으로, 이슈맥락에서의 정책 정당성에 따라 정책의 유지 또는 변동에 영향을 미친다는 정책이슈 측면에서의 분석이다.
④ 정책 종결은 정책을 비롯하여 정책 관련 조직과 예산이 소멸되고 다른 정책으로 대체되지 않으며, 정책당국의 개입은 전면적으로 중단되는 것을 의미한다.

20' 지방직 7급

06 진실험설계 정답 ②

진실험설계방식은 통제집단 사전사후측정설계방식이다. 무작위배정으로 통제집단과 실험집단을 동질적으로 구성하는 실험방식이다.

(선지분석)

① 단절적 시계열설계는 준실험의 설계방법이다.
③ 비동질적 통제집단설계(non-equivalent control group design)는 준실험의 설계방법이다.
④ 단일집단 사전사후측정설계는 통제집단이 없기 때문에 비실험설계이다.

22' 국가직 7급

07 경쟁적 규제정책 정답 ④

경쟁적 규제정책의 경우 정부로부터 재화나 서비스의 독점적인 공급권을 획득하려는 소수의 집단들이 치열하게 경쟁하는 양상이 나타난다. 집행단계에서 강하게 저항하는 것이 아니다.

📄 **경쟁적 규제정책(competitive regulatory policy) - 규제정책 + 분배정책**

㉠ 다수의 경쟁자 중에서 특정한 개인이나 단체에게 일정한 재화나 서비스·권리 등을 공급할 수 있도록 하면서 공익을 위해 서비스 제공의 일정한 측면을 규제하는 정책
  예) 고속버스노선 허가, 방송국 설립인가, 이동통신사업자 선정, 의사면허 등
㉡ 지대추구행위(rent seeking)의 발생가능성이 크며, 해당 재화·용역의 희소성과 그 할당방식에 관해 일반대중의 이해관계가 얽혀 있으므로 정부개입이 필요함

21' 군무원 9급

08 정책결정의 장에 대한 이론 정답 ③

정책결정에서 정부의 역할을 줄이고 이익집단과의 상호협력을 보다 중시하는 이론은 다원주의이다. 조합주의는 정책과정에서 국가와 관료의 적극적 역할을 강조한다.

(선지분석)

① 다원주의는 다수의 이익집단이 정치적 조정과 타협을 거쳐 도달한 합의가 정책이 된다고 본다.
② 엘리트주의는 소수의 리더들(지배계층)에 의해서 정책결정이 이루어진다고 본다.
④ 철의 삼각(iron triangle)은 정부관료, 선출직 의원, 이익집단의 3자가 안정적인 연합을 형성하여 정책결정을 지배하는 것으로 본다.

21' 국가직 7급

09 거래비용이론 정답 ①

기회주의적인 행동에 의한 거래비용은 계층제적 조직보다는 시장에서 증가한다. 따라서 기회주의적인 행동을 제어하는 데에는 시장보다 계층제가 더 효율적인 수단이다.

(선지분석)

② 거래비용에는 탐색비용 등의 사전적 거래비용과, 분쟁조정비용 등의 사후적 거래비용이 포함된다.
③ 거래비용이 조정비용보다 크면 거래를 내부화하는 것이 효율적이다. 내부화하는 것이 계층제 조직이다.
④ 조직경제학(organizational economics)은 경제학의 관점을 조직이론에 도입한 이론으로, 내·외부의 경제적 환경으로부터 발생하는 거래비용을 줄이기 위하여 조직이 설립되고 효율적인 조직구조가 형성된다는 이론이다.

21' 군무원 7급

10 관료제 정답 ③

관료들은 개인별 특별한 사정을 고려하지 않는, 중립적이고 비정의적인 행정을 수행하여야 한다.

(선지분석)

① 관료제는 관료들 간의 관계는 엄격한 상명하복의 관계로 임무를 수행한다.
② 모든 직위의 권한과 임무는 문서화된 규칙으로 규정된다.
④ 관료의 채용기준은 전문적 능력이며, 신분은 평생동안 종사하는 항구적인 생애의 직업이다.

21' 국가직 9급

11 동기요인이론   정답 ①

아담스(Adams)의 형평성(공정성)이론은 개인이 준거인(능력이 비슷한 동료)과 비교하여 자신의 노력과 보상 간에 불일치(보상의 불공평성)를 지각하면, 이를 제거하는 방향으로 동기가 부여된다고 본다.

(선지분석)

② 매클리랜드(McClelland)의 성취동기이론에 따르면, 개인들의 욕구는 사회화 과정을 통한 학습을 통해 형성되므로 개인마다 욕구의 계층이 다르다.

③ 브룸(Vroom)의 기대이론에서는 일정한 노력을 기울이면 근무 성과를 가져올 수 있으리라는 가능성에 대한 인간의 주관적인 확률과 관련된 믿음을 기대감이라 한다.

④ 앨더퍼(Alderfer)는 상위욕구가 만족되지 않거나 좌절될 때 하위욕구를 더욱 충족시키고자 한다는 '좌절 – 퇴행 접근법'을 주장했다.

21' 지방직 9급

12 공직분류 체계   정답 ④

실적과 자격에 의하여 임용되고 신분이 보장되는 공무원은 경력직공무원이다.

(선지분석)

① 소방공무원은 경력직 중 특정직에 해당한다.

② 국회수석전문위원은 특수경력직 중 별정직공무원이다.

③ 차관은 특수경력직 중 정무직, 1~3급 공무원은 경력직 중 일반직공무원이다.

21' 국가직 9급

13 근무성적평정상의 오류 및 완화방법   정답 ③

관대화 경향은 하급자와의 인간관계를 의식하여 평정등급이 전반적으로 높아지는 현상으로, 평정자의 통솔력 부족이나 부하와의 인간관계 고려·평정결과 공개 등으로 인해 발생한다. 평정결과의 공개로 인해 발생하는 오류이기 때문에 공개가 완화방법이 될 수 없다.

(선지분석)

① 일관적 오류는 규칙적 오류로, 평정자의 기준이 다른 사람보다 높거나 낮은 데서 비롯되므로 강제배분법을 완화방법으로 고려할 수 있다.

② 근접오류라고도 하며, 쉽게 기억할 수 있는 최근의 실적과 능력 중심으로 평가하는 것이다. 이를 시정하기 위해 목표관리평정, 중요사건기록법 등을 사용한다.

④ 연쇄효과가 나타나는 이유는 관찰이 곤란하거나, 피평정자를 잘 모르기 때문이다. 연쇄효과 방지를 위해 체크리스트 방법 또는 강제선택법을 사용하거나, 피평정자를 평정요소별로 순차적으로 평정한다.

20' 지방직 9급

14 직업공무원제   정답 ④

정치적 중립은 직업공무원제의 필수요건도 아니고 폐단도 아니다. 정치적 중립을 강화하는 것은 직업공무원제의 단점을 보완하는 방안과는 관계가 없다.

(선지분석)

① 직업공무원제의 폐쇄성을 개방형 인사제도 등을 통하여 보완하여야 한다.

② 직업공무원제는 정년 때까지 신분을 보장해주는 정규직 공무원제도이므로, 이를 보완하기 위해서는 근무기간을 정하여 임용하는 계약제나 임기제 공무원 제도로 보완하여야 한다.

③ 계급정년제란 일정 기간동안 일정 계급에서 승진하지 못하면 강제로 퇴직시키는 제도로, 폐쇄형인 직업공무원제의 폐단을 보완하고 공직의 유동성과 개방성을 높이려는 제도이다.

21' 국가직 7급

15 준예산   정답 ②

국회의 의결을 필요로 하지 않는다. 준예산은 예산안이 회계연도 개시일까지 의결되지 못한 경우에 일정한 경비는 국회의 의결 없이 전년도에 준하여 지출할 수 있는 제도이다.

> 📄 **준예산의 용도**
>
> ㉠ 헌법이나 법률에 의하여 설치된 기관 또는 시설의 유지·운영
> ㉡ 법률상 지출의무의 이행
> ㉢ 이미 예산으로 승인된 사업의 계속

23' 지방직 9급

16 품목별예산제도   정답 ②

품목별예산은 투입중심이기 때문에 정부사업의 성격을 알지 못하고, 정부활동에 대한 총체적인 사업계획이나 우선순위 결정이 불리하다.

(선지분석)

① 1907년 뉴욕시 보건국 예산에 최초로 도입된 이래, 1910년 태프트(Taft) 위원회(절약과 능률에 관한 대통령 위원회)가 통제본위의 품목별예산제도를 정부에 건의하였다.

③ 품목별예산은 예산책임성을 확보하기 위한 통제지향적 예산제도이다.

④ 품목중심이므로 정부사업의 성격을 알지 못하고, 사업성과와 정부 생산성을 평가하기 어렵다.

21' 군무원 9급

17 참여적(민주적) 관리 정답 ④

PPBS(계획예산)는 대통령이나 장관 등 최고관리층의 권한을 강화시키고, 막료 중심으로 운용되어 하급 공무원 및 계선기관의 참여가 곤란하다.

선지분석

① ZBB(영기준예산)는 상향적인 의사결정을 택함으로써 모든 수준의 관리자들이 참여하고, 그렇게 함으로써 관리자들이 자기업무를 개선하여 경제성을 추구하도록 동기를 부여한다.
② MBO(목표에 의한 관리)는 조직구성원들의 광범위한 참여에 의한 관리를 강조한다. 따라서 Y이론적·상향적 관리방식이라고 할 수 있다.
③ 브레인스토밍(brainstorming)은 자유로운 분위기에서 아이디어를 도출하기 때문에 다수의 참여를 강조한다.

21' 지방직 9급

18 4차 산업혁명 정답 ②

4차 산업혁명에서는 대량생산 및 규모의 경제보다는 다품종·소량생산이나 속도의 경제를 중시한다.

선지분석

① 4차 산업혁명은 초연결성, 초지능성, 초예측성을 핵심요소로 한다.
③ 초연결성에서 강조하는 사물인터넷(IOT)은 스마트시티 등의 구현에 도움된다.
④ 빅데이터를 활용한 맞춤형 공공서비스 제공이 가능하다.

20' 지방직 9급

19 자주재원 정답 ②

재산임대수입만 자주재원에 해당한다. 자주재원이란 자치단체가 중앙정부의 도움 없이 자체적으로 조달 가능한 재원으로, 지방세와 세외수입이 이에 해당한다. 재산임대수입은 세외수입 중 경상적 세외수입에 해당한다.

선지분석

①, ③, ④ 모두 의존재원에 해당한다.

📑 자주재원과 자치단체 예산규모

㉠ 자주재원: 지방세 + 세외수입
㉡ 자치단체 예산규모: 자주재원 + 의존재원(지방교부세, 조정교부금, 보조금) + 지방채

22' 국가직 7급

20 지방자치단체의 기관구성 형태 정답 ③

일반적으로 약시장 – 의회형은 시장에게 거부권이 부여되지 않는다. 약시장 – 의회형(Weak Mayor-Council type)은 시장보다 의회에 우월한 권능을 인정하는 것으로, 의회가 인사권과 행정운영에 대한 감독권을 보유하여 시의 일반행정에 관여하는 형태이다.

선지분석

① 기관통합형은 권한과 책임이 의회에 집중되어 민주정치와 책임행정 구현이 용이하다.
② 기관통합형은 권력집중주의에 입각하여 자치단체의 의결기능과 집행기능을 단일기관인 지방의회에 귀속시키는 형태이다. 영국의 의회형이 대표적이다.
④ 기관대립형은 견제와 균형의 원리에 입각하여 운영되기 때문에 권력의 전횡이나 부패를 방지하고 비판과 감시가 용이하다는 장점이 있는 반면, 의결기관과 집행기관 사이에 갈등이나 알력이 발생할 경우 자칫 지방행정의 마비를 초래할 우려도 있다.

MEMO

공무원 교육 1위* 해커스공무원
모바일 자동 채점 + 성적 분석 서비스

한눈에 보는 서비스 사용법

Step 1.
교재 구입 후 시간 내 문제 풀어보고
교재 내 수록되어 있는 QR코드 인식!

Step 2.
모바일로 접속 후 '지금 채점하기'
버튼 클릭!

Step 3.
OMR 카드에 적어놓은 답안과 똑같이
모바일 채점 페이지에 입력하기!

Step 4.
채점 후 내 석차, 문제별 점수, 회차별
성적 추이 확인해보기!

✓ 모바일로 채점하고 **실시간 나의 위치 확인하기**

✓ 문제별 정답률을 통해 **틀린 문제의 난이도 체크**

✓ 회차별 점수 그래프로 **한 눈에 내 점수 확인하기**

* [공무원 교육 1위 해커스공무원] 한경비즈니스 선정 2020 한국소비자만족지수 교육(공무원) 부문 1위

해커스공무원 gosi.Hackers.com

바로 이용하기 ▶

해커스공무원 **단기 합격생**이 말하는
공무원 합격의 비밀!

해커스공무원과 함께라면
다음 합격의 주인공은 바로 여러분입니다.

대학교 재학 중,
7개월 만에 국가직 합격!

김*석 합격생

영어 단어 암기를 하프모의고사로!

—

하프모의고사의 도움을 많이 얻었습니다. **모의고사의
5일 치 단어를 일주일에 한 번씩 외웠고**, 영어 단어
100개씩은 하루에 외우려고 노력했습니다.

가산점 없이
6개월 만에 지방직 합격!

김*영 합격생

국어 고득점 비법은 기출과 오답노트!

—

이론 강의를 두 달간 들으면서 **이론을 제대로 잡고 바로
기출문제로** 들어갔습니다. 문제를 풀어보고 기출강의를
들으며 **틀렸던 부분을 필기하며 머리에 새겼습니다.**

직렬 관련학과 전공,
6개월 만에 서울시 합격!

최*숙 합격생

한국사 공부법은 기출문제 통한 복습!

—

한국사는 휘발성이 큰 과목이기 때문에 **반복 복습이
중요하다고 생각했습니다.** 선생님의 강의를 듣고 나서
바로 **내용에 해당되는 기출문제를 풀면서 복습**
했습니다.
